OCHO
DECISIONES
SANADORAS

Prólogo de Rick Warren
autor de *Una vida con propósito*, que figura en la lista
de los libros más vendidos del *New York Times*

OCHO
DECISIONES
SANADORAS

LIBÉRESE DE SUS HERIDAS,
COMPLEJOS *y* MALOS HÁBITOS

JOHN BAKER

HOWARD BOOKS
A DIVISION OF SIMON & SCHUSTER
New York   London   Toronto   Sydney

Nuestro propósito en Howard Books es:
+ *Acrecentar la fe* en el corazón del cristiano
+ *Inspirar santidad* en la vida del creyente
+ *Sembrar esperanza* en el corazón de todo aquel que lucha

¡Porque Él viene otra vez!

Publicado por Howard Books, una división de Simon & Schuster, Inc.
1230 Avenue of the Americas, Nueva York, NY 10020
www.howardpublishing.com

Título en inglés: *Life's Healing Choices*
© 2007 por Richard D. Warren y John E. Baker

Para información sobre descuentos por volumen de compras, favor dirigirse a:
Simon & Schuster Special Sales, teléfono 1-800-456-6798
o al correo business@simonandschuster.com.

Editado por Philis Boultinghouse
Diseño de la portada: *John Lucas*
Diseño del interior: *John Mark Luke Designs*
Traducción: *John Alfredo Bernal*

ISBN 13: 978-1-4165-7828-4
ISBN 10:   1-4165-7828-5

30   29   28   27   26   25   24   23   22   21

Impreso en Estados Unidos de América

Este libro está dedicado a

Mi Señor y *Salvador*, Jesucristo.

A mi *familia* por amarme, pase lo que pase.

A los pastores *Rick Warren* y *Glen Kreun*
por confiar y creer en mí.

A los millares de hombres y mujeres *valientes*
que han *celebrado* sus recuperaciones
conmigo durante los últimos dieciséis años.

Contenido

CONTENIDO

¿Alguna vez ha comido o bebido más calorías de las que su cuerpo necesita? ¿Siente a veces que debería hacer ejercicio pero no lo hace? ¿Supo qué debía hacer pero no lo hizo? ¿Sabe que algo está mal hecho y de todas maneras lo hace? Si contestó que sí a alguna de estas preguntas, sabrá sin lugar a dudas que es un miembro de la raza humana. Como conciudadanos en este planeta, todos los seres humanos lidiamos con las heridas, los complejos y los malos hábitos de la vida. Jesús, quien dejó el cielo para convertirse en uno de nosotros a fin de guiarnos en esas necesidades, dijo: «Los sanos no tienen necesidad de médico, sino los enfermos. No he venido a llamar a justos, sino a pecadores» (Marcos 2:17). En la Iglesia Saddleback tomamos estas palabras en serio. Hemos aprendido que cada persona, sin excepción, como miembro de la raza humana, lucha con alguna herida, algún complejo o algún hábito en una u otra medida.

Por supuesto, cuando uno se propone seriamente ayudar a personas quebrantadas, esas personas van a traer todos sus problemas a la iglesia. En 1991, a fin de tratar esos problemas, mi buen amigo y el autor de este libro, John Baker, fundó Celebremos la Recuperación, uno de los ministerios más exitosos en la historia de Saddleback. Este ministerio, basado en una metodología bíblica de arrepentimiento y recuperación, es uno de los secretos del crecimiento asombroso de Saddleback. Más de 9.500 personas heridas emocionalmente han participado en Celebremos la Recuperación en Saddleback, y la mayoría de ellas se han unido a nuestra iglesia y están activas en el ministerio. Casi la tercera parte de los más de 9.000 ministros laicos de Saddleback han salido de este programa específico.

En los albores de Celebremos la Recuperación, yo realicé un estudio de las Escrituras para descubrir lo que Dios dice sobre cómo llevar esperanza y sanación a las vidas quebrantadas. Para mi gran asombro, encontré que los principios de la sanación (incluso su orden lógico) fueron dados por Cristo en su mensaje más famoso, conocido como el Sermón de la Montaña. Mi estudio resultó en una serie de sermones durante diez semanas llamada «El camino a la recuperación». Basado en los principios de aquella serie, John Baker desarrolló los manuales que se convirtieron en este libro transformador de vidas. John usó mis sermones como fundamento de este libro, en el cual encontrará los ocho principios de mi estudio y cómo usted puede aplicar estas enseñanzas a la sanación de su vida.

Usted tal vez piense que este libro es únicamente para gente con problemas serios de adicción, para personas cuyas vidas parecen estar fuera de control. Bueno, yo creo que la Biblia enseña que todos nosotros tenemos alguna forma de adicción. El pecado es adictivo y «todos han pecado». Eso significa que todos hemos creado métodos insalubres y corruptos para manejar la vida. Ninguno de nosotros está libre de mancha, y a causa del pecado nos hemos hecho daño a nosotros mismos y a otros, así como otros nos han herido también.

Le meta de Celebremos la Recuperación y de este libro no es tan solo ayudar a gente herida a recuperarse de los pecados y las heridas del pasado. La meta es enseñarles (y a usted también) a tomar las decisiones sanadoras que les ayudarán a tener un carácter semejante al de Cristo. Este camino de sanación se empieza admitiendo nuestra necesidad. En la primera bienaventuranza Jesús dijo: «Bienaventurados los pobres en espíritu, porque de ellos es el reino de los cielos» (Mateo 5:3). Cuando estamos por tocar fondo y dejamos atrás nuestra autosuficiencia, Dios puede obrar en nuestra vida trayendo sanación y crecimiento.

Además de estos principios revolucionarios con base bíblica, usted también podrá leer historias verídicas de personas que han sido inspiradas y transformadas por el poder de Jesucristo para cambiar vidas y el compañerismo con otros creyentes. Leerá acerca de matrimonios sin esperanza que fueron restaurados y de personas que han sido liberadas de toda clase de heridas, complejos y hábitos pecaminosos como resultado de someterse al señorío de Jesucristo y vivir en la práctica las bienaventuranzas de Cristo.

Usted será inspirado y su vida cambiará de forma dramática al leer las páginas de este libro.

Rick Warren

Pastor, Iglesia Saddleback

Autor de *Una Vida con Propósito*

OCHO DECISIONES SANADORAS

Encuentre la LIBERTAD

de sus *heridas, complejos* y *malos hábitos*

Un domingo por la tarde un padre trataba de tomar una siesta, pero su hijo pequeño lo importunaba diciendo: «Papi, estoy aburrido». Queriendo mantenerlo ocupado con un juego, el papá encontró una foto del mundo en el periódico. La cortó en unos cincuenta pedazos y dijo: «Hijo, mira ver si puedes juntar este rompecabezas». El papá volvió a recostarse para terminar su siesta pensando que el mapa distraería al niño por lo menos una hora, pero en cuestión de unos quince minutos el pequeñín lo despertó y le dijo: «Papi, ya lo terminé, ya quedó armado».

«Estás bromeando». El padre sabía que su hijo no sabía la ubicación de los continentes y países del mundo y le preguntó cómo lo había logrado. «Fue fácil» dijo el niño, «vi la foto de una persona por el otro lado del mapa, entonces, cuando junté los pedazos de la persona, el mundo quedó bien armado».

¿Ha podido juntar las piezas de su propio rompecabezas personal? ¿Lo tiene «bien armado»? Lo cierto es que muchos de nosotros estamos destrozados. Nuestras piezas están desparramadas por el suelo y no hay quién las junte ni sabemos por dónde empezar siquiera el proceso de sanación. Nuestras vidas se ven afectadas por *heridas* que apocan nuestros corazones, *complejos* que producen todavía más dolor y *malos hábitos* que estropean nuestro andar diario.

Heridas, complejos y malos hábitos. No existe una sola persona en el mundo que no tenga que lidiar al menos con una de estas cosas en cierta medida, y muchos de nosotros luchamos con las tres.

La verdad es que la vida es dura. Vivimos en un mundo imperfecto. Hemos sido lastimados por otra gente, nos hemos lastimado a nosotros mismos y hemos lastimado a otros. La Biblia lo dice escuetamente: *«Todos han pecado»*.[1] Eso significa que ninguno de nosotros es perfecto; todos la hemos embarrado; todos hemos cometido errores. Sentimos dolor y también lo producimos en otros.

Es asombroso lo bien que el mundo se ve cuando se juntan las piezas de nuestro rompecabezas. Eso es lo que vamos a hacer en este libro. Con la ayuda de Dios para tomar las ocho decisiones sanadoras, usted podrá armar el rompecabezas y ver bien su mundo.

Empezaremos con una promesa que proviene directamente de Dios. Él promete ayudarnos de cinco maneras a liberarnos de nuestras heridas, complejos y malos hábitos.

> *«He visto sus caminos, pero lo sanaré; lo guiaré y lo colmaré de consuelo.*
> *Y a los que lloran por él les haré proclamar esta alabanza:*
> *¡Paz a los que están lejos, y paz a los que están cerca!*
> *Yo los sanaré —dice el Señor—».*[2]

Lea las cinco promesas que Dios nos ha hecho:

1. Al *herido* Dios dice «lo *sanaré*».

2. Al *confundido* Dios dice «lo *guiaré*».

3. Al *desconsolado* Dios dice «lo *colmaré* de consuelo».

4. Al que se siente *solo* y *triste*, Dios lo hará *proclamar* alabanzas.

5. Al *inseguro* y *temeroso*, Dios le *ofrece* paz y sanación.

Confiando en las promesas de Dios hallaremos esperanza para un futuro mejor y una vida de libertad, paz y dicha.

LA FELICIDAD ES POSIBLE, PERO USTED TIENE QUE *ESCOGERLA*

Desde el principio tanto los hombres como las mujeres han buscado la felicidad, casi siempre en los lugares equivocados y haciendo toda clase de cosas perjudiciales. Pero existe solamente un lugar donde pueden hallar principios probados y comprobados que realmente funcionan para llevarles a la sanación y la dicha. Estos principios se originan en ocho declaraciones de la Biblia, el libro más verdadero en la historia, y en Jesucristo, el Maestro más reverenciado de todos los tiempos. Jesús expuso los principios de la felicidad en el Sermón de la Montaña que se encuentra en el evangelio de Mateo, capítulo 5, y que hoy día llamamos «Las Bienaventuranzas».

Jesús dice que podemos ser felices, pero quizá el sendero a la felicidad no sea lo que esperamos. Desde un punto de vista convencional, la mayoría de las declaraciones que vienen a continuación son ilógicas. Al principio hasta suenan contradictorias. Pero cuando uno entiende bien lo que Jesús está diciendo, se da cuenta de que estas ocho declaraciones son el sendero divino a la salud, el crecimiento y la madurez espiritual.

«Dichosos los pobres en espíritu».
«Dichosos los que lloran, porque serán consolados».
«Dichosos los humildes».
«Dichosos los de corazón limpio».
«Dichosos los que tienen hambre y sed de justicia».
«Dichosos los compasivos».
«Dichosos los que trabajan por la paz».
«Dichosos los perseguidos por causa de la justicia».[3]

MI PROPIA DECISIÓN PERSONAL

Yo sé que las ocho decisiones sanadoras funcionan. ¿Cómo lo sé? Porque funcionaron en mi vida. No he sido pastor toda mi vida. Antes de ser llamado al ministerio fui un exitoso hombre de negocios. También fui un «alcohólico funcional». Luché con mi adicción pecaminosa al alcohol durante diecinueve años. Llegué al punto de casi perderlo todo. Clamé a Dios por ayuda y Él me dirigió a Alcohólicos Anónimos. Aun en aquel entonces sabía que la única persona que me podía ayudar era Jesucristo. Empecé a asistir a la Iglesia Saddleback en Lake Forest, California. Tras un año de sobriedad respondí al llamado de Dios para iniciar un programa de recuperación centrado en Cristo y llamado Celebremos la Recuperación. Desde 1991, cientos de miles de personas valientes han hallado ese mismo camino para liberarse de las heridas, los complejos y los malos hábitos que hay en sus vidas. Si estas ocho decisiones funcionaron para alguien como yo, le prometo que pueden funcionarle a usted.

MI ASOCIACIÓN CON EL PASTOR RICK

Tras el primer año de Celebremos la Recuperación, el pastor principal, Rick Warren, vio cómo el programa estaba ayudando a personas de nuestra congregación a encontrar la sanación de Dios. Él decidió enseñar sobre el tema a todos los miembros de la iglesia mediante una serie de sermones titulada «El camino a la recuperación». Quiero agradecer al pastor Rick por permitirme usar su serie didáctica como el cimiento de este libro.

El acróstico R-E-C-U-P-E-R-O del pastor Rick identifica los ocho principios bíblicos. Cuando usted lea los ocho principios y sus correspondientes bienaventuranzas, empezará a entender las decisiones sanadoras que está en capacidad de tomar.

LAS DECISIONES QUE CAMBIARÁN SU VIDA

1. **R**econozco que no soy Dios. Admito que soy impotente para controlar mi tendencia a hacer lo malo y que mi vida es ingobernable.

   «Dichosos los pobres en espíritu».[4]

   Al llegar a este punto entendemos que no tenemos el poder para sanar nuestras heridas, complejos y hábitos por cuenta propia. Al admitirlo, Dios puede empezar su obra de sanación en nuestras vidas.

2. **E**ntiendo que Dios existe y que le importo. Creo que Él tiene el poder para ayudarme a recuperar.

   «Dichosos los que lloran, porque serán consolados».[5]

   Cuando empezamos a creer que sí somos importantes para Dios, hallamos gran consuelo al saber que Él tiene el poder para cambiarnos y mejorar nuestra situación.

3. **C**omprometo mi vida y mi voluntad al cuidado y control de Cristo.

   «Dichosos los humildes».[6]

   Cuando comprometemos nuestra vida a Cristo, nos convertimos en personas nuevas. Finalmente podemos renunciar a controlarnos a nosotros mismos y a los demás. Reemplazamos nuestra fuerza de voluntad con nuestra disposición a aceptar el poder de Dios.

4. **U**ltimo mi pecado tras examinarme y confesar mis faltas a Dios y a una persona de confianza.

   «Dichosos los que lloran, porque serán consolados».[7]

   A fin de tener la conciencia limpia, enfrentar nuestra culpa y tener un corazón puro, necesitamos admitir todos los errores de nuestro pasado y presente. Esto lo hacemos poniéndolo todo por escrito y compartiéndolo con otra persona.

5. **P**ago el precio del cambio, sometiéndome voluntariamente al proceso de transformación que Dios quiera hacer en mi vida y pidiéndole humildemente que me quite los defectos de carácter.

«Dichosos los que tienen hambre y sed de justicia».[8]

Si nuestro mayor deseo es hacer lo que Dios quiere, debemos someternos a todos los cambios que Él quiera hacer en nuestras vidas, y vamos a pedirle con humildad que obre en nosotros para hacerlos realidad.

6. **E**valúo todas mis relaciones. Ofrezco el perdón a quienes me han herido y enmiendo las heridas que les he causado a otros, excepto cuando tal enmienda les provoque dolor a ellos o a otros.

«Dichosos los compasivos».[9]
«Dichosos los que trabajan por la paz».[10]

Hacemos lo posible por restaurar nuestras relaciones personales. Ofrecemos perdón a las personas que nos han herido y reparamos el daño que hayamos causado a otros.

7. **R**eservo un tiempo diario a solas con Dios para examinarme, leer la Biblia y orar, a fin de conocer a Dios y su voluntad para mi vida, así como adquirir el poder que necesito para hacer su voluntad.

El hábito diario de pasar tiempo con Dios nos ayuda a mantener a buena marcha nuestra recuperación.

8. **O**frezco mi vida a Dios para llevar esta buena nueva a otros, a través de mi ejemplo y mis palabras.

«Dichosos los perseguidos por causa de la justicia».[11]

Por la gracia de Dios y la puesta en práctica de estos ocho principios, nos hemos liberado de nuestras heridas, complejos y
malos hábitos. Ahora que hemos sido cambiados por Dios, nos
ofrecemos para ser usados por Él cada vez que contemos nuestra historia y así servir a los demás.

Los ocho principios de Jesús para la sanación y la dicha son la
base de las ocho decisiones que conforman los capítulos de este libro.
A excepción de la #7, cada decisión tiene una bienaventuranza correspondiente, mientras que la decisión #6 tiene dos. No importa con qué
problema esté luchando, trátese de algo emocional, económico, familiar,
espiritual, sexual o lo que sea, no importa de qué necesite recuperarse, los
principios que conducen a la felicidad y la recuperación son siempre los
mismos, y la decisión también será siempre suya.

Después de leer este libro y aplicar sus principios, usted podrá unirse
a muchos otros que ahora dicen:

+ «He vivido con vergüenza o culpa por mi pasado, pero *¡ya no
  tengo que vivir más con ese dolor!*».
+ «He estado atrapado en un hábito o complejo que me estaba
  arruinando la vida, pero ahora me siento liberado».
+ «Siempre he tenido miedo y preocupación de lo que pueda suceder mañana, pero *ahora puedo enfrentar mi futuro con paz y confianza*».

Esa es la libertad que espero y ruego a Dios que usted encuentre al
tomar las ocho decisiones presentadas en este libro: La libertad para experimentar paz, la libertad para vivir sin culpa y la libertad para ser feliz.
La decisión es suya.

EL PEREGRINAJE A LA LIBERTAD

Al emprender juntos este viaje asombroso hacia la libertad, yo le guiaré principio por principio y decisión por decisión a la sanación que tanto anhela.

COMPARTIREMOS HISTORIAS DE ESPERANZA

En las páginas de este libro encontrará las historias de dieciséis personas transformadas que tomaron las ocho decisiones bíblicas aquí expuestas. Los hombres y las mujeres que relatan sus historias con mucha sinceridad quieren contarle cómo, por el poder de Dios, fueron liberados de sus heridas, complejos y malos hábitos. Le contarán cómo superaron sus luchas. Algunos hablarán de cómo trataron de ejercer control sobre sí mismos, sus amigos, parientes y colegas. Otros describirán sus luchas con la adicción al trabajo o a la comida, sus experiencias de abuso sexual y físico, su adicción a las drogas y el alcohol, sus adicciones sexuales, su lucha con el perfeccionismo o el legalismo, sus abortos, su pérdida de seres queridos o de un trabajo, y mucho más.

VAMOS A ENFOCARNOS EN EL FUTURO

Este libro mira hacia delante. Pasaremos algo de tiempo considerando las cosas buenas y malas que nos han sucedido, pero no vamos a revolcarnos en el pasado ni revivir recuerdos dolorosos una y otra vez, vamos a enfocarnos en el futuro. Sin importar qué haya sucedido hasta ahora debido a decisiones malas de su parte o las decisiones perjudiciales de terceros, usted y su situación pueden cambiar. La solución es empezar a tomar ya estas decisiones sanadoras y confiar en el poder de Cristo para salir adelante.

ACEPTAREMOS NUESTRA RESPONSABILIDAD

Este libro insiste en la responsabilidad personal. Aquí nadie es víctima en el juego de las acusaciones y las excusas, todos tenemos que enfrentar las consecuencias de nuestras malas decisiones y lidiar con asuntos que sí podemos cambiar. Aunque no podemos controlar todo lo que nos sucede, sí tenemos control sobre nuestra reacción. Ese es uno de los secretos de la felicidad. Cuando dejamos de perder el tiempo echando la culpa, nos queda más energía para arreglar el problema. Cuando dejamos de esconder nuestras propias faltas y lanzar acusaciones a diestra y siniestra, el poder sanador de Cristo puede obrar en nuestro corazón, nuestra mente, nuestra voluntad y nuestras emociones.

HAREMOS UN COMPROMISO ESPIRITUAL

También recalcaremos nuestro compromiso espiritual con Jesucristo. La recuperación definitiva no puede darse si no nos rendimos totalmente ante Él. Todos necesitamos a Jesús.

DIREMOS «SÍ» A CADA LLAMADO A LA ACCIÓN

Al final de cada capítulo usted será retado con tres acciones concretas. Realizar tales acciones le ayudará a aplicar a su propia vida los principios de la decisión que acaba de estudiar. Quiero animarle a tomarse el tiempo necesario para completar cada actividad con toda honradez y haciendo su mejor esfuerzo. Si usted da cada uno de estos pasos, experimentará una sanación verdadera y perdurable. Las tres actividades incluidas en cada capítulo son *Ore por el asunto*, *Póngalo por escrito* y *Compártalo con alguien*.

1. Ore por el asunto

Este paso consiste en orar por los aspectos específicos de cada decisión. Si no tiene por costumbre orar, no se preocupe, he incluido oraciones escritas para ayudarle a empezar. A medida que avance en el libro, verá cuán importante le resulta la oración para hacer los cambios necesarios de la sanación que tanto anhela.

2. Póngalo por escrito

Esta acción le permitirá organizar sus pensamientos e ideas en términos claros. Cuando un pensamiento pasa de los labios al papel, se vuelve específico. Aquí la idea es llevar un diario personal. A medida que progresa en cada una de las decisiones, usted aprenderá a apoyarse en sus propias palabras escritas. Para esto mismo hemos creado el *Diario de mis decisiones sanadoras* que está disponible en librerías, a fin de ayudarle en la elaboración de su propio diario de sanación y recuperación. Todo lo que usted escriba en su diario le ayudará a ver sus áreas de crecimiento y las áreas en que le falta trabajar más.

3. Compártalo con alguien

Este libro se basa en un principio del Nuevo Testamento según el cual nadie cambia ni mejora por sí mismo. Nos necesitamos unos a otros. El compañerismo y la rendición de cuentas son dos componentes importantes del crecimiento espiritual. La tercera acción requiere que usted encuentre una persona de confianza, alguien a quien usted pueda rendirle cuentas de su progreso a lo largo de estas ocho decisiones sanadoras. También encontrará sugerencias y pautas que le ayudarán a hacer la selección de esta persona de confianza. Recibirá instrucción acerca de qué compartir y cómo hacerlo.

Al empezar la lectura, le recomiendo tomarse su tiempo. Las heridas, los complejos y los hábitos que han interferido con su felicidad no se dieron de la noche a la mañana. Tiene sentido que no desaparezcan de su vida ni cambien en un abrir y cerrar de ojos. Usted descubrirá que debe confiar plenamente en el poder de Dios para llevar a cabo las acciones necesarias que le permitirán tomar las ocho decisiones sanadoras. Los cambios duraderos en la vida suceden únicamente por el poder de Dios.

Le invito a emprender conmigo esta carrera asombrosa.

Reconozco que no soy Dios.

Admito que soy impotente para controlar
mi tendencia a hacer lo malo y que
mi vida es ingobernable.

R
E
C
U
P
E
R
O

«*Dichosos los pobres en espíritu*».[1]

Reconozca su NECESIDAD

Decídase por la REALIDAD

Parte de nuestra naturaleza humana es negarnos a cambiar hasta que el dolor supera nuestro temor al cambio. Negamos el dolor hasta que se hace tan insoportable que nos doblegamos y por fin entendemos que necesitamos ayuda. ¿Por qué no nos ahorramos un poco de sufrimiento y reconocemos ya lo que tarde o temprano tendremos que admitir? No somos Dios y necesitamos desesperadamente a Dios porque nuestras vidas son ingobernables sin Él. Es una lección que algún día aprenderemos a las malas. Mejor aceptemos la realidad desde un principio.

Si alguna vez ha hecho alguna de las siguientes cosas, sabrá sin lugar a dudas que es un miembro de la raza humana.

- ¿Se queda despierto hasta tarde cuando sabe que necesita dormir?
- ¿Ingiere más calorías de las que su cuerpo necesita?
- ¿Siente que debería hacer ejercicio pero lo ignora?
- ¿Sabe qué es lo correcto pero no lo hace?
- ¿Sabe que algo está mal pero de todos modos lo hace?
- ¿Se propuso no ser egoísta y además de serlo sintió envidia?
- ¿Trató de controlar a alguien o algo y le resultó incontrolable?

Como seres humanos, todos lidiamos con las heridas, los complejos y los malos hábitos de la vida. En las siguientes páginas estudiaremos la causa de estas limitaciones, sus consecuencias y su cura.

Cuando veamos las causas y consecuencias de nuestro dolor, se hará patente nuestra pobreza espiritual. ¿Cómo podemos ser dichosos a causa de nuestra pobreza espiritual, como lo indica la bienaventuranza de este capítulo? Admitir la verdad de nuestra pobreza espiritual, esa incapacidad que tenemos para controlar nuestra tendencia de hacer lo malo, nos conduce a esta dicha y al remedio que tanto necesitamos.

LA CAUSA DE NUESTROS PROBLEMAS

La causa de nuestros problemas es nuestra naturaleza. No me refiero a los árboles, las rocas y los lagos sino a la condición humana, es decir, nuestra naturaleza pecaminosa. La Biblia nos dice que la naturaleza pecaminosa nos mete en toda clase de problemas. Optamos por hacer cosas que no son buenas para nosotros, aunque sepamos qué es lo bueno. Reaccionamos de maneras perjudiciales al ser lastimados. Tratamos de arreglar problemas y nuestros intentos únicamente empeoran la situación. La Biblia lo dice de este modo: «*Hay camino que al hombre le parece derecho; pero su fin es camino de muerte*».[2] Este versículo nos revela que no podemos confiar en nuestra naturaleza humana para sacarnos de nuestros problemas. Por su propia cuenta, nuestra naturaleza de pecado tenderá a hacer lo malo, y deseará suplantar a Dios y actuar como si fuera Dios.

1. NUESTRA TENDENCIA A HACER LO MALO

Siempre vamos a tener esta naturaleza pecadora, esta tendencia a hacer lo indebido. De hecho, lucharemos con ella mientras sigamos en este planeta. Así le haya pedido a Cristo entrar en su vida y se haya convertido, usted todavía tiene deseos que lo empujan en la dirección equivocada. En la Biblia vemos que Pablo entendió esto muy bien, pues también luchó como nosotros con su naturaleza de pecado: «*De manera que ya no soy yo quien hace aquello, sino el pecado que mora en mí. Y yo sé que en mí, esto es, en mi carne, no mora el bien… Porque no hago el bien que quiero, sino el mal que no quiero, eso hago*».[3]

¿Le suenan vagamente familiares las palabras de Pablo? Seguro que sí. Terminamos haciendo lo que *no* queremos hacer y dejamos sin hacer lo que sí queremos hacer. Durante años yo pensé que podía controlar la bebida. Creí la mentira de que podía dejar de tomar cuando quisiera. Ni siquiera era tan malo lo que hacía. Mis decisiones no estaban lastimando a nadie. Estaba totalmente engañado. Cuando el dolor de mi adicción al pecado empeoraba, yo trataba de curarlo por mi propia cuenta. Logré dejar la bebida un día, una semana y hasta unos cuantos meses, pero siempre volvía a empezar el ciclo. Quería hacer lo correcto, pero no podía cambiar yo solo.

> *Tratamos de arreglar problemas y* NUESTROS *intentos únicamente empeoran la situación.*

2. NUESTRO DESEO DE SER DIOS

¿Por qué seguimos tomando malas decisiones? ¿Por qué repetimos los mismos errores? La raíz de nuestra tendencia humana hacia el mal es nuestro deseo de tener el control. Queremos decidir por nuestra cuenta qué es bueno y qué es malo. Queremos crear nuestras propias alternativas, hacer nuestro propio diagnóstico y crear nuestras propias reglas. No queremos que nadie nos diga qué hacer. En esencia, queremos ser Dios. Esto no es nada nuevo. Tratar de ser Dios es el problema más antiguo de la humanidad. En Génesis 3 vemos a Adán y Eva tratando de ejercer el control. Dios los puso en el paraíso y ellos trataron de controlarlo. Dios les dijo que podían hacer lo que quisieran excepto comer de cierto árbol. ¿Y ellos qué hicieron? Eso mismo, se fueron derechito al árbol prohibido, lo único que Dios prohibió en el paraíso. En cambio, Satanás les dijo que si comían del árbol iban a ser *«como Dios»*.[4] Y ellos querían ser Dios. Ese ha sido nuestro problema desde el comienzo mismo de la humanidad. Hoy día, seguimos queriendo ser Dios.

3. NUESTRO INTENTO DE SUPLANTAR A DIOS

Jugamos a ser Dios negando nuestra humanidad y tratando de controlar todo por motivos egoístas. Tratamos de ser el centro de nuestro propio universo. Suplantamos a Dios controlando nuestra *imagen, otra gente,* nuestros *problemas* y nuestro *dolor.*

Tratamos de controlar nuestra imagen

Nos interesa mucho lo que piensan los demás de nosotros. No queremos que sepan cómo somos en realidad. Jugamos con las apariencias y usamos máscaras, actuamos y fingimos. Queremos que la gente vea ciertas facetas nuestras mientras escondemos otras. Negamos nuestras debilidades y suprimimos nuestros sentimientos. «No estoy enojado»; «No estoy molesto»; «No estoy preocupado»; «No tengo miedo». No queremos que la gente vea nuestro verdadero yo. ¿Por qué tenemos miedo de decirle a la gente quiénes somos? La respuesta es: «Si te cuento quién soy realmente y no te gusto, estoy en problemas porque yo soy todo lo que tengo en esta vida».

Tratamos de controlar a los demás

Los padres tratan de controlar a los hijos y los hijos a los padres. Las esposas intentan controlar a los maridos y ellos a sus esposas. Los colegas compiten por control en el trabajo. Un grupo trata de controlar a otro. En este proceso desarrollamos un montón de herramientas para manipularnos entre nosotros. Cada uno tiene su método preferido, algunos usan la culpa y la vergüenza, otros la adulación y los halagos. Algunos son expertos en el enojo, el temor o un clásico predilecto: el trato silencioso. Todos estos son esfuerzos por obtener el control.

Tratamos de controlar nuestros problemas

«Puedo arreglármelas» decimos. «No es ningún problema»; «Estoy bien, de verdad que estoy bien». Esas son las palabras de alguien que quiere jugar a ser Dios. Cuando tratamos de controlar nuestros problemas decimos: «No necesito ayuda, mucho menos consejería o recuperación»; «Puedo parar cuando quiera»; «Voy a superarlo a fuerza de voluntad». Cuando le preguntaron a un reparador de televisores cuál era la peor clase de daño que había visto, él dijo: «El que resulta cuando la gente trata de arreglar su televisor sin ayuda». Cuanto más tratamos de arreglar nuestros problemas por cuenta propia, peor se ponen.

Tratamos de controlar nuestro dolor

¿Alguna vez ha pensado en la cantidad de tiempo y esfuerzo que gasta con tal de evitar el dolor? Trata de evadirlo, negarlo, reducirlo, postergarlo o escapar de él. Algunos tratamos de evitar el dolor comiendo o dejando de comer. Otros tratan de postergarlo embriagándose, fumando, usando drogas o abusando de los medicamentos recetados. Algunos tratan de escapar con los deportes, los viajes o las amistades superfluas. Otros se aíslan y levantan un muro protector de depresión, mientras otros se vuelven furiosos, violentos, críticos y enjuiciadores. Estamos dispuestos a intentarlo todo para tener nuestro dolor bajo control.

Pero el dolor real viene cuando nos damos cuenta, en los momentos de más silencio, que sin importar cuánto lo intentemos, no estamos en control. Esos momentos pueden ser espeluznantes.

Tal vez recuerde al comediante Chevy Chase cuando decía en el programa *Saturday Night Live*: «Hola, yo soy Chevy Chase, no usted». ¿Puede imaginarse a Dios diciendo a la humanidad «Hola, yo soy Dios, no ustedes»? Ponernos de acuerdo con Dios en que Él es Dios y nosotros no es el punto de partida de nuestra primera decisión sanadora:

Reconozco mi NECESIDAD

DECISIÓN 1

Reconozco que no soy Dios.

Admito que soy impotente para controlar mi tendencia a hacer lo malo y que mi vida es ingobernable.

El primer paso siempre es el más difícil y esta decisión no es la excepción. Hasta que usted esté dispuesto a admitir su necesidad y reconocer que no es Dios, seguirá sufriendo las consecuencias de sus malas decisiones. La bienaventuranza lo dice: «*Dichosos los pobres en espíritu*».[5] Ser pobre en espíritu consiste en reconocer y admitir su necesidad.

LAS CONSECUENCIAS DE NUESTROS PROBLEMAS

Si la causa de la mayoría de nuestros problemas es que nos esforzamos en controlarlo todo, ¿cuáles son las consecuencias de tratar de ser Dios?

1. TEMOR

Cuando tratamos de controlarlo todo, caemos presa del miedo. Adán dijo: «*Oí tu voz en el huerto, y tuve miedo, porque estaba desnudo; y me escondí*».[6] Tenemos miedo que alguien descubra quiénes somos realmente, que somos impostores y farsantes, que no estamos en control de la situación, que no somos perfectos. No dejamos que nadie se nos acerque porque van a descubrir que estamos llenos de miedo, así que fingimos. Vivimos con miedo de que alguien nos rechace y deje de amarnos tan pronto sepa cómo somos en realidad. Creemos que únicamente les gusta la imagen que nos esforzamos en proyectar. Por eso, tememos.

2. FRUSTRACIÓN

Tratar de ser el gerente general del universo es frustrante. Es como uno de esos juegos en las ferias donde a uno le toca usar un mazo gigante para darle en la cabeza a un montón de topos que sacan la cabeza por unos huecos y que no se cansan de salir aunque uno les pegue una y otra vez. Cuanto más les pega, más sacan la cabeza. Esa máquina es una buena descripción de la vida. Le pegamos a un conflicto en una relación personal y sale otro por otro lado. Le pegamos a la adicción y al instante sale otro problema a flote. Es frustrante porque no podemos mantener todos los problemas bajo la superficie al mismo tiempo. Nos pasamos la vida aparentando que somos Dios: «Yo soy fuerte, lo tengo todo bajo control». Pero si realmente tenemos el control, ¿por qué más bien no desconectamos la máquina?

El apóstol Pablo sintió esta misma frustración: «*Me doy cuenta entonces de que, aunque quiero hacer lo bueno, sólo puedo hacer lo malo… Pero también me sucede otra cosa: hay algo dentro de mí que lucha contra lo que creo que es bueno. Trato de obedecer la ley de Dios, pero me siento como en una cárcel, donde lo único que puedo hacer es pecar*».[7] David también la sintió: «*Mientras no te confesé mi pecado, las fuerzas se me fueron acabando de tanto llorar*».[8]

La frustración es un síntoma de un problema mucho más hondo: nos falta reconocer que no somos Dios.

3. FATIGA

Jugar a ser Dios nos deja extenuados. Fingir que tenemos todo en orden es mucho trabajo. David experimentó la fatiga de aparentar: «*Mi fuerza se fue debilitando como al calor del verano, porque día y noche tu mano pesaba sobre mí. Pero te confesé mi pecado, y no te oculté mi maldad*».[9] Negar la realidad requiere cantidades enormes de energía emocional. La misma energía que podría utilizarse para resolver el problema se disipa negando el problema, ocultando el problema y evitando el problema.

La mayoría de nosotros trata de huir del dolor viviendo ocupados. Pensamos: «No me gusta como me siento cuando bajo el ritmo. No me gusta lo que oigo en mi mente cuando recuesto mi cabeza en la almohada. Si me mantengo ocupado, tal vez logre bloquear esos sentimientos y acallar los sonidos». Huimos del dolor en el tren del ajetreo. Nos matamos trabajando o nos dedicamos a algún pasatiempo o deporte hasta que se vuelve una adicción. Estamos en el campo de golf o en la cancha de tenis o donde sea todo el tiempo.

Usted debe admitir que es IMPOTENTE *para lograrlo con sus fuerzas, que necesita a los demás y necesita a Dios.*

Incluso la participación excesiva en actividades religiosas puede ser un intento por acallar nuestro dolor. Decimos: «Mírenme, vean todas las maneras en que sirvo a Dios». Dios sí quiere que le sirvamos por amor y con propósito, pero no quiere que usemos el servicio a Él o a la iglesia para escapar de nuestro dolor.

Si usted vive en un estado constante de fatiga, siempre extenuado, pregúntese: «¿De qué dolor estoy huyendo? ¿Qué problema tengo miedo de enfrentar? ¿Qué me motiva a trabajar al punto de vivir en un estado constante de fatiga?».

4. FRACASO

Jugar a ser Dios es un trabajo que tiene garantizado el fracaso. Siempre le quedará grande. La sabiduría de Proverbios nos dice: «*Quien encubre su pecado jamás prospera; quien lo confiesa y lo deja, halla perdón*».[10] Necesitamos ser sinceros y francos sobre nuestras debilidades, faltas y fracasos.

LA CURA DE NUESTROS PROBLEMAS

La cura para nuestros problemas se administra por un medio peculiar: *Admitir la debilidad y tener humildad de corazón.*

ADMITA SU DEBILIDAD

La Biblia dice que al admitir nuestra debilidad somos fortalecidos. *«De buena gana me gloriaré más bien en mis debilidades, para que repose sobre mí el poder de Cristo».*[11] Esta no es una noción popular en nuestra cultura de autosuficiencia que nos manda a superarnos y rebasar a los demás, a no depender de nadie sino salir adelante con esfuerzo propio, a ser llaneros solitarios que no revelan el secreto de su éxito. La Biblia dice en cambio que seremos felices cuando sepamos cuán pobres somos espiritualmente.[12] Este es el primer paso para armar las piezas del rompecabezas. Usted debe admitir que es impotente para lograrlo sólo con sus fuerzas, que necesita a los demás y necesita a Dios.

Tomar la primera decisión con miras a la sanación significa reconocer que usted no es Dios. Esto implica reconocer y admitir tres hechos importantes de la vida:

1. *«Admito que soy incapaz de cambiar mi pasado».*

«Me dolió. Aún recuerdo el dolor, pero todo el resentimiento y la vergüenza del mundo no van a cambiar lo que pasó. Yo no puedo cambiar mi pasado».

2. *«Admito que soy incapaz de controlar a otras personas».*

«Trato de controlar a los demás. Hasta me gusta manipularlos. Sé usar toda clase de maniobras, pero eso no sirve. Soy responsable de mis acciones, no de las de ellos. No puedo controlar a nadie fuera de mí».

3. «*Admito que soy incapaz de superar mis malos hábitos, conductas y acciones perjudiciales*».

«Las buenas intenciones se quedan cortas. La fuerza de voluntad es insuficiente. Necesito algo más. Necesito una fuente de poder fuera de mí. Necesito a Dios, porque Él me creó para necesitarle».

HUMILDAD DE CORAZÓN

El segundo componente de nuestra cura es tener un corazón humilde. Dios no puede hacer ningún cambio si nuestros corazones rebosan de orgullo. La Biblia nos dice que «*Dios se opone a los orgullosos, pero da gracia a los humildes*».[13] La gracia de Dios tiene el poder para sanarnos y darnos la capacidad de cambiar. Después de todo lo que hemos discutido en este capítulo, para nosotros sigue siendo difícil admitir nuestra necesidad. Nuestro orgullo insiste en que podemos salir solos adelante. Algunos tal vez sigamos pensando: «Yo puedo lograrlo. Yo puedo resolver mis propios problemas». No. No puede. Si pudiera, ya lo habría hecho, pero usted no puede y no sucederá.

¿Qué necesita cambiar en su vida? ¿Qué herida, complejo o hábito ha estado tratando de ignorar? Decidirse a admitir que no puede lograrlo sin ayuda y que necesita a Dios es la primera y más dura decisión. Es difícil admitir: «Tengo un problema, y necesito ayuda». Admitir que tenemos un problema y llamarlo por nombre propio requiere humildad. Humildad para decir: «Yo no soy Dios y no tengo mi vida en orden como quisiera hacerle creer a los demás». Si admite esa verdad a otra persona, no va a tomarle por sorpresa. Hay otros que ya lo saben, Dios lo sabe y usted también. Solamente le falta admitirlo. Deténgase ahora mismo y llame por nombre propio aquella herida, complejo o hábito que ha tratado de ignorar. Luego admítale a Dios que es incapaz de gobernar su vida por su propia cuenta.

¡Felicitaciones! Con esta decisión acaba de dar el primer paso en el camino a la sanación.

Admitir que tiene una herida, complejo o hábito es tan solo el principio. Para implementar esta primera decisión, al igual que las otras siete, usted necesita emprender tres acciones: (1) Ore por el asunto, (2) Póngalo por escrito, y (3) Compártalo con alguien. Es dando cada uno de estos pasos que usted avanza de verdad. Aquí es donde sucede el cambio. Algunos de ustedes serán tentados a saltarse esta sección y pasar al siguiente capítulo. ¡No lo hagan! Estos tres pasos interactivos que se encuentran al final de cada capítulo, constituyen su sendero práctico a la sanación. Tome la decisión correcta.

TOME LA *decisión*

ACCIÓN 1: *Ore por el asunto*

Pídale a Dios que le de el valor para admitir su incapacidad para controlarse a sí mismo o el mundo que le rodea. Que usted empiece a depender del poder divino para hacer cambios positivos. Ruegue a Dios que tome el control de su vida y le ayude a dejar de controlar su imagen, otras personas, sus problemas y su dolor. Hágale saber que está harto de cargar tanto temor, frustración y fatiga, que está cansado de todos sus fracasos tratando de ser el gerente general del universo.

Si no sabe ahora mismo qué palabras usar para orarle a Dios, no se preocupe. Puede orar como David: «*Mi Dios, ¡ven pronto a salvarme! ¡Ven pronto en mi ayuda!*».[14] También puede orar así:

> *Amado Dios, hoy quiero tomar la primera decisión hacia mi sanación y restauración. Reconozco que no soy tú, Dios. Muchas veces he tratado de controlar mis problemas, mi dolor, mi imagen y hasta o a los demás, como si fuera tú. Perdóname. Admito que soy incapaz de controlar mi tendencia a hacer cosas que no me convienen. Hoy estoy pidiendo tu ayuda. Te pido humildemente que tomes todos los pedazos de mi vida rota y empieces el proceso de sanación. Por favor sáname. Te ruego que me des las fuerzas para buscar la restauración. Ayúdame a ser constante en este proceso para tomar las otras siete decisiones. Te lo pido en tu nombre, amén.*

Dios oirá su ruego porque Él está siempre dispuesto a darle su fortaleza, poder, amor perfecto y completo perdón cuando usted da el primer paso hacia la sanación.

ACCIÓN 2: *Póngalo por escrito*

Al empezar su peregrinaje por las ocho decisiones sanadoras, es importante escribir sus pensamientos y revelaciones. A medida que Dios le libera de sus heridas, complejos y hábitos, Él revelará cosas significativas acerca de usted y los demás. Lleve un diario de lo que Dios le muestre y de su progreso y crecimiento día tras día. Puede utilizar un diario, un cuaderno de espiral o lo que usted prefiera. Un consejo: *Guarde su diario en un lugar seguro.* Lo que usted escribe en su diario son sus pensamientos privados. Al avanzar por las ocho decisiones, aprenderá cuándo y con quién compartir sus apuntes personales.

Las siguientes preguntas le ayudarán a empezar a escribir:

1. ¿Qué personas, lugares o cosas tiene usted el poder de controlar?

2. ¿Qué personas, lugares o cosas ha estado tratando de controlar (sea específico)?

3. Describa cómo trata de controlar su imagen, a otras personas, sus problemas y su dolor.

4. Escriba acerca de cómo el temor, la frustración, la fatiga y los fracasos al tratar de ser gerente general del universo han afectado su relación con Dios y con otras personas.

5. ¿Qué heridas, complejos o hábitos específicos ha estado negando?

¡Misión cumplida! Poner por escrito las respuestas a estas cinco preguntas no fue fácil, pero fue un comienzo muy prometedor en su proceso de sanación. Pasemos ahora a la tercera acción práctica.

ACCIÓN 3: *Compártalo con alguien*

En su recorrido por las ocho decisiones sanadoras, descubrirá que necesita compartir las verdades transformadoras que Dios le está mostrando con alguna persona de confianza. El sabio escritor del Eclesiastés dijo: «*Mejores son dos que uno; porque tienen mejor paga de su trabajo. Porque si cayeren, el uno levantará a su compañero; pero ¡ay del solo! que cuando cayere, no habrá segundo que lo levante… Y si alguno prevaleciere contra uno, dos le resistirán; y cordón de tres dobleces no se rompe pronto*».[15]

Los siguientes capítulos le guiarán en la selección de esta persona. Necesita alguien con quien pueda hablar franca y honestamente. Esa persona debe abstenerse de emitir juicios y mantener en confidencia lo que usted le comparta de su diario. Esta persona también deberá estar dispuesta a compartir su vida y sus luchas con usted. Tan pronto Dios le muestre quién es esa persona de confianza, pídale una cita para pedirle que se una a usted en esta jornada de recuperación hacia la sanación, y que lo haga en calidad de socio a quien pueda rendirle cuentas. Puede tratarse de un pariente, un amigo, un vecino, un compañero de trabajo o algún miembro de su iglesia.

Es importante que la persona de confianza sea de su mismo sexo. Va a compartir detalles muy personales de su vida a medida que toma cada decisión sanadora. Algunos de los temas son inapropiados para compartir con una persona del sexo opuesto.

Si en el transcurso de su lectura no logra encontrar una persona de confianza con quien compartir, visite el sitio www.celebraterecovery.com para localizar algún grupo local de Celebremos la Recuperación. Allí encontrará personas que han pasado por las ocho decisiones y con mucho gusto le ayudarán y apoyarán al iniciar su experiencia de sanación. Recuerde que este es un camino que no debe emprenderse sin compañía. Usted necesita otras personas que lo escuchen, lo alienten, lo apoyen y le demuestren el amor de Dios.

Si opta por empezar la travesía, Dios será fiel y le dará sanación espiritual así como lo liberará de sus heridas, complejos y malos hábitos.

Una referencia histórica: En la Iglesia Saddleback estamos comprometidos a ser un «lugar seguro» donde la gente puede hablar de sus problemas de la vida real y tratarlos sin ser juzgados. Estamos hablando de heridas reales, complejos reales y hábitos reales. Somos una familia solidaria de hermanos y hermanas que luchamos juntos. No existe una sola persona en nuestra iglesia que lo tenga todo en perfecto orden. Todos somos débiles en áreas diferentes y todos necesitamos el uno del otro.

Uno de los ministerios más eficaces en Saddleback se reúne los viernes por la noche y se llama Celebremos la Recuperación. Es un grupo conformado por cientos de hombres y mujeres que lidian con toda clase de heridas, complejos y malos hábitos. Todos trabajan juntos en las ocho decisiones sanadoras centradas en Cristo que se describen en este libro. En Celebremos la Recuperación estas decisiones sanadoras se conocen como «Los ocho principios».

Al concluir cada capítulo, usted encontrará dos historias personales, testimonios de gente real en nuestra familia espiritual y Celebremos la Recuperación quienes han optado por superar sus heridas, complejos y malos hábitos.

Estos individuos valientes proceden de trasfondos muy diferentes con una variedad de problemas y complicaciones. Al leer sus historias, le ruego que mantenga abierto su corazón y su mente. Así verá cómo la experiencia de ellos se relaciona con su propia vida o la de alguien cercano a usted.

LA HISTORIA DE
Elaine

Mi nombre es Elaine y soy una creyente que lucha con la codependencia. Soy madre y también abuela, y he visto a Dios cambiar lo que pensé era imposible cambiar: las vidas de mi esposo, mis hijos y yo misma. Descubrí que Dios tiene el poder para hacer cambios que traté yo sola de hacer por años y no pude.

Crecí en un hogar muy amoroso. Compartíamos experiencias en familia como las vacaciones y siempre íbamos a visitar a los abuelos en todos los días festivos. Empecé a ir a la iglesia a temprana edad y tenía a Dios en mi vida. Participé también en los grupos de jóvenes de la iglesia desde mi adolescencia. Yo pensaba que todas las familias eran iguales.

Conocí a mi futuro esposo en el verano de 1966. Empezamos a salir en el otoño y él me pidió que me casara con él justo antes de la Navidad. Nos casamos el 10 de febrero de 1967. Debí haber sabido que no iba a ser una vida fácil cuando Howard, así se llama mi esposo, llegó a la iglesia dos minutos antes de nuestra boda. Él no estaba acostumbrado a las reuniones familiares y yo como buena codependiente pensé que podría arreglarlo. Nunca pensé que su gusto por la bebida fuera un problema, al menos eso era lo que me decía a mí misma todo el tiempo.

Nueve meses y doce días después de casarnos nació nuestro primer hijo, Jim. Me sentía dichosa, enamorada y orgullosa de ser madre. Dos años y medio después nació nuestro hijo menor, Troy. Yo iba a la iglesia de forma esporádica, literalmente un par de veces al año, en la pascua y en la navidad. Mis dos hijos estaban bautizados pero yo pensaba que mi vida estaba completa y no necesitaba formar parte de una iglesia.

Mi familia nunca se enteró de la angustia que yo sentía por las borracheras y la infidelidad de Howard. Era más fácil cerrar mis ojos y desviar la mirada, fingiendo que no me dolía. Me negaba a aceptar la realidad. Tenía la determinación férrea de mantener unida nuestra familia. Pensé que podía arreglarlo todo tarde o temprano, siempre fiel a mi carácter habilitador y codependiente. Puse mi esperanza en las reiteradas promesas de Howard de cambiar. Cada vez que llegaba a mi límite y pensaba que no podía seguir viviendo así, Howard prometía arreglar su vida y enmendar su conducta.

Las cosas mejoraban por un tiempo, pero él siempre volvía de forma inevitable a su conducta usual y yo volvía a sentir el mismo dolor una y otra vez. Era un círculo vicioso. La esperanza más absurda a que me aferré todos esos años fue la falsa confianza de que yo podía arreglarlo todo sin ayuda de nadie, tarde o temprano. Supuse que podría controlar la situación y arreglar a Howard por mi cuenta si me empeñaba en ello. Creo que fui muy terca porque después de veintiocho años yo seguía aferrada a esa esperanza falsa. Estaba empeñada en no terminar siendo una cifra más en las estadísticas; iba a mantener nuestra familia intacta, a toda costa.

Nos mudamos varias veces en el transcurso de los años, pero eso por supuesto no cambió nada. En mi ingenuidad abrigué la esperanza de que cada traslado mejoraría las cosas, pero seguíamos siendo los mismos. Nos fuimos a vivir a California en 1982. Ahora sé que Dios nos llevó allá por otra razón.

Howard y yo empezamos empleos nuevos. Varios años después, él empezó a consumir drogas además de alcohol. Tocó fondo en 1994 y nuestros hijos y yo lo ayudamos a ingresar a un tratamiento de rehabilitación. Pensé que todo iba a salir bien.

Mi esposo ya no estaba bebiendo ni usando drogas, así que ¿qué más podría pasar? Un día Howard le hizo un comentario indecente a la esposa de nuestro hijo menor. Ella se ofendió mucho y Howard trató de disculparse, pero el daño estaba hecho. Nuestra familia se dividió y sentimos mucha amargura. Esa fue la gota que rebosó la copa. Ya no lo podía soportar, estaba lista para darme por vencida con mi matrimonio. Vivíamos en la misma casa pero ya no había amor de mi parte. No pensé que pudiera perdonarlo esta vez.

En la pascua de 1995, Jim, nuestro hijo mayor, nos preguntó si queríamos ir a la iglesia con él y su esposa Gloria. Accedimos, y ese fue nuestro primer fin de semana en la Iglesia Saddleback. Mientras nos dirigíamos a la entrada vi una gran muchedumbre y me pregunté en qué me había metido. No sabía qué esperar. Observé a todos los que se estaban disfrutando del servicio, y hasta Howard quiso volver la semana siguiente. Dios había empezado a ablandar nuestros corazones.

En julio, Jim nos preguntó si queríamos ir a una cruzada. Cuando el pastor hizo la invitación al altar, Howard me miró y me pidió que fuera con él. Supe entonces que mis oraciones habían sido contestadas. Howard entregó su vida a Cristo y yo renové mi entrega. Jim y Gloria también comprometieron sus vidas aquella noche. Empecé a tener esperanza real de que las cosas cambiarían porque Jesucristo estaba incluido en la situación y porque contábamos con el poder de Dios. En septiembre, los cuatro fuimos bautizados.

Empezamos a asistir a Celebremos la Recuperación en febrero de 1996. Tras un par de meses en el programa, empecé un estudio con Cheryl sobre ocho decisiones sanadoras centradas en Cristo. Fue una experiencia que me cambió la vida. No creo que hubiese podido obtener sanación sin ella.

Recuerdo la primera noche y la primera pregunta del estudio: «¿Cuáles son las áreas de su vida en las que usted tiene el control?». Sentí pánico. No se me ocurría una sola. Pensé que algo andaba mal conmigo. Fue la primera vez que me admití a mí misma que era incapaz de cambiar las cosas por mi cuenta. Por fin entendí que sólo con mis fuerzas no puedo cambiar mi vida. Tengo que depender de Dios para mi restauración.

Reconozco mi NECESIDAD — DECISIÓN 1

Reconozco que no soy Dios.

Admito que soy impotente para controlar mi tendencia a hacer lo malo y que mi vida es ingobernable.

Para mí fue una bendición trabajar con un grupo muy especial de damas con el que mantengo un vínculo muy estrecho. Trabajar en cada una de las decisiones me ayudó a crecer en mi vida cristiana. Definitivamente puedo ver los cambios en mí. Tuve la oportunidad de dirigir mi primer estudio grupal de los pasos, y como resultado de esa experiencia me gané una amiga para toda la vida con quien puedo compartir cualquier cosa, y ella conmigo. Nos rendimos cuentas mutuamente en todo lo que hacemos. Diana y yo hemos colaborado con Celebremos la Recuperación todos los viernes en la noche en el café «Roca Sólida» durante los últimos siete años. Allí nos conocen cariñosamente como «las pastelómanas». Hoy he llegado a entender que Dios nunca desaprovecha nuestro dolor. Debido a todo lo que he pasado y la forma en que Dios ha obrado en mi vida, he podido ayudar a muchos otros.

He visto un milagro en mi esposo. Toda la familia de Howard vio el cambio en él cuando regresó a la costa este hace unos años, cuando su madre estuvo en el hospital. Howard fue quien mantuvo unida a su familia durante ese tiempo. Les contó acerco de cómo Dios había cambiado su vida, y ellos vieron el cambio en él.

En mayo de 1996, Howard y yo renovamos nuestros votos matrimoniales en la iglesia. Los últimos once años han sido un regalo de Dios. Podría decir cuánto quisiera que los primeros veintiocho años hubieran sido como los últimos, pero sé que Dios me estaba preparando para el presente. En febrero del 2007 celebramos nuestro cuadragésimo aniversario de bodas.

Debido a las divisiones en mi familia, no había visto en varios años a Troy, mi hijo menor, ni tampoco a mi nieto Jordan. Oraba todos los días por la reconciliación familiar y hace dos años empecé a recibir tarjetas por el Día de la Madre con fotos, hasta que por fin Troy me llamó. Me enteré que iban a tener otro hijo, y aunque estaba feliz por ellos, también me dio mucha tristeza no poder verlo. Troy me llamó después del nacimiento para contarme que había sido niño y que se llamaba Jacob. Seguí orando para que Dios ablandara el corazón de Troy y su familia. Ese mismo año, justo antes de la Navidad, fui hospitalizada con neumonía y Troy llamó para saber cómo estaba. Me dijo que iban a venir a California para sus vacaciones de marzo.

Llegó marzo y seguía sin saber de él. Luego una tarde mi hijo Jim llamó y dijo que alguien quería verme. Troy fue a la casa de Jim y llevó a mis dos nietos. Supe que Dios por fin había contestado mis oraciones en el momento que él creía oportuno. Él sabía cuándo íbamos a estar todos listos para ese primer encuentro. Aquel primer paso en el proceso de sanación fue muy emotivo y también positivo. Sé que Dios nos seguirá ayudando en cada etapa del camino.

Mi hijo Jim y su esposa Gloria han adoptado tres niños. Andrés tiene doce años, Carol tiene once y Jeff tiene siete. Han colmado de alegría nuestra vida y sé que en verdad son regalos de Dios. Dios ha obrado mucho en nuestras vidas a través de Jim y Gloria, han estado con nosotros en lo mejor y lo peor, y han visto el cambio en ambos.

A veces me preguntan cómo pude perdonar veintiocho años de vergüenza, sufrimiento y dolor. Mi respuesta es: «No es difícil perdonar al pensar que Jesús se sacrificó para que yo pudiera ser perdonada». He decidido dejar de vivir en el pasado para poder mirar hacia el futuro, y quiero experimentar todo lo que Dios me tiene reservado. Aunque es cierto que no olvido lo sucedido, siempre vuelvo a dar los pasos en el camino a la sanación y he aprendido a ceder el control de todo a Dios.

Si ha vivido abrigando falsas esperanzas, pensando que usted o su situación cambiarán como simple resultado de su propia persistencia o su fuerza de voluntad, le insto a no perder un segundo más en ese callejón sin salida. Yo no habría podido cambiarme a mí misma o a los demás a fuerza de voluntad. Esa clase de cambio nunca perdura. Más bien, le animo a abrir la puerta de su corazón y permitirle la entrada al poder transformador de Dios, tomando una decisión a la vez y sin apresurarsen. El poder de Dios puede hacer lo imposible.

Para terminar, me gustaría compartir con usted el versículo lema de mi vida:

«¡Demos gracias a Dios, Padre de nuestro Señor Jesucristo!
Él es un Padre bueno y amoroso, y siempre nos ayuda.
Cuando tenemos dificultades o cuando sufrimos,
Dios nos ayuda para que podamos ayudar
a los que sufren o tienen problemas».[15]

LA HISTORIA DE
Joe

Me llamo Joe y soy creyente, hijo de un alcohólico que también lucha con su adicción a las drogas. Crecí en una familia disfuncional clásica. Tengo tres hermanos mayores y una hermana mayor, todos de padres diferentes. Mi hermana menor Yoli y yo tenemos el mismo padre. Mi mamá se casó cinco veces y tuvo muchos novios. Cuando yo estaba en el preescolar, mi papá enganchó su bote llamado «Soñador», se fue y nunca regresó a casa. Poco después mi mamá ingresó a un sanatorio en Spokane, Washington. Sufría de una condición maníaco depresiva llamada desorden bipolar.

Asistí a diecisiete colegios diferentes antes de graduarme de la secundaria y vivimos en veintiocho sitios distintos, a veces con mamá y otras veces sin ella. Durante esos años aprendí a huir de mis problemas emocionales.

Al cumplir doce años, mamá volvió a perder su batalla con la depresión y nos dijo: «Niños, van a vivir con la familia Underwood por un tiempo». La familia Underwood era muy activa en nuestra iglesia y nos proveyó bastante amor, disciplina y orden, ¡y conste que dije amor! Aunque fue la primera experiencia de estabilidad que tuve, yo seguía llorando antes de dormirme pensando en el abandono de mi papá y en qué había hecho mal esta vez para sacar a mamá de quicio.

Casi dos años después mamá regresó y volvimos a mudarnos. Ella estaba tan deprimida que rara vez la vi salir de su cuarto. Vivíamos de la asistencia estatal y yo compraba los víveres con estampillas de comida. Pensaba que era una actividad normal para chicos de trece años. Éramos muy activos en nuestra iglesia y acepté a Jesucristo como mi Señor y Salvador personal. Aprendí todo acerca del fuego del infierno y la condenación. Lo que no aprendí fue que Dios me amaba.

En el verano de 1976. Yoli, mi hermana menor, se ahogó en el río Chena. Estábamos en la orilla con unos amigos y yo había remado a un islote. *Para hacer una broma, uno de los muchachos pateó la canoa y Yoli se metió a nadar para alcanzarla pero fue arrastrada por la corriente. El río estaba crecido y lleno de lodo. Sabía que ella corría peligro y me metí al río. Tuve miedo de nadar directamente hacia ella debido a la fuerte corriente, así que atravesé el río por otro lado. Todavía recuerdo su mirada angustiosa y su expresión de pánico total al verse a merced del río. Cuando llegué a la otra orilla me puse a correr mientras ella se acercaba a un recodo en el río. El agua parecía más calmada allí y me zambullí. La tenía a menos de 10 metros de distancia pero el río me arrastró en dirección opuesta. Fue la última vez que vi a Yoli.*

Recuerdo que llegué caminando, corriendo y tropezando a casa, llorando y gritando de pura rabia. Mientras vi el lodo correr en la ducha culpé a Dios, queriendo saber por qué un Dios de amor dejaría pasar algo así, por qué no me llevó a mí en lugar de ella.

Aquel día mi vida dio un vuelco en la dirección equivocada. Bajé otra vez al río y me fumé mi primer cigarrillo de marihuana y me tomé mi primera cerveza para calmar el dolor. También decidí dejar de ir a la iglesia. En mi último año de la secundaria la marihuana se había convertido en un hábito diario para mí. Era el remedio que yo mismo me había recetado para tratar el dolor y el caos emocional sin tener que enfrentarme a la vida. Pensé que estaba en control de la situación. Así continué el patrón que aprendí en mi niñez: huir de la responsabilidad y evitar cualquier dolor emocional.

Tras la secundaria me enrolé en la fuerza naval como asistente de maquinaria nuclear. Quería estar en un submarino. Perdí mi certificación nuclear por llegar siempre tarde a clase tras parrandear la noche anterior. Me ausenté durante seis meses, volví a aparecerme y fui despedido sin honores. Me acordé de la época que pasé en el grupo de jóvenes de la iglesia y de lo que había dicho que nunca haría de grande, y que sin embargo ahora hacía. Estaba involucrado en drogas, sexo ilícito, engaños, trampas y robo. Continué huyendo de ciudad en ciudad.

Mientras estuve en Anchorage, Alaska, trabajé en un bar. Allí adquirí malos hábitos sexuales y me hice adicto a la cocaína con el fin de llenar el vacío en mi alma. Nada funcionó. Me acosté con tantas mujeres que ni siquiera recuerdo sus nombres. Como resultado de mis malas decisiones ahora tengo herpes. El pecado es divertido por un rato, pero las consecuencias son devastadoras. Muchas de mis malas decisiones me han afectado por años, pero hay unas que me afectarán por el resto de mi vida. Había intentado controlar mi vida con sexo, drogas y nuevos lugares de residencia, pero todo ello me dejó vacío y enfermo. Además de todo esto, me enteré que la depresión de mamá era hereditaria y me di cuenta que la mía empeoraba cada año.

En la Navidad de 1994, mi mamá y yo visitamos a mi hermana en Lake Forest, California. Fue entonces que asistí a Celebremos la Recuperación por primera vez. Fui a un grupo especial para hijos con dependencia de sustancias químicas. Estaba engañado pensando que no tenía un problema severo con las drogas e insistía en que mi papá había sido el alcohólico de la familia. Después de Navidad me mudé a Lake Forest y empecé a asistir a la Iglesia Saddleback, a disfrutar de su música maravillosa y sentir como si los pastores me hablaran directamente a mí, pero al llegar a casa me drogaba. Incluso una vez llegué drogado a una reunión del miércoles en la noche. Sentí tanta culpa que me fui. No estaba conectado ni comprometido de verdad. No sé cuántas veces empecé a ir a las reuniones de Celebremos la Recuperación para luego irme a otra parte. Otras veces entraba a la reunión, oía la música y el testimonio o la lección, pero me iba antes que empezara el trabajo en grupos pequeños.

En 1996 descubrí un abultamiento en el lado derecho de mi cuello. Cuando por fin fui al doctor, era como una pelota de golf. Me diagnosticaron la enfermedad de Hodgkin, un tipo de cáncer. Después del tratamiento estuve fuera de peligro un tiempo, pero el cáncer regresó. Durante mi última crisis finalmente toqué fondo. Me puse a trabajar con seriedad en las heridas, los complejos y los hábitos en mi vida. Quedé listo para empezar con la primera decisión:

DECISIÓN 1

Reconozco mi **NECESIDAD**

Reconozco que no soy Dios.

Admito que soy impotente para controlar
mi tendencia a hacer lo malo y
que mi vida es ingobernable.

Hoy día, Dios ha sacado a la luz muchas de mis heridas, complejos y malos hábitos y los ha sanado. Dios no desperdicia nada. El dolor que experimenté en el pasado ahora me ayuda a identificarme con otros en su dolor. El conocimiento intelectual de la salvación que adquirí en la juventud ahora es un conocimiento de corazón. Dios ahora me ayuda a controlar mis pensamientos porque allí es donde ocurren mis batallas espirituales. Dios siempre hace su parte y para tener paz yo debo hacer mi parte todos los días. Si no lo hago, tengo dificultad. Dios también me ha ayudado a relacionarme con otras personas. Cuando veo más allá de mí mismo y me propongo alcanzar a otros encuentro mi propósito. Sirvo a los demás con un corazón agradecido por todos los milagros que Dios me ha dado a través de mi relación con Él.

Dios es un experto en milagros y yo soy la evidencia: Dios me ha sanado de cáncer dos veces. El 1 de abril de 2001 me casé con Gaby, una mujer que verdaderamente ama a Dios. El pastor John ofició la ceremonia a la que asistieron muchos amigos maravillosos. He sido bendecido con una nueva familia y una esposa maravillosa que puede vivir con alguien tan loco como yo sin dejar de amarme. ¡Alabado sea Dios!

Le pido a Dios que la honestidad y franqueza de Elaine y Joe le ayuden a considerar las heridas, los complejos o los hábitos en su propia vida y cómo puede tomar la primera decisión: «Reconozco que no soy Dios. Admito que soy impotente para controlar mi tendencia de hacer lo malo y que mi vida es ingobernable». Tan pronto haya tomado esta decisión, podrá emprender el camino hacia la sanación en su vida.

R
E
C
U
P
E
R
O

Entiendo que Dios existe

y que le *importo*. Creo que Él tiene
el poder para ayudarme a recuperar.

«Dichosos los que lloran, porque serán consolados».[1]

Busque AYUDA

Decídase por la ESPERANZA

En el sur de California no llueve mucho y casi nunca llueve lo suficiente para causar inundaciones, pero hace varios años llovió tanto que una porción de Lake Forest se inundó. Glen vive en un área baja que se inundó a tal punto que el diario *Orange County Register* tuvo que enviar a un reportero en bote al vecindario de Glen. El reportero encontró a la esposa de Glen, Jo Ann, sentada en el techo de su casa observando los objetos que pasaban flotando, así que también se subió al techo para entrevistarla.

Mientras el reportero le hacía preguntas a Jo Ann, vio un asador de carnes que pasó flotando, luego un perro trepado sobre su casita y por último una furgoneta. Unos minutos después vio pasar un sombrero, pero después de flotar a unos diez metros de la casa empezó a flotar de regreso, y cuando llegó a unos diez metros del otro extremo de la casa, empezó a flotar otra vez en la otra dirección. El reportero vio pasar el sombrero ocho o nueve veces hasta que le preguntó a Jo Ann: «¿Usted tiene idea de cómo puede flotar ese sombrero de un lado a otro?».

«Oh, ese es mi esposo chiflado, Glen. Dijo que hoy iba a cortar el césped, aunque fuera contra viento y marea».

El problema que tenemos muchos de nosotros es que seguimos

enfocados en el césped mientras nuestra casa está inundada y se aleja flotando. Tenemos la noción chiflada de que estamos en control de la situación.

En el primer capítulo aprendimos que no importa cuánto tratemos de mantenerlo todo bajo control, somos incapaces de controlar nuestra tendencia de hacer lo malo y nuestras vidas son ingobernables. La meta en este capítulo es que habiendo dejado de actuar como si fuésemos Dios, ahora pasemos a recibir el poder de Dios. También adquiriremos una visión clara de la esperanza y la ayuda que Dios nos ofrece. Pero primero veamos dos bendiciones enmascaradas de Dios: el duelo y el dolor. Aquí aprenderemos cómo acceder al poder de Dios.

DUELO: EL SENDERO DE DIOS AL CONSUELO

Todos tenemos áreas problemáticas en nuestra vida, todo aquello que nos produce tristeza y dolor profundos. De hecho, las cargas que arrastramos por todas partes pueden ser devastadoras. Cuando sentimos un dolor por mucho tiempo, llegamos al punto de identificarnos con el mismo y convertirnos en víctimas. Quizá tratemos de evadir nuestro dolor usando drogas o alcohol o tratando de controlar a quienes nos rodean por medio del enojo. Son muchas las opciones.

Al progresar con las ocho decisiones sanadoras de este libro, nos enfrentaremos cara a cara con verdades sobre nosotros mismos que hemos tratado de esconder (y rehuir) toda la vida. Así es como empezamos a experimentar malestar y un sentido de pérdida. Es la parte del proceso en que hacemos «duelo» y éste nos produce un nuevo tipo de dolor. Sentimos dolor por nuestros errores pasados y hasta por nuestra pérdida del control. Al final del proceso, Dios nos trae su consuelo si decidimos confiar en Él. Como lo expresa la bienaventuranza de esta decisión: «*Dichosos los que lloran, porque serán consolados*».[2]

SENTIMOS DOLOR POR NUESTROS ERRORES DEL PASADO

A medida que usted realiza el trabajo correspondiente a las ocho decisiones de este libro, tal vez empiece a lamentar su pasado y llenarse de remordimiento: «Cuánto quisiera no haber tomado esas decisiones necias... Desearía no haber reaccionado de esa manera... Ojalá no hubiera hecho esto o aquello... Si pudiera...». Empezamos a caer en la cuenta del daño que hemos causado y que otros nos han causado.

SENTIMOS DOLOR POR NUESTRA PÉRDIDA DEL CONTROL

Aunque nunca estuvimos realmente en control, así lo pensamos. Enfrentar ese hecho produce una sensación real de pérdida. El duelo aparece cuando por fin encaramos la verdad de la primera decisión y admitimos que somos incapaces de controlar nuestra tendencia de hacer lo malo y que nuestras vidas son ingobernables.

> *Así como el duelo es el sendero de Dios al consuelo, el DOLOR es el antídoto de Dios para el autoengaño.*

DESCUBRIMOS EL SENDERO DE DIOS AL CONSUELO

Con tal que no quedemos atascados en el proceso de duelo, lamentarnos puede servir como el sendero que conduce al consuelo, la ayuda y la esperanza que Dios nos ha preparado. La misma promesa que Dios hizo a su pueblo en la antigüedad, Él nos la hace hoy: «*Que a los afligidos de Sion se les dé gloria en lugar de ceniza, óleo de gozo en lugar de luto, manto de alegría en lugar del espíritu angustiado; y serán llamados árboles de justicia, plantío de Jehová, para gloria suya*».[3]

DOLOR: EL ANTÍDOTO DE DIOS
PARA EL AUTOENGAÑO

Así como el duelo es el sendero de Dios al consuelo, el dolor es el antídoto de Dios para el autoengaño. Negar la realidad de los hechos es una especie de enfermedad que requiere un potente antídoto. Por raro que suene, el dolor es el antídoto de Dios para el engaño. C. S. Lewis nos ayuda a entenderlo: «Dios nos susurra en nuestros deleites, nos habla en nuestra conciencia, pero nos grita en nuestro dolor. El dolor es el megáfono de Dios para despertar a un mundo sordo».[4] El dolor es el método de Dios para informarnos que algo anda muy mal y requiere nuestra atención inmediata. Si su apéndice estallara y usted no sintiera dolor, no sabría que su cuerpo necesita cuidado médico y las toxinas de su apéndice le infectarían la cavidad abdominal hasta causarle la muerte. El dolor nos alerta que necesitamos ayuda.

El dolor también es la alarma de incendios de Dios. Si una alarma de incendios se disparara en su casa, usted no diría: «Ah, otra vez esa dichosa alarma, alguien por favor arránquela de la pared a ver si deja de hacer ruido». Todo lo contrario, usted le haría caso y llamaría a los bomberos para recibir ayuda. El problema es que cuando nuestra alarma de dolor se dispara, en lugar de prestarle atención tratamos de apagarla. Tratamos de tapar el ruido que hace con gente, trabajo, alcohol, sexo y muchas otras cosas. Si usted ignora la alarma, su casa podría incendiarse por completo.

Aquí es necesario establecer un punto importante. El hecho de que Dios permita que el dolor entre en su vida no significa que Él sea su causante y mucho menos que Él disfrute verle sufriendo. El dolor se debe con frecuencia a nuestras malas decisiones o las malas acciones de otros. Dios permite el desenlace de sus consecuencias naturales, pero eso no significa que Él sea la causa de nuestro dolor. Dios nos ama y quiere llevarnos de nuestro dolor hacia la sanación. El milagro es que Él haga que nuestro dolor ayude para bien, acercándonos a su consuelo y apartándonos de nuestro engaño.

Dicho esto, examínese un momento: ¿En qué nivel está su dolor? ¿Está Dios usando su dolor para captar su atención?

EL ENGAÑO NOS HACE RECHAZAR LA AYUDA DE DIOS

Negar nuestro dolor equivale a rechazar el poder de Dios que nos puede ayudar a recuperarnos. Usted jamás hallará la sanación de sus heridas, complejos y hábitos hasta que le haya hecho caso a su dolor. A no ser que haya llevado una vida perfecta, tiene garantizada la lucha con algún asunto. ¿Cuán insoportable tiene que volverse el dolor de la relación, la herida o el recuerdo para que usted se disponga a reconocer su autoengaño y admitir que no puede superarlo sin ayuda?

Recuerde, si pudiera haber manejado ese problema por su cuenta, no seguiría siendo un problema. Si pudiera manejarlo, ya lo habría hecho; pero como no puede, no lo hace.

A veces para negar la realidad esgrimimos excusas y acusamos a los demás: «Si mi esposa se organizara un poco, nuestro matrimonio andaría sobre ruedas». Tratamos de jugar a echarnos la culpa, pero cada vez que lo hacemos quedamos fuera de lugar.

Otras formas de autoengaño son igualmente inválidas. A veces nos preguntan cómo estamos y decimos «ahí bien» o «no me quejo». ¿A quién engañamos? Podríamos decir lo mismo si acabáramos de saltar de un edificio y nos quedaran un par de segundos antes de chocar contra el suelo.

En lugar de negar su dolor, permítale que le motive a buscar ayuda, a tomar las decisiones sanadoras, a enfrentar ese asunto que ha ignorado *diez*, *veinte*, o quiza *treinta años*. No rechace más el poder de Dios que es su única esperanza real de recuperación.

LAS CORTAPISAS DE DIOS AL ENGAÑO

Muy rara vez cambiamos cuando la vida es tranquila y suave. Cambiamos únicamente al calor de la prueba. Empezamos a cambiar después que el matrimonio fracasa o los hijos se van por mal camino. Un hombre dijo: «El ácido de mi dolor finalmente carcomió la pared de mi engaño». Lo triste es que por lo general no cambiamos hasta que nuestro temor al cambio es superado por nuestro dolor. La mayoría de las personas nunca se deciden a buscar la sanación hasta que no les queda otra alternativa.

Dios usa tres cortapisas a nuestro engaño para captar nuestra atención, para forzarnos a iniciar la recuperación y alejarnos de las decisiones y circunstancias que nos han dañado la vida:

1. *Crisis:* Dios usa el dolor de una crisis inesperada para desmantelar nuestro engaño: alguna enfermedad ocasionada por años de abuso de sustancias, estrés producido por adicción al trabajo, pérdida del empleo por acciones indebidas, o un divorcio como resultado de la infidelidad.

2. *Confrontación:* Dios también puede usar personas en nuestra vida que se interesen lo suficiente para decir: «La estás embarrando». Él usa personas que nos aman lo suficiente para confrontarnos con la verdad diciéndonos: «Si no te cuidas vas a perder tu salud»; «Estás al borde de perder tu empleo»; «Estás a punto de perder tu familia».

Hay un viejo refrán en Texas: «Si alguien te dice caballo, ignóralo. Si dos personas te dicen caballo, mírate en el espejo. Si tres personas te llaman caballo, cómprate una silla de montar». Si tres personas le dicen que necesita ayuda para superar alguna herida, complejo o hábito, ¡busque ayuda!

3. *Catástrofe:* Cuando tocamos fondo, bien sea en sentido físico, emocional, espiritual, económico o familiar, Dios a veces retrocede y nos deja sentir todo el impacto de nuestras malas decisiones. «¿Con que quieres ser Dios? Pues bien, ahí tienes».

No ignore su dolor. Reconózcalo como el exterminador de engaños de Dios y dispóngase a recibir la esperanza y el poder que Él le ofrece.

La primera decisión sanadora dice: «Lo admito, estoy acabado, soy impotente». La segunda decisión dice: «Existe un poder más grande que yo y tengo esperanza. Existe un poder al que puedo acceder que me ayudará a superar lo que no puedo manejar por mi cuenta». ¡Esa es la buena noticia!

DECISIÓN 2

Busco **AYUDA**

Entiendo que Dios existe
y que le importo.

Creo que Él tiene el poder
para ayudarme a recuperar.

Como veremos en el resto de este capítulo, la decisión #2 se fundamenta en tres verdades portentosas acerca de Dios: (1) *Él existe*, (2) *yo le importo* y (3) *Él tiene el poder para ayudarme*. A medida que entendamos cada verdad, veremos que requieren dos decisiones de nuestra parte, la decisión de creer y la decisión de recibir. Si no nos decidimos así, el poder de Dios no podrá hacerse real en nuestra vida.

LA VERDAD ACERCA DE DIOS

1. DIOS EXISTE

La Biblia deja muy en claro que creer en Dios es esencial: *«En realidad, sin fe es imposible agradar a Dios, ya que cualquiera que se acerca a Dios tiene que creer que Él existe y que recompensa a quienes lo buscan».*[5]

La mayoría de la gente reconoce que Dios existe. ¿Por qué? Porque se requiere más fe para buscar algo diferente a un creador que para afirmar su existencia. Si usted desarma su reloj por completo, coloca las piezas en una bolsa, la sacude y luego vierte su contenido en una mesa, la probabilidad de que las piezas se junten al azar sería bastante remota. El mundo es mucho más complejo que su reloj. Donde hay un efecto, debe haber una causa, donde hay diseño, debe haber un diseñador, y donde hay una creación, debe haber un Creador. *«Porque desde la creación del mundo las cualidades invisibles de Dios, es decir, su eterno poder y su naturaleza divina, se perciben claramente a través de lo que Él creó, de modo que nadie tiene excusa».*[6]

2. USTED LE IMPORTA

Como la mayoría de la gente cree que Dios existe, la cuestión real es: ¿Qué clase de Dios es? ¿Será que le importo realmente?

La razón por la que muchos de nosotros no sabemos si realmente le importamos a Dios es que en realidad no sabemos cómo es Dios. Lo cierto es que a veces, cuando no tenemos la información correcta, nos la inventamos. Decimos: «Dios tal como yo lo entiendo…» o «Mi concepto de Dios es…». El simple hecho de que tengamos ciertas nociones acerca de Dios no significa que sean correctas. Nuestra manera personal de concebir a Dios no es lo que importa. Lo importante es la verdad acerca de quién es Él, y muchas veces no tenemos la información correcta.

> *Hasta que* ENTENDAMOS *el verdadero carácter de Dios, no podremos confiar completamente en Él.*

Dos jovencitos en una escuela católica se habían venido portando muy mal y fueron enviados a la dirección de la escuela en varias ocasiones. La directora sabía que lo que realmente necesitaban era tener a Dios en sus vidas, así que mandó llamar al primero, lo hizo sentar y le dijo: «Quiero hacerle una pregunta, jovencito. ¿Dónde está Dios?».

La pregunta asustó tanto al estudiante que no supo cómo contestar. Se quedó ahí sentado. Ella le preguntó tres o cuatro veces: «¿Dónde está Dios?». El joven siguió sin responder. Ella le asignó la tarea de ponerse a pensar en esa pregunta y lo mandó salir de su oficina. Mientras salía, el otro muchacho al que ahora le tocaba el turno de ver a la directora, le preguntó al primero: «Oye, ¿y aquí qué pasa?».

El primer joven dijo: «No sé, pero parece que Dios se ha extraviado y nos están tratando de echar la culpa».

A veces nuestras concepciones erradas de Dios confunden nuestra imagen de Él y desafortunadamente muchos piensan que Dios se parece a alguno de sus padres. Las personas que tuvieron padres abusadores tienden a pensar que Dios el Padre también recurre al abuso. Aquellos que tuvieron madres apáticas y no amorosas pueden pensar que Dios es indiferente y rencoroso. Los que tuvieron algún motivo para temer a sus padres tienden a sentir pavor de Dios.

Hasta que entendamos el verdadero carácter de Dios, no podremos confiar completamente en Él. Es difícil confiar en algo o alguien que no conocemos ni entendemos. A Dios gracias, tenemos un Dios que se interesa en nosotros. Somos importantes para Él.

Entender las siguientes verdades acerca del carácter de Dios nos da esperanza cuando experimentamos dolor:

Dios sabe de su situación

Dios conoce sus heridas, complejos y hábitos. Él conoce todo lo bueno y todo lo malo. Cuando hemos tenido una semana, un mes o toda una vida llena de dificultades, podemos pensar que a nadie le importa: «Nadie sabe del dolor que estoy pasando en este matrimonio». Estamos equivocados; Dios lo sabe. Quizá pensemos: «Nadie sabe cuánto lucho para romper este hábito». Dios lo sabe. Tal vez pensemos: «Nadie conoce la depresión y el temor que experimento». Dios lo conoce. Él lo sabe todo. Y le interesa. Nada escapa su atención. El rey David tuvo muchos motivos de tristeza en su vida y dijo acerca de Dios: *«Tú has visto mi aflicción y conoces las angustias de mi alma».*[7] Dios ve la crisis por la que usted pueda estar pasando ahora mismo. *«Su Padre sabe lo que ustedes necesitan antes de que se lo pidan».*[8] *«El Señor está cerca de los quebrantados de corazón, y salva a los de espíritu abatido».*[9] Dios está con usted en su dolor y Él puede ayudarle a superar sus heridas, complejos y malos hábitos.

¿Sabía usted que Dios lleva un registro de todas y cada una de las lágrimas que han rodado por su rostro? *«Mis huidas tú has contado; pon mis lágrimas en tu redoma; ¿No están ellas en tu libro?»*[10] ¿No es algo increíble? Usted nunca jamás ha derramado una lágrima que Dios no haya visto.

Nada se escapa de su amor. Nada existe fuera de Él. Dios está con usted y está al tanto de todo lo que ha pasado, le esté pasando y le pasará.

Job dijo esto acerca de Dios: *«Vigilas todos mis pasos; ¡examinas las huellas que dejo al caminar!»*[11] Dios vela por usted; nada se escapa de su mirada. A veces nos gustaría que Dios no viera todas las malas decisiones que tomamos. El hecho es que nada queda fuera de su registro oficial: *«Oh Dios, tú sabes lo insensato que he sido».*[12] A Dios no lo espanta su pecado. Él sabía que iba a suceder antes que usted. Hasta sabe por qué lo hizo cuando usted lo ignora. Él conoce sus días buenos, sus días malos, sus decisiones necias y todos sus secretos. Para que se asombre, ¡Él de todas maneras le sigue amando!

A Dios le importa su situación

Dios no solamente sabe de su situación, también le interesa tanto como a usted: *«Tan compasivo es el Señor con los que le temen como lo es un padre con sus hijos. Él conoce nuestra condición; sabe que somos de barro».*[13] Dios nos hizo y sabe de qué estamos hechos (meras moléculas). Él sabe que somos criaturas frágiles. Dios quiere ser el Padre que muchos de nosotros nunca tuvimos. Él es compasivo y se enternece con nosotros, por eso nos dice: *«Con amor eterno te he amado».*[14] A Él le interesamos cuando le servimos y cuando no, cuando acertamos y cuando nos equivocamos. ¿Cómo puede Dios amarnos e interesarse en nosotros cuando nuestras vidas son un desastre? Esto se debe a que su amor por nosotros es incondicional. No está basado en nuestro desempeño. Está basado en su carácter divino. ¿Cuánto le interesamos a Dios? *«Dios demuestra su amor por nosotros en esto: en que cuando todavía éramos pecadores, Cristo murió por nosotros».*[15] No existe un amor más grande *«que el dar la vida por sus amigos»*[16], y esto es exactamente lo que Jesús hizo por usted y por mí.

3. DIOS TIENE EL PODER PARA CAMBIARLE A USTED Y SU SITUACIÓN

A veces Dios le cambia a usted, otras veces cambia su situación. En algunos casos cambia ambos. Él tiene el poder. Es difícil comprender la magnitud de este poder, por eso el apóstol Pablo imploró por nuestro entendimiento: *«Pido también que les sean iluminados los ojos del corazón para que sepan… cuán incomparable es la grandeza de su poder a favor de los que creemos. Ese poder es la fuerza grandiosa y eficaz que Dios ejerció en Cristo cuando lo resucitó de entre los muertos».*[17]

Si Dios puede levantar a Jesucristo de los muertos, ciertamente puede levantar una relación muerta. Puede liberarnos de una adicción. Puede quitarnos nuestra culpa y vergüenza. Puede ayudarnos a cerrarle la puerta al pasado para que los malos recuerdos dejen de fastidiarnos. Dios tiene el poder para cambiarnos y cambiar nuestra situación.

La Biblia dice además que nada es difícil para Dios: *«Lo que es imposible para los hombres es posible para Dios».*[18] La situación en que se encuentra ahora mismo puede parecer irremediable. Pero no lo es.

De hecho, en nuestra familia de Celebremos la Recuperación, hemos tenido miles y miles de personas que estaban en situaciones muy difíciles. Ninguno de ellos podía cambiar su situación contando sólo con sus fuerzas y tampoco se les ocurriría que ellos o sus circunstancias pudieran cambiar. ¡Pero así fue! Al final de este capítulo podrá leer las historias de María y Timoteo, historias que muestran cómo el poder de Dios les ayudó a cambiar cuando tomaron esta segunda decisión.

Veamos ahora lo que usted puede hacer para que el poder de Dios sea una realidad en su propia vida.

CONÉCTESE AL PODER DE DIOS

Créalo o no, *todo funciona mejor conectado a una fuente de poder.* Esto se aplica a tostadoras, aspiradoras, cafeteras y a nosotros también. A fin de curar nuestro dolor, debemos decidirnos a conectarnos al poder de Dios, y esto significa más que simplemente creer. Si fuera suficiente creer solamente en Dios, la mayoría de nosotros no necesitaría un libro como este ni las ocho decisiones sanadoras. La fe por sí sola no puede tratar el dolor y la devastación de las heridas, complejos y hábitos que hay en su vida. Para librarse del dolor, tiene que tomar la decisión de *conectarse* al poder de Dios. Su ayuda viene del poder divino.

LA CORRIENTE TRIFÁSICA DE DIOS

Hay un montón de cristianos que no tienen poder en su vida porque no están conectados al enchufe. Cuando estamos conectados al poder de Dios, Él nos provee todo lo que necesitamos: *«Dios no nos ha dado un espíritu de timidez, sino de poder, de amor y de dominio propio».*[19] La corriente trifásica de Dios consiste en poder, amor y dominio propio, los tres elementos precisos que necesitamos para vivir saludables, dichosos e íntegros.

1. *Poder.* Necesitamos poder para romper hábitos que no podemos romper por nosotros mismos. Necesitamos poder para hacer lo que sabemos que es bueno pero parecemos incapaces de hacer por nuestra cuenta. Necesitamos poder para liberarnos del pasado y dejar a un lado los malos recuerdos. Necesitamos poder para emprender la clase de vida que Dios quiere que vivamos. Pero hemos descubierto que no podemos cambiar por nuestras propias fuerzas. Necesitamos un poder mucho más grande que nosotros mismos. Necesitamos conectarnos al poder de Dios.

2. *Amor.* Necesitamos amor de verdad. Queremos ser capaces de amar a la gente y recibir su amor. Necesitamos desechar el temor de ser lastimados por quienes amamos. Nos falta tener la capacidad de establecer relaciones profundas, significativas y auténticas en lugar de relaciones superficiales, dañinas y egoístas.

3. *Dominio propio.* También necesitamos templanza o dominio pro-

pio, pero no podemos controlarnos hasta que seamos controlados por Cristo. Cuando Cristo está en control entendemos, quizá por primera vez, lo que significa tener todo bajo control. Cuando ya no tratamos de levantarnos del piso sin ayuda de nadie, veremos cómo Cristo acude a ponernos los pies sobre la tierra.

Usted puede tener acceso a la corriente trifásica de Dios si simplemente se mantiene conectado al enchufe del poder divino.

ESTABLEZCA LA CONEXIÓN AL PODER *CREYENDO Y RECIBIENDO*

¿Cómo me conecto al poder de Dios?

Es simple: Creyendo y recibiendo.

Primero, crea las tres verdades acerca de Dios que ya vimos:

1. Crea que Dios existe.

2. Crea que usted sí le importa.

3. Crea que Él tiene el poder para ayudarle.

Luego recíbalo en su vida. Diga con sencillez: «Jesucristo, pon tu Espíritu en mí». El concepto aquí es muy simple: pedir ayuda. Se necesita valor para decirlo, pero esta es su conexión al poder: «AYÚDAME DIOS. Necesito tu ayuda en mi vida».

Recibir la ayuda de Dios puede producir miedo porque sabemos que implica cambiar. «No sé si quiero ayuda para cambiar» dirá usted tal vez. «Le tengo pavor al cambio». Quiza no quiera cambiar hasta que su dolor exceda su temor al cambio, pero cuando esté listo para recibir el poder de Dios, todo lo que necesita decir es: «Dios, dame la voluntad para estar dispuesto a cambiar». Entonces, Él le dará la voluntad y el poder para conectarse a Él. *«Dios es quien produce en ustedes tanto el querer como el hacer para que se cumpla su buena voluntad».*[20]

Cuando por fin se decida a pedir ayuda, Dios acudirá: *«Cuando cruces las aguas, yo estaré contigo; cuando cruces los ríos, no te cubrirán sus aguas; cuando camines por el fuego, no te quemarás ni te abrasarán las llamas».*[21] ¿Qué padecimientos tiene hoy? ¿Atraviesa aguas profundas? ¿Siente como si fuera a ahogarse y no tiene escapatoria? ¿Está pasando por el fuego de la opresión? ¿Arden las llamas en su vida? ¿Siente que está atascado y no puede salir del hoyo? ¿Le faltan las fuerzas?

El poder de Dios está a su disposición ahora mismo, a una simple decisión de distancia. Todo lo que tiene que hacer es creer y recibir.

Cuando yo agoté todos mis recursos y no tuve a quién recurrir, toqué fondo. Luego vi a Dios esperándome allí muy paciente. Él me dio su poder para hacer los cambios que fui incapaz de hacer por mí mismo. Dejar de negar mi realidad para pasar a la gracia de Dios no fue fácil. Admitir que era un alcohólico y que mi vida estaba fuera de control fue lo más difícil que tuve que hacer en la vida. Pero cuando tomé esta segunda decisión, fue como si cayera un peso enorme de mi espalda. La esperanza y la libertad que empecé a experimentar fueron indescriptibles. Y todo lo que tuve que hacer fue creer y recibir mientras Dios hizo lo demás.

Ahora que usted se dispone a tomar la decisión de este capítulo, quiza tenga que enfrentarse cara a cara con algunos problemas reales que tal vez haya querido eludir en el pasado. Tal vez tenga que correr algunos riesgos, y eso sí, sincerarse con Dios y confiar en Él.

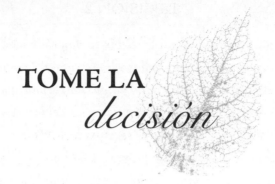

TOME LA *decisión*

ACCIÓN 1: *Ore por el asunto*

Dejar de negar la realidad y más bien confiar en que Dios le dará el poder para enfrentarla puede ser un ejercicio diario por algún tiempo. Pero el poder de Dios es real y extraordinario y a medida que usted se mantenga conectado a ese poder, día tras día, aprenderá a confiar más y más en Dios. Nuestra tarea es clamar por su ayuda y saber que Él cumplirá su promesa de atender nuestro clamor y ayudarnos.

Ore con sus propias palabras o lea esta oración de todo corazón:

Amado Dios, ayúdame por favor a no ignorar este dolor que estás usando para alertarme sobre mi necesidad de ayuda. En el pasado he ignorado las cortapisas que has permitido en mi vida para que yo dejara de engañarme y negar la realidad sin aceptar tu ayuda. Lamento haberlo hecho y te pido que me ayudes a enfrentar la verdad y confiar en tu cuidado. Tú me conoces y te interesa todo el dolor y las heridas que tengo en mi vida. Hoy necesito tu ayuda. No puedo lograrlo por mi cuenta. He tratado y sigo sin lograrlo.

En primer lugar, suplico tu poder en mi vida. Necesito tu poder para romper hábitos que no puedo romper. Necesito tu poder para hacer lo que sé que es bueno pero parezco incapaz de hacer por mi propia cuenta. Necesito tu poder para liberarme de mi pasado. Te pido el poder para proseguir con los planes que tienes para mi vida.

En segundo lugar, te pido amor. Quiero amor de verdad. Quiero ser capaz de amar a la gente y recibir su amor. Te pido que con tu amor yo pueda superar las heridas y los fracasos del pasado así como derribar el engaño de la intimidad falsa. Dios, te pido que me ayudes a tener una intimidad genuina contigo y los demás. Ayúdame a no tener miedo de amar de verdad y ser amado de verdad.

También te pido dominio propio. Ahora entiendo que no estoy realmente en control hasta que permita a Cristo estar en control de mi vida y mis circunstancias.

Dios, concédeme por favor tu poder, amor y dominio propio. Ayúdame a seguir tomando decisiones sanadoras. Amén.

Si usted hizo esta oración, ¡ha dado un paso muy significativo! No se preocupe si no entiende ahora mismo el cómo, eso lo veremos en el capítulo 3. Tan solo sepa que va por buen camino y que va a recibir la ayuda que necesita cuando sienta dolor.

ACCIÓN 2: *Póngalo por escrito*

Antes de empezar, vuelva a leer lo que escribió en el capítulo 1. A veces tenemos tanto afán para crecer y progresar que no sacamos tiempo para reflexionar en lo que Dios ya nos ha enseñado de Él y de nosotros mismos. Su diario le mostrará un cuadro alentador de su crecimiento al avanzar en las ocho decisiones.

Habiendo dicho eso, consideremos el siguiente pasaje bíblico y veamos qué principios podemos extraer de él: «*Cuando cruces las aguas, yo estaré contigo; cuando cruces los ríos, no te cubrirán sus aguas; cuando camines por el fuego, no te quemarás ni te abrasarán las llamas*».[22]

Dios promete estar con usted hoy, mañana, la siguiente semana, el mes entrante, el próximo año, etc., a medida que usted enfrente esos asuntos que ha tenido miedo de cambiar toda la vida. Ahora escriba las respuestas a las siguientes preguntas:

1. ¿Qué dolor ha usado Dios como un megáfono en su vida para alertarle que necesita ayuda?

2. ¿A quién o a qué ha culpado usted por sus problemas, bien sea en parte o totalmente?

3. ¿Qué dolor ha estado negando?

4. ¿Qué cortapisas al engaño (crisis, confrontación, catástrofe) ha usado Dios para tratar de captar su atención?

5. ¿En qué áreas se siente atascado en el dolor de su pasado, incapaz de cambiarlas?

6. ¿En qué área o áreas de su vida está usted ahora mismo dispuesto a permitir que Dios empiece a ayudarle?

7. ¿Hay algo que todavía tenga temor de entregarle a Dios? ¿De qué se trata?

8. ¿En qué se parecen sus sentimientos hacia su padre terrenal y hacia el Padre celestial? ¿En qué se diferencian?

ACCIÓN 3: *Compártalo con alguien*

Esta puede ser la acción más difícil de las tres, pero la buena noticia es que resulta cada vez más fácil a medida que usted continúa con cada una de las ocho decisiones sanadoras. La Palabra de Dios dice: *«El hierro se afila con el hierro, y el hombre en el trato con el hombre».*[23]

Si todavía está buscando a una persona de confianza para compartir con él o ella su viaje de sanación, estas pautas le ayudarán en su búsqueda:

1. ¿Tiene esa persona una relación personal con Jesucristo? ¿Ve el carácter de Cristo desarrollarse en él o ella?

2. ¿Compaginan las palabras y las acciones de esa persona? Algunos cristianos pueden citar la Biblia con precisión, pero su estilo de vida no concuerda con su manera de hablar. Cerciórese de que la persona con quien decida compartir su recuperación es alguien cuya vida sea digna de imitar.

3. ¿Sabe escuchar? ¿Cree que a esta persona le interesa sinceramente lo que usted dice?

4. ¿Es una persona que demuestra compasión, interés y esperanza sin tener lástima? No necesita a alguien que sienta pena por usted, pero sí alguien que pueda ser sensible a su dolor.

5. ¿Tiene firmeza suficiente para confrontar sus autoengaños o excusas? ¿Se interesa lo suficiente en su progreso como para retarle? Hay una diferencia entre ayudar a otros y tratar de arreglar sus problemas. Deben tener cuidado para que la relación no se vuelva malsana o codependiente.

6. ¿Le ofrece sugerencias? A veces necesitamos ayuda para ver opciones o alternativas que no podemos hallar por nosotros mismos.

7. ¿Puede hablar con usted de sus luchas pasadas y presentes? ¿Está dispuesta a sincerarse, a ser vulnerable y transparente con usted?

El recorrido a una vida dichosa, saludable e íntegra no es fácil. A lo largo del camino tendrá que enfrentar algunos problemas que hasta ahora ha querido evitar. Tendrá que correr algunos riesgos. No es un viaje que deba hacer solo, por eso necesita a una persona de confianza, un amigo o amiga de su mismo sexo con quien pueda compartir lo que Dios está haciendo en su vida. Al culminar este capítulo, enfóquese en la esperanza que radica en el amor de Dios por usted y en su poder para ayudarle a sanar.

LA HISTORIA DE
María

Mi nombre es María, soy una creyente que lucha con el abuso, la ira, los desórdenes alimenticios y la codependencia. Al crecer me di cuenta de que llamaba la atención y me sentía diferente a los demás. Nací tres meses prematura. Mi cadera, hombro y mandíbula estaban deformados en el lado izquierdo. Me sentía como una carga para mi familia. Mi mamá trataba de hacerme sentir especial pero sus acciones me hacían sentir inferior. Como era alérgica a la leche, las harinas y el azúcar, tenía que alimentarme con comida especial. Mi maestra guardaba mi comida en el mismo cajón donde ponía las pilas para el aparato que le ayudaba a oír a otro niño, y yo creía que los dos éramos los únicos niños con «necesidades especiales» en la escuela.

Mi padre era el pastor de nuestra iglesia, pero nadie me enseñó que yo podía tener una relación personal con un Dios de amor. A mi hermano y a mí nada más nos dijeron que nos portáramos bien y no avergonzáramos a nuestros padres en la iglesia. Aprendí que era normal tener dos tipos de reglas, uno para la casa y otro para la iglesia. Antes de empezar el preescolar, mi hermano y yo empezamos a ver las revistas pornográficas de mi papá. Decidí a temprana edad que las mujeres tenían que verse como las que salen en las revistas. Como pensaba que mi mamá era la mujer más hermosa que había visto, no podía entender por qué mi papá seguía viendo a aquellas extrañas en sus revistas.

Mi mamá siempre estaba haciendo alguna dieta y tomaba supresores del apetito. Como yo creía que las dietas eran lo que la hacían verse bella, a la edad de cinco años empecé a controlar mi consumo de alimentos. Yo escondía la carne que había en mi plato debajo de mi asiento porque tenía «gordos». Como el gato de la familia se la comía durante de la cena, nadie se enteró nunca.

En esa misma época mi abuelo me enseñó un juego secreto de «besos diferentes», me enseñó que podíamos dar besos de mariposa con nuestras pestañas, besos de esquimales con la nariz, y también me enseñó el «beso a la francesa». Me produjo confusión que este juego al parecer inocente tenía que ser nuestro secreto.

Cuando empecé a perder mis dientes de leche, a mi papá no le gustó que no se cayeran en orden, así que me sujetaba la cabeza y me sacaba con alicates los dientes que ni siquiera estaban flojos. Mi papá se justificaba diciendo: «Van a salir tarde o temprano, mejor que sea temprano para que te veas mejor». Yo le tenía terror a mi papá. Siempre quería complacerlo y caerle bien. Un día me dio por aprender sobre la gravedad lanzando los juguetes de mi hermano por la ventana de su cuarto y verlos despedazarse contra el piso de cemento. El castigo que mi papá me dio fue matar de un tiro al gato y lanzarlo en el bote de basura. Sentí que la muerte del gato había sido mi culpa. Para lidiar con la vida, aprendí a escapar mentalmente a un país de fantasías que me había inventado, el cual llamaba mi lugar seguro.

Mis padres habían empezado a pelear mucho y mi mamá cayó en una profunda depresión. Una noche papá nos dijo que odiaba a mamá y estaba enamorado de otra mujer. Cuando se fue, se llevó casi todos los muebles, incluidas nuestras camas. Nunca olvidaré la escena de mi mamá, mi hermano y yo sentados en el piso del baño, llorando desconsolados. Me sentí indefensa y abandonada, creí que no habíamos sido una buena familia y por eso mi papá se había marchado. Al poco tiempo mamá empezó con la bebida. Mi hermano y yo habíamos aprendido a parar, caer y rodar durante un simulacro de incendios en la escuela, así que usábamos esa técnica para protegernos de los golpes de nuestra madre.

Llegó un momento en que decidí asumir el control de nuestra familia. Sacaba dinero de la billetera de mamá, montaba mi bicicleta e iba a la tienda de la esquina, compraba la cena y luego metía el cambio en su billetera antes que se despertara. Un día que mamá se puso muy violenta, le rogué a la vecina que me dejara entrar a su casa. Ella me dijo que no quería nada que ver con la situación y que me fuera a mi casa. Me quedé petrificada y sintiéndome más sola que nunca. Esa noche mi mamá me pegó en la espalda con un sartén caliente y luego me pegó en la cabeza con un galón de leche. Yo caí al suelo inconsciente. Quería mucho a mi mamá, pero pensaba que un día me iba a matar.

Mi hermano y yo nos fuimos a vivir con mi papá, su esposa y tres hermanastros. Ellos eran mucho mayores que yo y entre otras cosas me enseñaron todo acerca de la marihuana. Al fumarla por primera vez me abrió el apetito y supe que no era para mí, había sido anoréxica muchos años y no iba a engordar ahora. También me convertí en blanco del abuso de mis hermanastros, quienes echaron en el inodoro mi hámster y pusieron a mi gato vivo en el congelador. Mis sentimientos de violación y rabia continuaron y se tornaron más permanentes. Era una prisionera en mi propia casa. Cuando llegaba a casa de la escuela corría tan rápido como podía a mi habitación y no salía más que para la cena.

Empecé a tener un sueño recurrente de que moriría a la edad de treinta y dos. Planeé mi vida entera conforme a este sueño continuo para poder lograr todo lo que quería antes de eso. Cuando mi mamá volvió a casarse, mi hermano y yo pedimos que nos dejaran vivir con ella. Ella nos dejó instalarnos y yo tuve una buena relación con mi nuevo padrastro. Me gustaba tener oficios que hacer y un horario estructurado. Me gustaba saber que él estaba a cargo y sentirme otra vez como una niña. Durante este tiempo mi mamá se mantuvo sobria. Estuve muy feliz. Sin embargo, seguía obsesionada con controlar mi apetito y pasaba hambre producto de las dietas y píldoras de cafeína que consumí durante toda la secundaria. Salía nada más con chicos que me parecían lindos y no me importaba si les gustaban las drogas, el alcohol o si sólo querían sexo. Mi hermano era muy bien parecido y cuando las chicas de la escuela descubrieron que yo era su hermana, quisieron volverse amigas mías. Me sentí usada y pensé que la gente no me quería por mí misma.

Conocí a mi esposo al poco tiempo de graduarme de la secundaria.

Era alto, muy guapo, atlético y callado. Yo era muy hiperactiva y pensé que él podría calmarme mientras yo lo aceleraba un poco. La combinación perfecta. Lenta pero constantemente, él empezó a hacer comentarios derogatorios acerca de mí. Yo tomaba a pecho todas sus palabras. Confirmando mi baja autoestima y sentimientos de ser diferente, deforme y fea. Pensé que si me las arreglaba para mostrarle cuán amena, chistosa y maravillosa era, él me amaría sin pensarlo. Pero tres meses después de empezar a vivir juntos, lo pillé en una mentira. Admitió que me había engañado con otra. Me rompió el corazón y me puse furiosa. Me fui por un tiempo y le dije que saliera con todas las mujeres que quisiera. Él me prometió que si algún día encontraba a alguien que le gustara más que yo, me dejaría primero antes de empezar una nueva relación. Debido a mi pasado, eso me sonó razonable en el momento.

A pesar de todo, decidimos casarnos. Yo lo controlaba todo. Planeé toda nuestra boda, su despedida de soltero y hasta los clubes con mujeres desnudas donde sus amigos podían llevarlo. Yo era la que renovaba sus suscripciones a una revista pornográfica. Decoré nuestra casa tal como quise porque el gusto de mi esposo no era importante para mí. Opté por poner todos sus trofeos atléticos en su armario encima de los zapatos.

Como estaba a escasos años de cumplir los treinta y dos, la edad en que supuestamente iba a morir según mi sueño frecuente, le dije a mi esposo que había llegado la hora de tener hijos. Pensé que tener un hijo fortalecería nuestra relación. A consecuencia de todos mis años de anorexia, perdí cuatro dientes durante el embarazo y cinco después, pero me encantó la libertad de tener una excusa para comer lo que quisiera cuando quisiera. La comida me daba una sensación de llenura que acallaba el dolor. Me había sentido vacía muchos años, y ahora me sentía satisfecha. Por su parte, mi esposo me tenía asco. Me decía que estaba demasiado caliente y no aguantaba estar a mi lado, así que yo me ponía paquetes de hielo bajo la ropa.

Decidí no hacer dieta después que nació mi hija. Me sentía protegida en mi capa de grasa. Mi esposo recurrió entonces a los videos pornográficos y yo lo consentí para que él me aceptara, pero solamente me hacía sentir inferior, fea e inaceptable.

Al poco tiempo mi esposo me dijo que se sentía infeliz y que todo era mi culpa. Estuve de acuerdo con él. Aunque estuvimos de acuerdo en buscar consejería matrimonial, mi esposo dijo durante la primera sesión que estaba teniendo una aventura. En ese momento toqué fondo. Eso fue demasiado para mí y perdí el sentido de la realidad. No podía ver razón alguna por la que él debiera seguir viviendo. Cuando llegamos a casa él se fue a dormir como si nada mientras yo quedé llorando histérica. Tan pronto me cercioré de que estaba dormido, tomé el cuchillo más grande que teníamos, me acerqué con sigilo y lo sostuve encima de su cuello. Por alguna razón pensé: «Quizá Dios no quiera que muera». Yo no había pensado en Dios en años, así que le dije en voz alta: «Dios, te habla María. Tú sabes todo acerca de mi situación y que estoy a punto de matar a mi esposo. Si no quieres que lo haga, tienes que darme el poder para poner este cuchillo en su lugar». Lo único que recuerdo es sentir como si alguien me abrazara por detrás. Lloré toda la noche sobre el piso de la habitación. Esa noche me quedé completamente vacía. Le pedí a Dios que llenara mi ser de Él y que me mostrara dónde podría aprender más sobre Jesús. No lo supe entonces, pero en ese mismo momento tomé la segunda decisión en mi recorrido hacia la sanación.

DECISIÓN 2

Busco **AYUDA**
Entiendo que Dios existe
y que le importo.
Creo que Él tiene el poder
para ayudarme a recuperar.

El domingo siguiente fui a buscar a Jesús en compañía de mi hijita de dos años. Muy cerca de nuestra casa había una iglesia grande, y mientras recorría la amplia entrada exclamé a Dios: «¿Estás seguro que aquí es donde *me quieres?».* Cuando entré al centro de adoración de Saddleback lo primero que escuché fue una música hermosa. El mensaje del pastor Rick fue acerca de mejorar las relaciones personales y la intimidad en el matrimonio. Traté de apuntar en el boletín todo lo que dijo pero se agotó el espacio. Al salir conseguí una grabación del mensaje. Mi esposo lo escuchó en casa pero dijo que ya era demasiado tarde. Dijo que de haber encontrado esta iglesia antes, las cosas podrían haber sido diferentes. Yo estuve en desacuerdo. Por fin logré entender que él tendría que tomar sus propias decisiones y yo no podía seguir tratando de controlarlo.

Intentamos de nuevo ser aconsejados por un consejero laico en Saddleback, pero mi esposo dijo que no había esperanza de salvar nuestro matrimonio porque estaba enamorado de su novia. Además, me dijo que había estado con ella durante cuatro de los seis años que llevábamos casados. Sabía que mi nuevo hogar era la Iglesia Saddleback y que le importaba a Dios, pero me preguntaba si algún día podría confiar en otro hombre.

Unos días después de la declaración de mi esposo, empecé a asistir a la clase de miembros nuevos de Saddleback. Durante la clase me puse a pensar en cuánto aborrecía a todos los hombres sin excepción y me dije que jamás volvería a ser vulnerable ni confiar en otro hombre. Mientras pensaba esto, el pastor Brett dijo: «A ver todos, mírenme un momento. Tengo algo que decirles: su Padre que está en el cielo les ama. Él quiere que depositen toda su confianza en un hombre, Jesucristo, quien murió en la cruz para que puedan vivir con Él para siempre en el paraíso». Sentí que Dios me habló directamente. A la semana siguiente fui bautizada. Mi padrastro y mi hija vieron mi bautismo y para mí fue muy significativo que él asistiera. El pastor John del ministerio Celebremos la Recuperación, fue quien me bautizó. Recuerdo estar pensando durante toda la ceremonia, no puedo imaginarme en recuperación y mucho menos celebrarlo. *La foto que la iglesia me regaló del pastor John bautizándome es un detalle muy especial que tuvo Dios conmigo.* Irónicamente, ¡acababa de cumplir treinta y dos años!

El gozo de mi bautismo no duró mucho. Todavía me faltaba permitir que el poder de Dios me cambiara. Pasé entonces por una depresión muy profunda. Finalmente, pude identificarme con la tristeza de mi mamá cuando papá nos abandonó. Me sentí indefensa y totalmente rechazada como amiga, esposa, madre y persona. La traición y los años de mentiras fueron más de lo que pude soportar. Compré dos frascos de píldoras para dormir y decidí que iba a sepultarme en una construcción cercana. En medio de mi tormento, timbró el teléfono. Era el consejero laico que había visto un mes atrás. Dijo que estaba haciendo un seguimiento de nuestra última visita. Le conté que había sido bautizada y que mi esposo se había ido. No le conté en ese momento mis planes de suicidarme. Dijo que lamentaba mucho lo sucedido y que estaba orando por nosotros. No podía creer que esta persona, prácticamente un extraño, hubiera estado orando por nosotros. Dios me mostró que sí le importo y que sí me ama.

El siguiente paso fue mi primer día en Celebremos la Recuperación. Lloré la primera noche, pero una señora llamada Debbie me dio un abrazo y me dijo que había estado en mi misma situación dos años atrás. Debbie siempre será mi hermana del alma. Lisa también me dio un abrazo y una lista de contactos. Dijo que podía llamarla cuando quisiera. Ya no estaba sola. Pegué los números telefónicos de mi grupo de recuperación en la despensa y agradecí a Dios por veinte mujeres que sabían exactamente lo que yo estaba sintiendo. Consigné en mi corazón todas las enseñanzas de Celebremos la Recuperación. Mi mamá y mi padrastro me ayudaron cuidando a mi hija todos los lunes en la noche para que pudiera asistir a mi grupo de estudio. Mi primera noche en el estudio de los pasos me asombré escuchando acerca del dolor y las luchas de las mujeres del grupo. Con el paso del tiempo empecé a ver cómo mi codependencia y consentimiento habían afectado mi matrimonio y otras personas.

Aprendí a reemplazar las creencias y reacciones erróneas en cuanto al Dios impersonal de mi juventud. Empecé a entender el carácter verdadero de Dios. Él es amoroso y lo perdona todo. Él puede cambiarme a mí y mi situación. Aunque pensé que había entrado en el proceso de recuperación para sanar mi corazón quebrantado por la pérdida de mi matrimonio, descubrí que tenía treinta y dos años de heridas, complejos y hábitos por revelar y dejar sanar por el poder de Dios. Aunque el proceso laborioso de pasar por cada una de las ocho decisiones sanadoras se convirtió en el año más doloroso y difícil de mi vida, le doy gracias a Dios por haberme mantenido rodeada de amigas. Para mí fue muy difícil admitir mi responsabilidad en la ruptura de mi matrimonio. Tuve que admitir que era controladora, manipuladora, orgullosa, egoísta, ilusa, que me gustaba culpar a los demás y que tenía una actitud vergonzosa. También evitaba la confrontación y me dejaba pisotear. Recuerdo haber pensado que ni siquiera yo hubiera querido seguir casada conmigo.

He aprendido a establecer límites con amigos y parientes. Dios me mostró que para ser una persona íntegra necesitaba pedir perdón de corazón a todos los que había lastimado y perdonar a todos los que me han herido. Aprendí que todos los días tengo que poner todas mis ansiedades, frustraciones y heridas en las manos de Dios.

Sobreponerme a mi gran timidez fue un proceso lento que me hizo crecer como persona. La victoria en esta área la atribuyo a la oportunidad que me dieron en Celebremos la Recuperación de dar la bienvenida a los asistentes. A medida que salía del hoyo en que me había metido, sentí que el Espíritu Santo me empujaba a hablar de Cristo y lo que Él había hecho en mi vida con mis familiares no creyentes. Oré para hacerlo en el tiempo oportuno. Después que mi padrastro tuvo un ataque al corazón y quedó paralizado de la cintura para abajo, él levantó la mirada desde su cama en el hospital y me dijo: «María, esta mañana voy paseando en un bote muy bonito por un lago calmado y cristalino. Veo a tu Jesús en el puerto, pero no puedo salir del bote para ir a estar con Él. ¿Sabes cómo puedo salir del bote?». Tuve el privilegio de guiarle a hacer la oración de fe antes de que se fuera al cielo con el Señor.

Mi vida dio otro giro inmenso cuando abrí mi casa para hospedar a una líder de Celebremos la Recuperación durante la cumbre del ministerio. Dos hombres vinieron con ella y uno de ellos, Jeff, dijo que mi casa tenía *«canaletas muy buenas». Nadie más que el Señor sabía que esa simple conversación se convertiría en un romance. Tras un año de llamadas y estudios bíblicos por teléfono, nos casamos. Jeff es mi verdadera alma gemela y soy una mujer bendecida porque estoy casada con mi mejor amigo. Jeff es un hombre maravilloso, bueno, detallista y piadoso. Jeff tiene un hijo, Dustin, y está feliz de ver cómo el Señor obra en él y a través de él. Mi hija está creciendo en un hogar cristiano, aprendiendo valores y principios morales así como una relación con Dios, de una manera que yo nunca tuve. Dios ha restaurado mi relación con mi mamá. Hoy día, ella es una mamá y abuela maravillosa. Dios también ha restaurado mi relación con mi papá y mi madrastra, con uno de mis hermanastros y con mi propio hermano y cuñada.*

Es un honor increíble ser codirectora de la clase La vida duele, Dios sana, para estudiantes de secundaria, junto a Nicole, Laurel, Sharon y mi esposo Jeff. Me resulta difícil encontrar palabras para expresar cuán grande es el privilegio de ayudar e interceder por estos jóvenes. Cuando yo tenía su edad, no tuve a nadie. Quiero que ellos cuenten conmigo y hacerles saber que yo sé por lo que están pasando, que yo también lo viví. Que juntos lo lograremos y al final de todo seremos más fuertes y felices con Cristo como nuestro hermano, amigo y guía.

Dios me acepta plenamente como soy. Sé que Jesús jamás me dejará ni se burlará de mí. Ya no huyo de mis sentimientos. Los siento y acudo a Dios cuando necesito apoyo. Él también ha colocado varias mujeres a quienes les importo y me apoyan, y a quienes puedo rendir cuentas. Ahora busco dirección para mi vida en la Biblia, no en mi propia manera de pensar.

No soy perfecta ni mucho menos. Sigo luchando a diario con la comida y la autoestima, pero sé que Dios me ha dado otra oportunidad. Quiero vivir mi vida para Jesús. Quiero ayudar a otros que sufren a encontrar la fortaleza, la confianza y el poder sanador que vienen cuando dejamos de vivir para nosotros y empezamos a vivir para Dios. Quisiera terminar mi historia con uno de mis pasajes favoritos de la Biblia:

«Pues estoy convencido de que ni la muerte ni la vida,
ni los ángeles ni los demonios, ni lo presente ni lo por venir,
ni los poderes, ni lo alto ni lo profundo,
ni cosa alguna en toda la creación,
podrá apartarnos del amor que Dios nos ha manifestado
en Cristo Jesús nuestro Señor».[24]

LA HISTORIA DE
Tim

Me llamo Tim y soy un creyente agradecido; he sobrevivido el abuso sexual y me encuentro en recuperación de la codependencia y el enojo. Nací en Elyria, Ohio, hijo único del gerente de un taller automotriz y un ama de casa. Mi papá tenía pasión por las carreras de autos. Cuando tenía cuatro años fui a ver correr a papá por primera vez. Fue la única carrera que vi porque fue su última. Durante aquella breve competencia, el acelerador de mi papá se atascó y su auto se estrelló contra un muro de contención al final de la pista, donde explotó. Mi mamá gritó histéricamente pero yo no entendí en ese momento lo que acababa de suceder.

Durante los seis años siguientes encontré alivio para mi dolor en la comida. Me volví buen amigo del famoso Capitán Crunch que sale en la caja de cereal. En cuarto de primaria pesaba más de ochenta kilos y tenía ochenta y dos centímetros de cintura. Era «robustito» según me decían. Ser un niño gordo era terrible porque los demás niños eran crueles. Todavía oigo sus comentarios, todavía llevo las cicatrices y sigo conciente de mi peso y mi aspecto. Aprendí a ser un niño iracundo y expresaba mi ira con frecuencia. Eso me ayudaba a seguir adelante, dándome una ilusión falsa de control.

Tenía un amigo que vivía en una calle aledaña. Un día cuando tenía nueve años, fui al bosque que había detrás de mi casa y el hermano mayor de mi amigo me estaba esperando. Él abusó de mí sexualmente. Cuando me dijo que iba a matar a mi mamá si se lo contaba a alguien, yo le creí. Arrastré por muchos años la sensación de culpa y la vergüenza de sus acciones. No entendía que no había sido mi culpa.

Mi mamá encontró alivio por la muerte de mi papá en el alcohol. Al cabo de seis años, perdió la vida a punta de la bebida. Murió de cirrosis del hígado en diciembre de 1966. Yo tenía diez años y quedé completamente solo. Todo lo que quedaba de mi familia era mi perrita Molly. Mi tía por el lado de mi madre me acogió. Ese año cambié de escuela y me fue mal en los estudios. Me acuerdo de ir al baño a llorar para que nadie me viera. Me sentía muy solo. Mis tíos desocuparon mi casa y vendieron o regalaron casi todas las cosas a sus amigos. Luego vendieron a Molly. Creo que eso fue lo que más me dolió. Aquel verano ellos se fueron de vacaciones y me dejaron con uno de mis tíos por el lado paterno de la familia. Después de eso nunca contestaron mis llamadas ni me abrieron la puerta. Fue su manera de decir: «No queremos verte más».

Aquel verano fui rebotando de la casa de un tío a la siguiente. Durante mi breve estadía con un tío, un pariente me amenazó con un cuchillo y abusó sexualmente de mí. En adelante no confié en nadie más. Todas las personas que yo quería me habían abandonado, no me querían o abusaban de mí. Sabía que estaba completamente solo y para sobrevivir tendría que cuidar de mí mismo. Tenía apenas once años de edad.

En agosto de 1967 fui a parar al hogar de mis tíos Walt y Agnes que ya tenían cuatro hijos. En aquel tiempo pensaba que mi tío quería que yo estuviera con ellos más que mi tía, pero hoy entiendo que tenía la percepción errónea y mi tía sí me quería de verdad. Me quedé allí y ellos me adoptaron después que cumplí los catorce años. La vida no era fácil para un chico gordo, iracundo y sospechoso que estaba acostumbrado a ser hijo único. No sabía cómo debía ser el trato entre hermanos. Era egoísta y desconfiado, además que decía muchas groserías. Tenía casa nueva y familia nueva pero seguía viviendo en temor y soledad. Estaba seguro de que la estabilidad relativa de mi nuevo hogar no iba a durar. Nada había durado antes. No me sentía seguro ni protegido en lo más mínimo.

Me pareció que mi nueva mamá me aplicó reglas diferentes a las de sus propios hijos, lo cual me hizo muy resentido. Siempre estaba metido en problemas. Nada serio, pero muy problemático. Dos semanas antes de cumplir diecinueve años, me fui de la casa. No lo hice bien, herí los sentimientos de mis padres adoptivos. Los acusé falsamente y a otros por la muerte de mi madre y usé eso como excusa para irme a ser libre. Hoy sé que estaba terriblemente equivocado.

La nueva «libertad» que encontré terminó llevándome a la esclavitud.

Mi conducta empeoró y traté de sosegar mi dolor con bebida, drogas y cualquier experiencia sexual que pudiera tener. Decidí casarme con una chica que conocí en la secundaria. Le fui infiel y justifiqué mis acciones con la conducta de ella. Nos mudamos a Columbus y asistimos a la universidad estatal de Ohio. Allí conocí a otra chica y otra vez fui infiel. Mi esposa ni siquiera se enteró de mis andanzas. Cuando le dije que quería divorciarme, ella se horrorizó. El matrimonio duró menos de dos años, yo acababa de cumplir veintidós.

Durante los seis meses siguientes fui rebotando de una relación a otra, conquistando y desechando mujeres en un intento por calmar mi propia soledad. Nadie sabía quién era yo por dentro porque nunca dejé que nadie se acercara tanto. Creé un reducto mental y emocional que me daba un sentido falso de seguridad. Estaba solo y me sentía muy mal.

Me mudé a California en 1978. La ambientación y los nombres cambiaron, pero no mi vida. Seguí bebiendo y usando drogas al igual que mujeres. Las dejaba cuando me hastiaba de ellas o cuando sentía que se estaban acercando demasiado. Dejé un montón de escombros en mi búsqueda por algún rescoldo de paz y felicidad. Las drogas, el alcohol y el sexo nunca me dieron alivio duradero de la intensa soledad que sentía.

Conocí a mi segunda esposa tan solo un mes antes de casarme con ella. ¿Suena impulsivo? Tres meses después llegué a conocer a Jesucristo como mi Señor y Salvador. Quisiera decir que al llegar a este punto mi incapacidad para confiar desapareció de repente, pero no fue así, sino que se transfirió de inmediato a mi relación con Dios. Me resultaba difícil confiar en Dios porque no quería abandonar mis intentos por controlar mi vida.

Encontré una fuente de seguridad personal en la teología. Acaparé mucho conocimiento bíblico y llegué a pensar que tenía las respuestas para todo y para todos, menos para mí por supuesto. Sin saberlo, me convertí en un fariseo. No entendía cuánto le interesaba a Dios. Me volví rígido y enjuiciador, imponía mi opinión y sentía que todos estaban equivocados menos los miembros de mi grupito. Y el único miembro de mi grupo era yo.

Durante los siguientes veintiún años, mi segunda esposa y yo tuvimos tres hijos. Volví a la escuela, obtuve dos diplomas más, dirigí un ministerio en las cárceles durante siete años, me convertí en pastor, empecé una iglesia y establecí un ministerio para deportistas. Las drogas habían desaparecido muchos años atrás y opté por dejar la bebida para no dar un mal ejemplo. Pero seguía motivado por el temor y la desconfianza. Me sentía impulsado constantemente a lograr mucho y ser reconocido por otros para aceptarme a mí mismo. La educación y los logros nunca fueron suficientes. Mi vida era una contradicción. Como pastor, ¿a quién se lo iba a decir? ¿Dónde iba a encontrar ayuda para mi dolor?

A los quince años de nuestro matrimonio, mi esposa confesó que había tenido una aventura. Lo confesó tan pronto terminé una enseñanza acerca del perdón. Ella me pidió perdón y me sentí obligado a darlo. Eso me hirió y me sentí violado. Pensé que otorgarle perdón iba a quitarme el dolor, pero no fue así. Nunca procesé el dolor, nada más lo atraganté. Aunque siempre le fui físicamente fiel a mi esposa, tuve varias aventuras mentales. Entonces dejé el ministerio.

Decidí probar la terapia cristiana. Estaba dispuesto a aceptar toda la responsabilidad por mi matrimonio fracasado y sentí que todo había sido culpa mía. Dios me trajo sanación y me preparó para su siguiente paso. Cuando un amigo me sugirió participar en Celebremos la Recuperación, pensé que me había confundido con «uno de esos». Opté por no asistir. Un día estaba leyendo mi Biblia en una cafetería, tratando de lidiar con mis sentimientos de ira, cuando entró un tipo llamado Joe que llevaba puesta una gorra con el emblema de Celebremos la Recuperación. Le hablé un poco de mis luchas y accedí a asistir un viernes cuando me invitó al encuentro de Celebremos la Recuperación.

Joe fue le primera persona que vi y en ese momento supe que Dios me tenía en ese lugar por alguna razón. Aunque me había propuesto ir al grupo de hombres con problemas de ira, Darrel, un viejo amigo mío, me llevó arrastrado al grupo de hombres codependientes que se reúne el viernes por la noche. Ahí estaba un tipo que se me hacía conocido, y cuando nos presentamos él dijo: «Soy Jerry, un creyente que lucha con la codependencia». No podía creer que era él. Nueve años atrás, cuando compré mi casa, le había pagado a este tipo talentoso y engreído para que me arreglara el patio y el césped. Aquella noche, después que terminó la reunión de grupo, Jerry me invitó a participar en su nuevo grupo de estudio de los pasos. Conseguí los manuales de Celebremos la Recuperación y empecé mi recorrido por las ocho decisiones sanadoras.

Celebremos la Recuperación y la gracia de Dios me salvaron la vida. Por primera vez fui capaz de contar todo acerca de mí mismo, de quién era y qué sentía, sin temor alguno. Mi grupo me escuchó, no me juzgó, no me dio consejos ni trató de controlarme. Simplemente me amaron y aceptaron. Por primera vez en cuarenta años, por primera vez en mi vida, vi el amor incondicional de Dios en acción. Así fue como finalmente pude tomar la segunda decisión en el camino a la recuperación:

DECISIÓN 2

Busco AYUDA

Entiendo que Dios existe
y que le importo.

Creo que Él tiene el poder
para ayudarme a recuperar.

Mi historia quedaría incompleta si no compartiera un avance muy importante. A Dios no solamente le interesaba mi situación, ¡Él quería cambiarla! Como mencioné, fui abusado sexualmente en mi niñez. Siempre había odiado en mi corazón a los individuos que me hicieron eso, pero Dios siguió mostrándome que por medio de su poder yo podía perdonarlos y ser libres del dominio que tenían en mi vida. Escribí cartas a estos hombres aunque sabía que no podía enviarlas. No tenía modo de encontrar al primer hombre, y en el caso del familiar que me había abusado sabía que crearía un problema en la familia. Cuando me puse a escribir las cartas, describí en detalle todos los años de devastación y dolor que viví producto de lo que me habían hecho. Expliqué que les extendía perdón a ellos, que no era problema de ellos sino algo entre Dios y yo. Luego me di cuenta que ya no quería que ellos sufrieran la ira de Dios por lo que me habían hecho, algo que había esperado ver toda mi vida. Empecé a llorar. Mi ira se fue desvaneciendo y al final no sentí más que compasión. Empecé a orar por ellos, pidiendo a Dios que les perdonara sus pecados contra mí. Cuán asombroso que en cuestión de un instante, Dios cambió mi corazón hacia quienes había aborrecido durante más de treinta y cinco años. Terminé clamando a Dios con lágrimas por su salvación.

Durante el año de recuperación que acaba de pasar, he experimentado más dolor y derramado más lágrimas que nunca antes. He vuelto a descubrir y abrir heridas que había dejado sepultadas para siempre. Cuando empecé a aceptar lo que había hecho, lo que me habían hecho, y a lamentarme abiertamente por ello, hallé sanación. Mi vida literalmente ha sufrido una transformación y Dios me ha dado una esperanza milagrosa. Tras divorciarme de mi segunda esposa, pensé que jamás abriría mi corazón a una mujer. Gracias a Dios, me equivoqué. Dios ha traído a mi vida la mujer más preciosa y maravillosa que he conocido, mi nueva prometida, Lori. A través de ella he llegado a entender el amor y la gracia de Dios como nunca antes.

Hoy acepto que soy una persona valiosa. Le importo a Dios y a los demás. Dios me ama, la gente me ama y yo amo a la gente. Mi valor no es el resultado de mis logros y mi educación sino del simple hecho de haber sido creado a imagen de Dios. Debido al amor infinito y la gracia de Dios por medio de Cristo Jesús, yo soy el objeto de su amor.

He aprendido que la recuperación es un recorrido, un proceso continuo de crecimiento más que un destino final. He aprendido que luchar es normal y es un sendero que conduce a la paz. También he aprendido que la dicha razonable en esta tierra es una aspiración noble.

Por último, he aprendido que puedo confiar en Dios y en la gente. Mis amigos en recuperación son las personas más reales, acogedoras y preciosas que conozco. Ellos luchan, pero no lo niegan ni se engañan al respecto. Son como yo. Es que yo me había equivocado, porque sí soy «uno de esos», y le doy gracias a Dios por eso. El versículo para mi vida es:

«Así que, si Cristo murió por nosotros,
entonces ya no debemos vivir más para nosotros mismos,
sino para Cristo, que murió y resucitó para darnos vida».[25]

María y Tim son dos individuos valientes con dos historias transformadoras. Cuanto más optaron por posponer su dolor, más se alejaron de la sanación y la recuperación de Dios. Cuanto más negaron y postergaron el trato directo de su dolor, más días perdieron de ser todo lo que Dios quiso que fuesen. Lo mismo se aplica a usted. Cuanto más trate de huir de su dolor, sus heridas, sus complejos y sus malos hábitos, menos días podrá disfrutar siendo todo lo que Dios se propuso en un principio que usted fuera. Hoy puede ser un nuevo comienzo para usted.

R
E

Comprometo mi vida

E

y mi voluntad al cuidado y control de Cristo.

U

P

E

R

O

«Dichosos los humildes».[1]

Renuncie al CONTROL

Decídase por el COMPROMISO

El encargado de las entregas a domicilio de una tienda de mascotas iba conduciendo por la carretera. Cada vez que llegaba a un semáforo, se bajaba del camión y agarraba un travesaño de madera. Luego corría a la parte de atrás y se ponía a golpear las puertas traseras del camión. Hizo esto varias veces y los demás conductores no podían descifrar por qué hacía tal cosa, hasta que el tipo que iba detrás lo hizo detenerse un momento para preguntarle qué estaba haciendo.

«Es que este camión tiene dos toneladas de capacidad —dijo el transportista—, y estoy llevando cuatro toneladas de canarios. Me toca mantener dos toneladas suspendidas en el aire todo el tiempo».

Así es como algunos tratamos de llevar nuestra vida. Tomamos medidas extremas tratando de mantener en el aire nuestras heridas, complejos y malos hábitos para que no nos caigan encima. Nos esforzamos en mantener una buena fachada y aparentar que todo está bien, cuando en realidad luchamos con dolores y problemas reales, que tratamos de ignorar como sea.

Luego quedamos atascados. No podemos avanzar tratando de mantener las apariencias mientras nuestra vida se desmorona. Nos atasca-

77

mos en las relaciones malsanas y hábitos adictivos. Nos atascamos en la tristeza o en las relaciones sexuales. Quedamos atascados y no podemos salir de ahí por nuestras propias fuerzas. Nos desesperamos.

Empezamos a sentirnos *culpables* por nuestra conducta. Quisiéramos salir del embrollo pero no podemos. Tras una serie de intentos fallidos, nos *enojamos* con nosotros mismos y los demás: «Debería ser capaz de cambiar. Debería superar esto de una vez por todas». Pero no podemos y nuestro enojo se intensifica. Con el paso del tiempo, nuestro enojo cede el paso al temor de que las cosas nunca vayan a cambiar. Empezamos a ver que nuestras heridas, complejos y hábitos nos controlan, y así es como el temor se convierte tarde o temprano en *depresión*. Empezamos a sentir lástima de nosotros mismos y nos llenamos de más culpa todavía.

Por último nos damos por vencidos y decimos: «No puedo cambiar. Me rindo». En ese punto vuelve a empezar el ciclo de la desesperanza.

CICLO DE LA DESESPERANZA

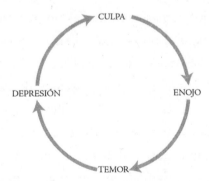

¿Cómo se puede romper el ciclo de la desesperanza? Si usted ha seguido bien los pasos descritos en los primeros dos capítulos de este libro, ya está saliendo del círculo vicioso. Ya se ha decidido por la realidad al admitir su necesidad y también se ha decidido por la esperanza al creer que le importa a Dios y Él tiene el poder para ayudarle.

Ya está preparado para comprometerse. Aquí es donde usted toma la decisión de pasar al otro lado. Al cruzar esa línea decisiva, usted da un paso hacia Dios en que lo entrega todo a Él y abandona sus propios métodos y mecanismos de supervivencia. Si todavía no ha tomado esta decisión, será la decisión más importante de su vida. Es la decisión de aceptar a Cristo. Para aquellos que ya han recibido a Cristo, esta decisión implica que renueven su compromiso renunciando al cuidado y control de sus vidas, cediéndolo a Cristo sin condiciones.

Renuncio al CONTROL
Comprometo mi vida
y mi voluntad al cuidado
y control de Cristo.

DECISIÓN 3

Ahora mismo, Jesús le extiende una mano y espera que usted cruce la línea para que Él pueda recibirlo con los brazos abiertos: *«Vengan a mí todos ustedes que están cansados y agobiados, y yo les daré descanso. Carguen con mi yugo y aprendan de mí, pues yo soy apacible y humilde de corazón, y encontrarán descanso para su alma. Porque mi yugo es suave y mi carga es liviana».*[2]

«Vengan a mí» nos dice Jesús. «Su vida será más fácil y más ligera su carga. Tendrán alivio, libertad y reposo. Serán rejuvenecidos. Cédanme el control y el cuidado de su vida, para que vean todo lo que puedo hacer por ustedes».

¡Es un negocio redondo! ¿Por qué habríamos de rechazarlo? Sin embargo, muchos han oído antes esta invitación sin decidirse a cruzar la línea. Pasarse al otro lado para someterse al cuidado y control de Cristo es la decisión más importante que usted tomará en su vida.

¿QUÉ LO DETIENE?

¿Hay algo que le impida tomar la decisión? ¿Hay algo que lo motive a postergar la decisión de someter sus problemas y su vida al cuidado y control de Cristo? Se dice que nuestras opciones determinan nuestras circunstancias y nuestras decisiones determinan nuestro destino. Hay cinco cosas que nos impiden tomar la tercera decisión sanadora: *orgullo, culpa, temor, preocupación* y *duda*.

1. ORGULLO

El orgullo nos impide admitir que necesitamos la ayuda de Dios. *«El orgullo acaba en fracaso; la honra comienza con la humildad».*[3] Este proverbio presenta una imagen muy clara de la suerte que corren los autosuficientes: *«El necio y rezongón va camino al desastre».*[4]

«Dichosos los humildes», dice la bienaventuranza de esta decisión. Para muchos la humildad es lo mismo que la debilidad, cuando en realidad son los extremos opuestos. La palabra griega que se traduce humildad o mansedumbre significa «fuerza bajo control». La palabra se usa para describir un corcel salvaje que es amansado para poder ser montado. El corcel no ha perdido ni una fracción de su fortaleza sino que ahora está bajo control, listo para ser usado por su amo. Dios no nos manda ser débiles, pero sí nos pide renunciar a nuestro orgullo y ser mansos. Mansedumbre significa rendición y sometimiento humilde, implica acceder a lo que Dios quiere hacer en nuestra vida.

Tal vez no esté listo para tomar esta decisión transformadora. Es posible que su orgullo le impida encomendar su vida y su voluntad al

> *Dios no nos manda ser débiles, pero sí nos pide RENUNCIAR a nuestro orgullo y ser mansos.*

cuidado y control de Cristo. Quizá necesite una mayor dosis de dolor. Si es lo que hace falta, puede ser que Dios permita que eso suceda para captar por fin su atención.

2. CULPA

La culpa también es algo que nos impide cruzar la línea y descansar en los brazos de Dios. Puede ser que nos avergüence pedirle a Dios que nos ayude: *«Porque me han rodeado males sin número; me han alcanzado mis maldades, y no puedo levantar la vista».*[5] ¿Alguna vez se ha sentido tan avergonzado que ni siquiera puede levantar la mirada? Nuestra culpa puede avergonzarnos al punto de hacernos perder de vista la ayuda de Dios.

Tal vez haya intentado hacer este trato con Dios: «Dios, si me sacas de este lío, nunca más lo volveré a hacer». Ahora, es posible que le avergüence pedir ayuda o tal vez piense que Dios no sabe todas las cosas malas que ha hecho y no se las va a perdonar. Se equivoca porque Él lo sabe, y aunque lo sabe todo no existe ningún pecado que Dios no pueda o no esté dispuesto a perdonar. Él quiere perdonar toda su culpa. ¡Por eso es que Cristo murió en la cruz!

3. TEMOR

¿Le atemoriza tener que sacrificar algo si rinde el cuidado y control de su vida a Cristo? El temor se manifiesta en muchas formas.

1. A veces tememos confiar en Dios. Se cuenta la historia del tipo que cae por un despeñadero y logra aferrarse a una rama a mitad de la caída, de tal modo que queda a treinta metros del suelo y a treinta metros de la cúspide se pone a gritar «¡auxilio!». De repente oye la voz de Dios: «Te habla el Señor, confía en mí, suéltate de la rama, yo te sujetaré». El tipo mira hacia abajo, luego mira hacia arriba y pregunta: «¿Hay alguien más por allá arriba?».

Con frecuencia acudimos a Dios cuando no nos queda otro remedio, tenemos miedo de soltarnos y confiar en Él. Ahora mismo usted puede estar aferrado a alguna rama tratando de salvar su vida y diciendo: «Las cosas no están tan mal. No es ningún problema serio. Estoy bien». Pues no, usted no está bien. Simplemente tiene miedo de soltarse y confiar en Dios.

2. *A veces tememos perder control.* Lo cierto del caso es que todos somos controlados por alguien o por algo todo el tiempo. En cierta medida usted es controlado por la crianza que recibió. Es controlado por las opiniones de los demás. Es controlado por ofensas que no puede olvidar. Es controlado por sus complejos y hábitos.

Parte de nuestro problema con el control es que tememos perder nuestra libertad. Pero, ¿sabe qué es la libertad verdadera? La libertad real y duradera empieza cuando elegimos quién nos controla. Tan pronto rinda el cuidado y control de su vida a Cristo, Él le pondrá en libertad. Dios dijo: «*He disipado tus transgresiones como el rocío, y tus pecados como la bruma de la mañana. Vuelve a mí, que te he redimido*».[6]

3. *A veces tememos volvernos fanáticos.* Quizá tenga reservas para someter su vida al cuidado y control de Cristo porque piensa que Él vaya a convertirlo en un mojigato o un fanático de la religión. Pero Jesús hace todo lo contrario, Él restaura la cordura allí donde la locura ha hecho de las suyas.

La Biblia cuenta la historia de un hombre que estaba lleno de demonios. Vivía en el cementerio, entre las tumbas, y era tan salvaje que la gente del lugar había tratado de mantenerlo atado, pero él era demasiado fuerte. Los demonios lo atormentaban, así como sus propios «demonios» internos lo atormentan a usted, mientras él daba alaridos día y noche y se cortaba con piedras. A propósito, es interesante que la práctica de cortarse haya resurgido como un método destructivo para lidiar con las heridas emocionales. Pero el endemoniado, tan pronto vio a Jesús, decidió pasar al otro lado. La Biblia dice: «*Cuando vio a Jesús desde lejos, corrió y se postró delante de él*». Después que Jesús mandó salir los demonios del cuerpo de ese hombre, la gente lo encontró «*sentado, vestido y en su sano juicio*».[7] No, Jesús no nos convierte en fanáticos religiosos, más bien nos hace perfectamente cuerdos y nos devuelve el *sano juicio*.

¿De qué tiene miedo entonces? ¿A qué se mantiene aferrado de tal manera que no cree ser capaz de soltarse? ¿Será una relación, una ambición, un hábito, un estilo de vida o una posesión? La Palabra de Dios le plantea esta interrogante: «¿*De qué sirve ganar el mundo entero si se pierde la vida? ¿O qué se puede dar a cambio de la vida?*»[8]

Cuando usted toma la tercera decisión sanadora, lo abandona todo al control de Dios. Él toma lo que usted le da, lo limpia y lo transforma por completo. Él añade nuevo significado, nuevo propósito, nueva importancia y nueva vitalidad a su vida, y se la devuelve de una manera totalmente renovada e integral.

No se preocupe por los detalles de todo lo que tenga que sacrificar. Si se enfoca en lo específico nunca tomará la decisión general más importante que es dar el paso hacia una relación personal con Jesucristo. Tan solo acuda a Dios y diga: «Dios, ni siquiera sé qué es lo que no quiero sacrificar. Solamente sé que no quiero vivir más así y sé que quiero que mi vida esté bajo tu control. Dios, te escribo un cheque en blanco. Aquí tienes mi vida». Todo lo que necesita hacer es confiar en Él. Pues Él se encargará del resto.

4. PREOCUPACIÓN

La preocupación nos crea confusión entre la fase de *tomar decisiones* y la fase de *resolver los problemas*. Considere el proceso de comprar una casa. Primero, usted toma la decisión inicial de comprar una casa. Ese es apenas el comienzo. Existen varios pasos más que deben darse a fin de resolver los problemas de la compra hasta que finalmente pueda mudarse. Necesita ir al banco y solicitar el préstamo. Necesita obtener un aval y diligenciar el pago de la cuota inicial. Luego tiene que pagarle a una compañía de mudanzas y conectar los servicios públicos. Usted tiene que hacer todo esto antes de pasar la primera noche en su nuevo hogar.

Si se enfoca en los «problemas» que son las tareas individuales necesarias para hacer realidad su sueño, tal vez nunca tome la decisión de comprar una casa. Tome la decisión. Deje que Dios resuelva sus problemas.

5. DUDA

¿Alguna vez ha pensado, *quiero creer, pero mi fe es demasiado pequeña?* En ese caso, necesita oír la historia de un hombre llamado Jairo, en el capítulo 5 del evangelio de Marcos.

Cierto día Jairo acudió a Jesús con una necesidad: «Jesús, yo sé que tú puedes sanar a la gente, y mi hija necesita ser sanada».

Jesús dijo: «Si tienes fe, ella será sanada».

Jairo era un hombre honrado y le dijo la verdad a Jesús: «Señor, tengo muchas dudas. Quiero creer, ayúdame con mi incredulidad».

Jesús dijo: «Eso me basta». Y sanó a la niña.

Quizá usted necesite decir como Jairo: «Dios, yo quiero creer que me vas a ayudar a sacar mi vida adelante; ayúdame a creer». Eso es suficiente para Dios. Usted no necesita tener una fe inmensa para decidirse a ceder a Cristo el cuidado y el control de su vida. De hecho, *«si tienen fe tan pequeña como un grano de mostaza… Para ustedes nada será imposible».*[9]

Lo importante no es el tamaño de su fe sino en quién o qué deposita su fe. Usted puede tener una fe gigante y ponerla en cosas equivocadas como el dinero o las posesiones y terminar con las manos vacías. O puede tener una fe diminuta, ponerla en nuestro gran Dios y obtener tremendos resultados.

En conclusión, no deje que ninguna de estas cinco cosas le impida tomar la tercera decisión sanadora. No permita que su orgullo, su culpa, su temor, su preocupación o su duda lo detengan en su intención de entregar su vida y su voluntad al cuidado y control de Cristo. Primero tome la decisión, luego póngase a resolver los problemas. Esta es su decisión: «Dispongo mi vida al cuidado y control de Cristo. No sé cómo va a hacerse realidad, pero sé que es lo correcto y debo hacerlo. Por eso lo hago sin más dilación».

AVANCE DE INMEDIATO

La vida cristiana es una decisión seguida de un proceso. Todo lo que requiere de nosotros este tercer paso es que tomemos la decisión. El proceso se iniciará a continuación. Al final de este capítulo va a leer las historias de Lisa y Charlie y verá cómo cambiaron sus vidas cuando tomaron la decisión de pedirle a Cristo que asumiera el cuidado y control de sus vidas. Por ahora, veamos qué significa para usted *cruzar esa línea y correr a los brazos de Jesús.*

Todo empieza con un sencillo proceso de dos pasos. Puede verlo fácilmente al compararlo con la estrategia empleada por las fuerzas militares norteamericanas en la segunda guerra mundial. Cada vez que liberaban de la ocupación japonesa alguna isla del Pacífico, ellos usaban la misma estrategia de dos fases y siempre les funcionaba.

> *Lo importante* NO *es el tamaño de su fe sino en* QUIÉN *o* QUÉ *deposita su fe.*

PRIMERA FASE: ABLANDAMIENTO

En primer lugar, los aviones volaban a la isla que había sido capturada y dejaban caer bombas y otros explosivos. Esta parte de la estrategia se llamaba «período de ablandamiento». En su vida estalla un sinnúmero de explosivos que despiden fragmentos por todas partes y usted dice: «La manera en que vivo ya no me funciona, francamente dejó de funcionar hace tiempo». Tal vez haya llegado al punto en que admite: «Sí, necesito algo fuera de mí mismo. Mis heridas, complejos y hábitos están ablandando mi orgullo, culpa, temores, preocupaciones y dudas. Necesito ayuda. Necesito a Dios en mi vida».

SEGUNDA FASE: MONTAR UN TERRAPLÉN

En la segunda fase, los marines establecían un terraplén a manera de trinchera. Quizá no estuviera a más de veinte metros de la playa y tuviera apenas doscientos metros de ancho, pero el hecho es que establecían su presencia en la isla. ¿Acaso esto significaba que hubieran liberado la isla? No. Ese simple parapeto era el comienzo, pues desde allí podían iniciar los ataques. A veces avanzaban cien metros y otras veces tenían que retroceder cincuenta. A veces ganaban la batalla y otras veces perdían, pero todos sabían que tan pronto establecieran el terraplén, la liberación total de la isla era inevitable. En la historia de la segunda guerra mundial, cada vez que los marines tocaron tierra y montaron un parapeto, nunca perdieron una isla. Era una simple cuestión de tiempo hasta que la isla entera fuera libertada.

Cuando usted toma la tercera decisión, Dios establece un terraplén en su vida. La Biblia lo llama conversión o nacer de nuevo. ¿Significa que todo en su vida quede perfecto? De ningún modo, pero sí significa que Dios tiene una presencia clara en su vida; Él se ha instalado en su playa y lo ha declarado libre. Durante el resto de su vida, Él va a continuar librándole de sus heridas, complejos y hábitos, centímetro a centímetro y metro a metro. Es un proceso. Pero primero tiene que confiar en que Dios se encargará de usted.

DIOS NO LO VA A SOLTAR

¿Le preocupa que en esta batalla de la vida no pueda mantenerse aferrado? Despreocúpese. A usted no le toca aferrarse. Dios es quien le mantiene firmemente asido y Él nunca lo va a soltar. La Palabra de Dios nos lo asegura: «*En él también ustedes, cuando oyeron el mensaje de la verdad, el evangelio que les trajo la salvación, y lo creyeron, fueron marcados con el sello que es el Espíritu Santo prometido*».[10] Cuando usted pone su fe en Cristo, entra en comunión con Él y le pertenece a Él. La confirmación de esto es que usted es marcado con un sello, una señal visible a todos de que efectivamente, pertenece a Cristo. ¡Él no le va a soltar! Usted es su hija o hijo amado.

Podemos entender el instinto protector de un padre por su hijo o hija. Si usted fuera a ayudar a su niño pequeño a cruzar la calle, le asiría con firmeza la mano. Como es normal, mientras cruzaran la calle, el niño tal vez quisiera soltarse, pero sin importar cuánto quisiera el pequeño soltarle la mano, usted no lo soltaría por nada del mundo. ¿Por qué? Por el amor que le tiene como padre o madre.

Hay veces en la vida cuando tal vez diga: «Dios, creo que yo quiero estar bajo tu cuidado ahora mismo». Puede ser que a veces quiera recuperar el control y soltarse de la mano de Dios. Pero cuando nos asimos de la mano de Dios, Él la sostiene con firmeza y dice: «Yo te sostendré, para que no tengas que preocuparte por eso».

Yo tomé la decisión de aceptar a Cristo en mi corazón a los trece años. Cuando fui a la universidad opté por seguir mi propio camino. De hecho, durante los siguientes diecinueve años seguí los caminos del mundo. No obstante, sin importar cuánto intenté huir, cuántas veces pequé y cuántas decisiones mediocres tomé, Dios nunca me soltó la mano. Mi propio camino me dejó vacío y arruinado. Cuando por fin estuve dispuesto a arrepentirme de verdad y rendirme, Dios estuvo ahí conmigo. Fue entonces cuando entendí de verdad su amor incondicional y el don gratuito de su gracia.

Todo lo que Dios le pida hacer, Él le capacitará para hacerlo. Tan solo apóyese en Él mientras Él le sostiene con firmeza de la mano: «*El que comenzó tan buena obra en ustedes la irá perfeccionando hasta el día de Cristo Jesús*».[11]

CRUCE AL OTRO LADO

Hemos hablado bastante sobre la decisión de encomendar nuestra vida y voluntad al cuidado y control de Cristo. Veamos cómo sucede esto, paso a paso:

1. ACEPTE AL HIJO DE DIOS COMO SU SALVADOR

Lo primero que necesita hacer es admitir que necesita ser salvado y aceptar a Jesús como su Salvador. La Biblia dice: *«Cree en el Señor Jesucristo, y serás salvado».*[12] ¿Qué significa esto? Significa entregarle a Cristo tanto como pueda en este momento de su vida y voluntad. ¿Será suficiente? Sí, para Dios es suficiente.

2. ACEPTE LA PALABRA DE DIOS COMO SU GUÍA

Cuando se haya decidido a comprometer su vida y voluntad a Cristo, contará en adelante con un criterio conforme al cual vivir su vida. Algunos dicen: «Esta vida es más bien un simulacro porque si fuera una vida de verdad nos habrían dado un manual de instrucciones que nos dijera qué hacer y a dónde ir».

Lo que ellos no entienden es que sí tenemos un manual de instrucciones: la Biblia. Dios dice que su Palabra es el parámetro por el cual podemos evaluar la vida. *«Toda la Escritura es inspirada por Dios y útil para enseñar, para reprender, para corregir y para instruir en la justicia».*[13]

3. ACEPTE LA VOLUNTAD DE DIOS COMO SU PROPÓSITO

Lo primero que necesitamos decir al levantarnos cada día es: «Señor, tú me despertaste esta mañana. Eso significa obviamente que tienes otro día planeado para mí, un día con un propósito. ¿Qué quieres que haga con él?». David dice en los salmos: *«Me agrada, Dios mío, hacer tu voluntad; tu ley la llevo dentro de mí».*[14] Inspirado por David, usted puede decir: «Dios, ni siquiera tengo que entenderlo todo ahora mismo, pero hoy he decidido a vivir mi vida en tus términos porque me hiciste por alguna razón. Tú tienes un propósito y yo quiero cumplirlo». A medida que crezca con Dios, su voluntad se convertirá en su estrategia para la vida.

4. ACEPTE EL PODER DE DIOS COMO SU FUERZA

De ahora en adelante esta será su declaración de poder: *«Todo lo puedo en Cristo que me fortalece».*[15] Ya no tendrá que apoyarse en su propia energía. Dios le da su poder para ser todo lo que Él quiere que sea.

¿Está listo para cruzar al otro lado? Jesús le extiende su invitación: *«Mira que estoy a la puerta y llamo. Si alguno oye mi voz y abre la puerta, entraré, y cenaré con él, y él conmigo».*[16] Jesús está junto a la puerta de su vida y le dice que quiere entrar, pero Él es un caballero y por eso no va a tumbar la puerta. En esta tercera decisión, necesitamos abrir la puerta y dejarlo entrar, y la llave que abre esa puerta es nuestra buena disposición.

Estar dispuestos significa que cambiamos nuestra definición de *fuerza de voluntad.* Nuestra fuerza de voluntad necesita convertirse en la *disposición voluntaria* a aceptar el poder de Dios. No necesitamos más la voluntad del ego porque ya hemos tratado de regir nuestras vidas a fuerza de voluntad y hemos terminado quebrantados y vacíos. Ya es hora de cambiar la fuerza de voluntad por la disposición voluntaria a aceptar el poder de Dios para que rija nuestra vida.

Si está listo para tomar esta decisión y rendir su vida al cuidado y control de Cristo, por favor conteste las siguientes preguntas:

1. ¿Cree que Jesucristo murió en la cruz por usted y demostró ser Dios al resucitar?[17]

2. ¿Acepta el perdón gratuito de Dios por sus pecados?[18]

3. ¿Quiere llevar a cabo el plan de Dios en su vida?[19]

4. ¿Está listo para expresar su deseo de que Cristo sea el director de su vida?[20]

Si respondió afirmativamente las cuatro preguntas, es tiempo que haga realidad su decisión optando por dar el tercer paso.

TOME LA *decisión*

ACCIÓN 1: *Ore por el asunto*

Llegó la hora de recibir a Cristo en su vida. Puede pedírselo con esta simple oración:

> *Amado Dios, creo que enviaste a tu Hijo Jesús a morir por mis pecados para que yo pueda ser perdonado. Estoy arrepentido de mis pecados y quiero vivir el resto de mi vida como tú quieres. Por favor, pon tu Espíritu en mi vida para dirigirme. Amén.*

¡Felicitaciones! Si hizo esta oración por primera vez, quiero darle la bienvenida a la familia de Dios. Por favor no sienta que necesita entender todo acerca del compromiso que acaba de hacer. El entendimiento vendrá a medida que usted crece y madura en su andar diario con Cristo. Por ahora, reciba el consuelo y ánimo de estas palabras de Jesucristo: *«Ustedes viven siempre angustiados; siempre preocupados. Vengan a mí, y yo los haré descansar. Obedezcan mis mandamientos y aprendan de mí, pues yo soy paciente y humilde de verdad. Conmigo podrán descansar. Lo que yo les impongo no es difícil de cumplir; la carga que les hago llevar no es pesada».*[21] Jesús quiere enseñarle a ir por la vida libre de cargas, ¡disfrute el viaje!

Hay más buenas noticias. *«Ahora que estamos unidos a Cristo, somos una nueva creación. Dios ya no tiene en cuenta nuestra antigua manera de vivir, sino que nos ha hecho comenzar una vida nueva».*[22] A medida que usted complete las cinco decisiones restantes, su vida nunca volverá a ser la misma. ¡Su vida nueva acaba de comenzar!

Si ha recibido a Cristo en su corazón con anterioridad, dedique este tiempo de oración a comprometerse para buscar a Dios continuamente y seguir su voluntad en su vida.

ACCIÓN 2: *Póngalo por escrito*

Dedique tiempo a reflexionar en el compromiso que acaba de hacer, bien haya sido su primer compromiso con Cristo o la renovación de su compromiso para poner todo bajo su cuidado. Comprometerse con Cristo es la decisión más importante de su vida. Usted jamás volverá a estar solo. Al disponerse a escribir en su diario las reflexiones de este capítulo, empiece contestando las siguientes preguntas que le ayudarán a organizar sus ideas y emociones:

1. Vuelva a la ACCIÓN 2: *Ponga por escrito* la primera decisión. Lea otra vez sus respuestas a las preguntas 1 a 3. Escriba en qué sentido se siente diferente en cuanto a eso.

2. ¿Cómo se siente ahora que la carga de tratar de controlar a todas las personas, los lugares o las cosas en su vida le ha sido quitada de encima?[23]

3. Escriba lo que significa para usted la siguiente frase: «*Las cosas viejas pasaron; he aquí todas son hechas nuevas*».[24]

4. ¿Cuáles son algunas de las cosas que va a pedirle a Dios que haga en su vida nueva?

5. ¿Hay algo en especial que le esté costando dejar atrás? ¿Qué le impide someter estas cosas al control de Dios?

ACCIÓN 3: *Compártalo con alguien*

Es importante que comparta con otros su decisión de recibir a Cristo en su vida. Siga la dirección de Dios que se encuentra en su Palabra: «*Si confiesas con tu boca que Jesús es el Señor y crees en tu corazón que Dios lo levantó de entre los muertos, serás salvo».*[25] Cada vez que usted da testimonio de su decisión, ratifica su compromiso. Además, informa a los demás la razón de la libertad y el gozo que tiene ahora en su vida.

Celebre la «buena nueva» de su compromiso con la persona que haya elegido para rendirle cuentas. Hágale saber cómo se siente y qué le motivó a entregarle el cuidado y control de su vida a Cristo. No olvide contarle sobre las cosas que ha tenido más dificultad para entregar (su respuesta a la pregunta 5 en la página 25).

Pídale a esta persona de confianza que ore con usted y por usted. Cuando oren juntos den gracias a Dios por haber estado dispuestos a tomar de una vez por todas la decisión de recibir a Cristo en su vida como su Señor y Salvador. Pídale a Dios que le ayude a elegir diariamente la voluntad de Dios para su vida nueva.

Acaba de pasar por la tercera decisión. Va por muy buen camino hacia una vida más dichosa y saludable, una vida que vivirá conforme a la voluntad de su Padre celestial, contando con su poder divino.

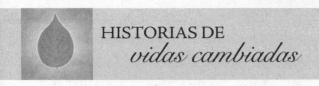

LA HISTORIA DE
Lisa

Me llamo Lisa. Soy una creyente que me recupero de la gula y el abuso sexual. También estoy casada con un adicto sexual en proceso de recuperación. Este es el relato de cómo tras haber tomado la tercera decisión de recuperación, que es comprometer mi vida y voluntad al cuidado y control de Cristo aceptando a Cristo como mi Señor y Salvador, he sido liberada de mis heridas, complejos y hábitos del pasado.

Mis padres se separaron cuando tenía nueve años. Mi mamá se fue una noche sin llevarse nada, incluidos mi hermano y yo. No la volvimos a ver durante casi un año. Cuando volvimos a vivir con ella, los novios de mi mamá abusaron de mí, tanto física como sexualmente.

Para mí era común ver a mi mamá ser golpeada por sus amigos del sexo opuesto. Recuerdo sentirme indefensa e impotente para impedirlo. Incluso cuando llamaba a la policía, ella los mandaba de vuelta. Una vez mi mamá terminó en el hospital. La había visto pelear con sus novios, sacando cuchillos y amenazando con matarse entre sí.

Mientras peleaba con mi mamá, uno de sus novios rompió un cenicero en el mesón de la cocina y se cortó la mano con el vidrio. Luego nos llevó a la fuerza a mi hermano y a mí y nos encerró en nuestra habitación dejando la puerta manchada de sangre. Dijo que si llegaba a oírnos o si salíamos del cuarto, nos iba a matar. Desde la habitación pudimos oír los gritos y el llanto de mamá.

En otra ocasión, mientras estaba con él a solas en casa, él abusó de mí. Yo tenía doce años. Después de eso empecé a temblar cada vez que él o cualquier otro hombre se acercaba a mí. Tenía pesadillas horribles con mucha frecuencia. Aprendí que amar significaba ser maltratada y tener sexo. Empecé a usar drogas, ingerir alcohol y ser promiscua a los quince años. Estaba dispuesta a lo que fuera con tal de calmar el dolor y ser amada por cualquiera.

Me casé a los diecinueve y fue el último día que vi a mi mamá. No porque hubiera estado en desacuerdo con mi boda sino porque fue asesinada cinco días después. Fue apuñalada en su casa a altas horas de la noche. El responsable le prendió fuego a la casa tratando de encubrir el homicidio. Hoy, más de veinte años después, su asesinato no ha sido resuelto. No me cabe duda que fue resultado de las relaciones violentas que mi mamá optó tener con varios hombres.

Mi primer matrimonio fue de corta duración pero produjo grandes galardones, mis dos hijos Eric y Jason. Mi esposo era de temperamento irritable y se emborrachaba periódicamente. Solía llamarme a altas horas de la noche cuando se ponía a beber y me decía que recogiera mis cosas y me largara porque iba a traer a su nueva novia. Era muy controlador y me decía qué ropa ponerme, cómo arreglarme el cabello y si podía trabajar o no. No me permitía tener ninguna amistad.

Tras nuestro divorcio, estuve soltera cuatro años. Salía con muchos hombres diferentes y me acostaba con ellos. Me embaracé dos veces durante este período destructivo de mi vida. Mi manera de lidiar con el primer embarazo fue tener un aborto. Al segundo bebé lo puse en adopción. No me alcanzan las palabras para expresar la vergüenza y la culpa que he sentido por ambas decisiones. Hoy conozco el precio de mi pecado. La única manera en que puedo vivir con mis errores pasados es por medio de la gracia de Dios y su perdón completo.

Mi segundo matrimonio fue peor que el primero. Elegí el mismo tipo de hombre, pero con un rostro y apellido diferente. Mi esposo se emborrachaba y se drogaba, me trataba con insultos y amenazaba lastimarme todo el tiempo. Siempre pensé que no estaba tan mal porque ninguno de mis esposos llegó a golpearme. Yo comparaba mis relaciones con mis experiencias de la infancia y concluía que ninguna de ellas era tan mala como las que le había tocado a mi mamá. Vivía en la práctica mi creencia de que el amor consiste en maltratos y sexo. Probé una nueva manera de calmar mi dolor cuando descubrí el placer del chocolate. Mis mejores amigos eran Ben y Jerry, la famosa marca de helados y caramelos.

En mayo de 1992 entré a Saddleback, una iglesia grande que tenía reuniones cerca de mi casa. Estaba en medio de mi segundo divorcio de un esposo alcohólico, abusivo y adicto al sexo, y no había estado en una iglesia en diez años. No recuerdo cuál fue el tema del mensaje, pero sí recuerdo que pensé que el pastor Rick me estaba hablando directamente a mí. ¿Cómo se enteró de lo que yo estaba pasando? Lloré durante todo el servicio. Sentí aceptación y amor por parte de los miembros de la iglesia y al final de la reunión supe que había encontrado mi nuevo hogar espiritual.

Acababa de conocer a Pedro, quien en su trabajo como repartidor de periódicos pasaba por la bodega donde yo trabajaba. Era guapo, buena gente y me hacía reír. Empezamos a vernos después del trabajo para tomar café con donas. Al poco tiempo me enteré que Pedro tomaba licor y tenía una pared de su cuarto cubierta de pornografía. En ese momento de mi vida yo pensaba que todos los hombres eran iguales y eso me pareció normal. Además, pensé que podría amarlo lo suficiente como para hacerlo cambiar.

Invité a Pedro a la iglesia un domingo y él accedió con ciertas reservas porque había sido criado en una iglesia muy legalista. Había vivido lejos de Dios mucho tiempo antes de conocerme y en aquella época tenía el pelo bastante largo y se ponía aretes. Como él fumaba, bebía y le gustaba la pornografía, estaba seguro de que no iban a dejarlo poner un pie adentro. Se sorprendió cuando lo saludaron y le dieron la bienvenida, y le gustó la iglesia tanto como a mí. Sin embargo, como estábamos viviendo juntos llegó un momento en que nos sentimos demasiado culpables como para seguir asistiendo. Pedro decidió que debíamos dejar de ir y yo, como buena novia codependiente, estuve de acuerdo.

Nuestra relación no tardó mucho en volverse un desastre. Empezó a fastidiarme la pornografía y el alcoholismo de Pedro. Yo tenía dos trabajos mientras Pedro trabajaba medio tiempo y cuidaba a mis hijos de ocho y diez años. Los llevaba y los traía de la escuela, limpiaba la casa y lavaba la ropa.

A veces yo llegaba a casa del trabajo y descubría que se había pasado todo el día viendo videos para adultos.

Mi resentimiento y mi enojo fueron en aumento. Encontré la manera de expresarle lo que sentía a Pedro. Tomé la decisión de tener una aventura con un viejo novio. Quería lastimar a Pedro tanto como él me había lastimado con sus «novias de las revistas». Yo lo había intentado todo para ser lo que Pedro quería en una mujer. Hasta le alquilaba los videos, pero en lo profundo me sentía degradada. No era lo bastante bonita, lo bastante delgada o lo bastante sexy para competir con las mujeres de la pantalla.

A medida que nuestra relación siguió deteriorándose, nos acordamos de Saddleback, la iglesia que tanto nos había gustado. Sabíamos que tenían pastores disponibles para consejería y llamamos para sacar una cita. El pastor Rick estaba dando una serie de mensajes sobre la recuperación. Un hombre dio su testimonio acerca de ser un alcohólico y de cómo Dios lo había transformado y había salvado su matrimonio. Dios le había dado la visión de un ministerio cristiano de recuperación llamado Celebremos la Recuperación, el cual había empezado un año atrás en Saddleback. Durante esta serie de sermones sobre la recuperación, el pastor Rick hizo pasar al frente a varias personas que compartieron cómo Dios estaba transformando sus vidas por medio de Celebremos la Recuperación. Por pura coincidencia divina, el hombre que dio su testimonio aquel domingo fue el mismo pastor que estaba a cargo cuando Pedro y yo fuimos a la oficina de consejería de la iglesia. Se trataba del pastor John Baker. Le contamos todo lo que había sucedido en nuestra relación y también que queríamos casarnos en la iglesia.

El pastor John fue muy compasivo y nos confrontó con mucho amor en cuanto a nuestra manera de vivir. Nos dijo que si queríamos casarnos en la iglesia, teníamos que dejar de vivir juntos. Dijo que debíamos mantenernos abstinentes hasta después de la boda. Durante nuestra sesión hablé del abuso sexual que sufrí cuando era niña. También le dije al pastor John que había un período de mi niñez que ni siquiera podía recordar. El pastor recomendó que ambos empezáramos a asistir al programa de recuperación de la iglesia y que yo consultara a un terapeuta cristiano.

El día antes de mi cita con el terapeuta, tuve un conflicto con Pedro. Habíamos intentado la abstinencia pero seguíamos durmiendo en la misma cama, ¡qué contradicción! Me desperté a media noche porque Pedro no quería controlar sus impulsos y a la mañana siguiente lo confronté y le dije que era un adicto sexual. Había oído del tema en un programa radial y la conducta de Pedro cuadraba con la descripción de una persona que lucha con la adicción sexual. Pedro negó por completo que tuviera un problema de adicción, me dijo que simplemente tenía un impulso sexual muy desarrollado. Recuerdo haber oído algo parecido de mi primer marido.

Le solicité a Pedro que me acompañara a mi primera cita de consejería. Le dije que era porque tenía miedo de ir sola, pero lo cierto es que le había dicho a la consejera que la única razón por la que había sacado la cita era que mi novio pensaba que yo necesitaba ayuda, cuando era él quien la necesitaba. Llegamos y le conté toda mi historia personal a aquella querida mujer. Ella escuchó y mostró tanta compasión que se ganó mi confianza. Al final de nuestra sesión, Pedro dijo: «A propósito, ¿usted sabe algo acerca de la adicción sexual?». Resulta que era su especialidad, ¡otra coincidencia divina! Ella le dio a Pedro un material de lectura sobre la adicción sexual y lo mandó a leerlo.

Después de leer el material, Pedro admitió que era un adicto sexual y quería recibir ayuda. Empezó a asistir a las reuniones seculares para adictos sexuales porque el grupo de adicción sexual de Celebremos la Recuperación aún no había empezado, pero sí asistía al grupo de adicción a sustancias químicas de Celebremos la Recuperación y empezó su batalla contra el alcohol.

A mí me tomó algún tiempo reconocer que también necesitaba asistir a Celebremos la Recuperación. Pensé que con tal que Pedro «se arreglara», él dejaría de ser un adicto al sexo y entonces podríamos casarnos. Creía que mi único problema era elegir hombres malos.

Mi terapeuta recomendó que empezara a asistir al grupo de Celebremos la Recuperación para el abuso sexual. Accedí con cierta molestia, pero luego me di cuenta que así podría verificar el progreso de Pedro y constatar su asistencia. ¡La idea me encantó! La primera noche quedé petrificada y no pude compartir mucho. Me sentía muy tímida y no me gustó que la gente me mirara a los ojos cuando hablaba.

Como al mes de comenzar a asistir, una mujer compartió la historia de mi vida en sus propias palabras. Contó su vida, pero era exactamente como la mía. ¡No lo podía creer! Sentí como si fuera una señal del cielo de que estaba en un lugar seguro y podía compartir sin temor. Me sinceré por primera vez. Les conté a las mujeres en aquel grupo experiencias que no había contado a nadie. Yo había creído que esas cosas estaban en el pasado y ya no me afectaban. El dolor y las lágrimas fueron abrumadores y a veces me sentí incapaz de continuar. Sin embargo, ser parte de aquel grupo y hablar abiertamente con estas mujeres me cambió la vida. Ellas lo sabían todo acerca de mí y de todas maneras me amaban y aceptaban.

Al cabo de unos meses, Celebremos la Recuperación empezó un grupo para adictos sexuales. Pedro empezó a recuperarse de su adicción sexual, al mismo tiempo que superó su adicción al alcohol. Nos comprometimos a la abstinencia aunque vivíamos juntos. Pedro organizó su cuarto en el garaje y hasta su mamá le mandó una cobija eléctrica para poder pasar el invierno. También dejamos de fumar, pero yo no quería dejar de disfrutar mis chocolates.

Una noche tuvimos un altercado acerca de seguir viviendo juntos aunque estábamos practicando la abstinencia. Pedro seguía desempleado y yo no pensé que estaba poniendo de su parte para conseguir un buen trabajo y así poder independizarse. La discusión continuó hasta tarde y al final Pedro se fue del apartamento muy enojado. Yo no sabía qué iba a hacer. Eran las 11:30 de la noche y estaba preocupada y furiosa.

Él regresó a la una de la madrugada y anunció que se iría el día siguiente. Mi primera pregunta fue: «¿Con cuál mujer estuviste?». Pedro se rió y dijo que había ido a la Iglesia Saddleback al otro lado de la calle. Fue a las tres cruces grandes de madera que estaban en la propiedad. Una de ellas tenía los clavos que representaban la muerte de Jesús en la cruz. Pedro me dijo que se había sentado allí a orar y llorar. Escribió una lista de todas las cosas que quería entregarle a Dios, incluyendo su necesidad de un lugar para vivir y nuestro deseo de casarnos en la iglesia. Me dijo que clavó la lista a los pies de la cruz y se alejó llorando. Después vio a alguien y al principio pensó que era un ángel, pero se trataba del encargado de la vigilancia que le preguntó a Pedro por qué lloraba y si podía ayudarle. Pedro explicó nuestra situación y el hombre dijo: «Acabo de alquilar una casa grande y me queda una habitación extra, puede venirse a vivir conmigo sin pagar hasta que se case». ¡Qué coincidencia tan divina!

Después de eso, empezamos la consejería prematrimonial en la iglesia. Nos casamos el 17 de diciembre de 1994 en la Iglesia Saddleback. El pastor John, quien nos había aconsejado el primer día que acudimos buscando ayuda a la iglesia, realizó nuestra ceremonia. Toda nuestra familia nueva de Celebremos la Recuperación participó en nuestro día especial. Ellos proveyeron la comida para la recepción, ayudaron con la decoración y sirvieron de mil maneras. Fue uno de los días más increíbles de mi vida. Mis hijos también participaron, Jason me acompañó en la entrada por el pasillo y Eric fue el asistente del novio. Pedro también les pronunció votos a ellos durante nuestra ceremonia. No había un solo ojo sin lágrimas en el recinto.

Durante los últimos trece años, desde nuestra boda, Pedro y yo hemos seguido creciendo en nuestra intimidad mutua y con Dios. Ahora sé que la paz y el gozo verdadero no se encuentran en el sexo, las drogas, la comida (ni siquiera el chocolate), ni en otro ser humano. Únicamente pude encontrarlo en una relación personal con Jesucristo. Ese es el resultado de haber tomado la tercera decisión, cuando me decidí finalmente a…

DECISIÓN 3

Renuncio al CONTROL
Comprometo mi vida
y mi voluntad al cuidado
y control de Cristo.

Por medio de mi relación con Jesús, he sido capaz de perdonar a los que abusaron de mí, pedir perdón a quienes lastimé y entender que Jesús me perdonó en la cruz hace más de dos mil años. Ahora puedo perdonarme a mí misma y romper mi ciclo de desesperanza. Puedo vivir mi vida en respuesta a la gracia de Dios, no en búsqueda de ella.

Estoy agradecida para siempre por lo que Dios ha hecho en mi vida. Él me ha dado en su iglesia una familia que me ama, me pide cuentas y me motiva a vivir con propósito y pasión sin igual. La emoción más grande de mi vida ha sido ayudar a otras parejas que luchan con problemas similares a los nuestros. Dios ha convertido mi tristeza y mi dolor en gozo y una razón para vivir.

El siguiente versículo se ha convertido en uno de los lemas de mi vida:

«Convertiste mi lamento en danza;
me quitaste la ropa de luto
y me vestiste de fiesta».[26]

LA HISTORIA DE
Charlie

Me llamo Charlie y soy un creyente en proceso de recuperación de la adicción al sexo, el alcohol y las drogas. Crecí en un pequeño pueblo petrolero al occidente de Texas con padres cristianos devotos. Tanto mi madre como mi padre eran participantes activos en el sistema escolar local. También estaban muy involucrados en nuestra iglesia, servían como superintendentes de la escuela dominical y en la junta de ancianos. Sin embargo en casa, mi madre era fría y distante, mientras mi padre era estricto y nos disciplinaba varias veces con castigos corporales. Yo solía esconderme en el guardarropa cuando mi padre despotricaba sobre alguna de sus decepciones por mi conducta.

Tenía dos hermanas mayores. Cuando Linda, mi hermana mayor, tenía ocho años de edad contrajo una infección un día que salió de cacería con mi padre y el doctor recomendó un procedimiento quirúrgico sencillo para tratarla. En 1949 los hospitales pequeños de Texas no siempre examinaban las alergias a los anestésicos. Linda era alérgica al éter y murió de forma instantánea, antes de empezar la operación. Su muerte se convirtió en el tema tabú de nuestra casa y nadie tenía permitido hablar de ello. Con el paso de los años, mi madre culpó en silencio a mi padre. Él llevaba muy en lo profundo su vergüenza y culpa, y pensaba en Linda como una mártir de la fe.

Linda había sido la hija favorita de mi padre. Ann, mi hermana mayor, quien era una estudiante excelente y poseía habilidades intelectuales, era la favorita de mi madre. Eso me dejó a mí al cuidado de mí mismo. En un esfuerzo por ganarme un lugar en el corazón de la familia, yo traté de sacar buenas calificaciones. Me las arreglé para ser uno de los mejores estudiantes, pero una de mis maestras que le había dictado clase a mi hermana unos años atrás, me dijo frente a toda la case: «Charles, tú eres un chico listo, pero a Ann no le llegas a los tobillos».

Como la excelencia académica no bastó, también traté de ganar la aprobación de mi padre con los deportes. Fui admitido a los equipos de fútbol, baloncesto, carreras y béisbol. Mi padre había sido un atleta estrella en la universidad A&M de Texas. A él no le importaba mi buen desempeño, sus críticas siempre me recordaban que yo no daba la talla.

Me desarrollé rápido y medía un metro ochenta de altura y pesaba ochenta y cinco kilos al llegar al noveno grado. Empecé a salir con chicas de la secundaria y simpatizar con los titulares del equipo de fútbol. Las leyendas de fútbol americano del occidente de Texas siempre parecían tener reputación de descocados, ebrios, camorristas y libertinos al mismo tiempo que marcaban la pauta en el campo de juego. Yo por fin encontré la aceptación que tanto busqué teniendo como novia a la chica más guapa de la escuela. Así contaba no solamente con la validación de ella sino también frente a todos los demás, quienes me consideraban especial por considerarla «mía».

En el décimo grado dejé embarazada a mi novia. Creí estar enamorado, y entre los padres de ella y los míos, la convencimos para que se casara conmigo. Era la única acción honorable. Aunque seguía en la secundaria, trabajaba de noche en una parada de camioneros y los fines de semana en una planta de casas prefabricadas. Un domingo por la mañana llegué y la casa estaba desocupada. Encontré una nota de mi esposa en la que decía que había salido del estado, que nunca me había amado y que nuestro hijo no necesitaba un padre. Quedé devastado por su abandono.

Después de eso me propuse afrontar mi nuevo futuro destacándome otra vez en el deporte. Sin embargo, la junta escolar tenía una regla según la cual los estudiantes que hubieran estado casados no podían participar en actividades extracurriculares. Así fue como mi padre me ayudó a entrar al Instituto Militar de Nuevo México para jugar fútbol. Antes de llevarme a Roswell, Nuevo México, mi padre me recordó las consecuencias de mis decisiones anteriores diciendo: «Te las arreglaste para salir de este pueblo, pero a tu madre y a mí todavía nos toca vivir y trabajar con esta gente». La misma vergüenza y culpabilidad de siempre. Yo también estaba atascado en el ciclo de la desesperanza. El campeón de los niños exploradores y el héroe atlético había tenido que irse con el rabo entre las patas.

En la escuela militar fue donde decidí empezar a fumar marihuana, usar drogas y pasarla borracho, sin bajar el promedio de mis calificaciones. Lo más extraño es que por fin me sentía en control de mi vida cuando estaba «en las nubes», pero cuando estaba sobrio me sentía como un relegado total. Hice todo lo que pude para mantener la reputación de un futbolista fortachón y parrandero que nadie quiere confrontar ni hacer enojar. Nadie sabía en qué momento podría estallar.

Continué mi búsqueda de aceptación por parte de mi padre jugando fútbol en su alma máter de la universidad A&M de Texas, pero continué usando drogas y alcohol. Me lastimé el hombro y la rodilla al comienzo de mi segundo año y tuve que salir del equipo.

Había decepcionado a mis padres una vez más. Luego me fui a vivir con una chica de mi clase de inglés y teatro. Ella quería un futbolista, aunque estuviera lesionado, y yo quería a alguien que me aceptara y me arreglara la vida. Pensábamos que habíamos encontrado lo que ambos queríamos. Nos casamos y tuvimos dos hijos. Tras diez años de vivir con un alcohólico y un adúltero, mi esposa se hartó y nos divorciamos. Siempre que algo salía mal yo le echaba la culpa a ella y buscaba a otra persona que me validara. Después de ese divorcio, procedí a repetir el mismo patrón con la esposa número tres y el hijo número cuatro.

Durante todo este tiempo asistí fielmente a la iglesia. Estuve en la junta de diáconos, enseñé en la escuela dominical y viví una doble vida, respetable por un lado y taimada por el otro. Pensé que tenía muy bien disimulado mi lado oscuro y nadie lo veía. Como sabía que jamás estaría a la altura de los criterios de desempeño de mi padre, tampoco pensé que llegaría a ser lo suficientemente bueno para ganarme el amor y la aceptación de mi Padre celestial.

En agosto de 1997 toqué fondo. Me dirigía a Bakersfield, California, en mi Ford modelo limitado 1976 cuando le quemé el motor a las tres de la madrugada. Quedé atascado tres días en un hotel de mala muerte mientras esperaba que alguien arreglara mi único medio de transporte. Sobra decir que tuve mucho tiempo para evaluar mi vida. Al cabo de varios años de tomar malas decisiones tenía cero pertenencias, tres matrimonios fracasados y cuatro hijos alejados; sin trabajo, sin amigos, sin comida y sin dinero. Todo lo que tenía era una existencia vacía que trataba de llenar con sexo, alcohol, drogas, videos y revistas pornográficas, infidelidades, dinero fácil, diversiones peligrosas, trabajos de alto riesgo y emociones extremas. Me di cuenta que todo lo que procuré para calmar el dolor, solamente contribuyó a empeorar las cosas.

No podía seguir viviendo de esa manera. La culpa, el dolor, la vergüenza y la desilusión eran insoportables. Era un fracaso irremediable ante mis propios ojos y ante los de Dios, según pensé. Llegué a ver mi vida como era de verdad y no creí que pudiera mejorar ni tampoco empeorar. Cuando me enteré que el daño de mi auto era irreparable, llamé a un hombre que solía trabajar para mí y que vivía en Vista, California. Le pedí que me recogiera en la estación de buses de Carlsbad. Apenas me quedaba para pagar el pasaje de ida.

Al llegar a este punto admití que era incapaz de controlar mis adicciones y naturaleza compulsiva, y que mi vida se había vuelto ingobernable. Contacté un terapeuta a través del programa de seguros de mi empresa. Era un cristiano que me ayudó a reconocer las raíces de mi carácter adictivo y codependiente. Le conté a Vicky, mi nueva novia, acerca de lo emocionado que estaba con este nuevo proceso, y ella me contó acerca del programa de Celebremos la Recuperación al que ella estaba asistiendo. Yo no creía realmente que un programa de ese tipo pudiera ayudarme, pero si me tocaba hacerlo para poder salir con ella, no había problema. Para asistir me tocó manejar desde San Diego todos los viernes en la noche durante un año, un viaje de más de doscientos kilómetros ida y vuelta.

Al principio pensé que jamás en mi vida había visto a tanta gente quejumbrosa, engañada y miserable reunida en un mismo lugar. Al fin y al cabo, yo no era el del problema sino más bien la gente y las circunstancias a mi alrededor. Llegado el momento, por fin vi la luz. Ya había pasado *por un programa secular de doce pasos por orden del juez que no me había funcionado. Entonces decidí darle una oportunidad a Celebremos la Recuperación. Conseguí un patrocinador, la Biblia y las guías para el participante, y me puse a trabajarle en serio en el programa.*

Después de trabajar en las dos primeras decisiones, quedé más que listo para avanzar a la tercera decisión:

Renuncio al CONTROL
DECISIÓN 3

Comprometo mi vida
y mi voluntad al cuidado
y control de Cristo.

Lo había probado todo y terminé vacío. No tengo palabras para describir la libertad y la paz que experimenté cuando finalmente pude renunciar y entregar a Dios el control y cuidado de mi vida. Abrí mi corazón y mi mente y dejé salir todos los sentimientos de dolor de mi pasado. Aprendí a apoyarme en Jesús y dejarme guiar por Él en ese tiempo de dificultad. Analicé mi pasado con toda honradez y dejé que la verdad reluciera. Mi persona de confianza fue fundamental para mi equilibrio ya que pude rendirle cuentas de todo. Aún tiendo a enfocarme en mis malas decisiones y ser implacable conmigo mismo, pero cada día que pasa entiendo un poco más sobre la gracia y el perdón de Jesús.

Quisiera decir que todo es color de rosa en mi vida, sin problemas ni dolor, pero no es así. Sin embargo, ahora cuando la prueba llega a mi vida reacciono de forma diferente. Debido a la decisión que tomé en el tercer paso del camino a la recuperación, todas las alegrías, las victorias, las pruebas y las heridas de mi vida están ahora bajo el cuidado y control de Cristo. Él ha restaurado mi salud, mi carrera, las relaciones con mi familia y por encima de todo, una relación íntima de amor con Él.

Mi hija de veintiún años reanudó hace poco sus estudios universitarios en Las Vegas. Nos comunicamos con frecuencia por correo electrónico y por teléfono. Tuve la oportunidad de consolar a mi hijo mayor, Jasen, cuando su madre murió de cáncer cerebral hace poco. Él se encuentra ahora en su segundo ciclo de combate en Irak como oficial del ejército. Mi hijo Scott ha pasado tiempo con nosotros en el verano durante los últimos dos años para celebrar su cumpleaños. Dios me ha ayudado a reconciliarme con mis padres. Tras varios años trabajando en la industria de los semiconductores, ahora tengo un trabajo maravilloso implementando Celebremos la Recuperación en un centro de tratamiento de drogadicción y alcoholismo. Mi identidad ya no radica en lo que hago para ganarme la vida sino en quién soy: Soy un hijo de Dios. Dios me ha mostrado que Él es quien me protege y provee lo que necesito. Mi fe está ahora en Cristo y ya no más en mis propias facultades. Sigo llenando mi vida con la Palabra de Dios y el pueblo de Dios en lugar de seguir patrones y conductas de autodestrucción. Por la gracia de Dios, he dirigido varios estudios de los pasos de Celebremos la Recuperación, he colaborado con el grupo de varones codependientes y con el equipo de oración, y he tenido el honor de servir en la misión de rescate del condado de Orange. Dios ha puesto en mi vida un gozo y una paz increíbles.

Quisiera darle las gracias a mi novia de aquel tiempo, Vicki, quien me introdujo a este programa cuando estaba convencido que no lo necesitaba. ¡Ahora ella es mi esposa! Doy gracias a Dios por enseñarme que para tener el don de la recuperación, debo compartirlo con otros. Siempre estaré agradecido con los hombres de mi grupo que son los primeros amigos verdaderos que tuve. Ellos saben todo acerca de mí y a pesar de eso les caigo bien. Mi mayor agradecimiento es para Dios, con quien ahora tengo una relación íntima de amor que es genuina y personal. Sé que no puedo escudarme y usar a mis padres imperfectos como excusa para no haber vivido a la altura del propósito que Dios tenía reservado para mí desde un comienzo. También sé que ninguno de nosotros es perfecto como padre, pero ahora tengo un Padre perfecto quien me enseña cómo ser amoroso, compasivo y paciente, tal como Él.

Para concluir, este es uno de los versículos que define mi vida:

«Y ustedes no recibieron un espíritu que de nuevo los esclavice
al miedo, sino el Espíritu que los adopta como hijos
y les permite clamar: «¡*Abba*! ¡*Padre*!».
El Espíritu mismo le asegura a nuestro espíritu
que somos hijos de Dios».[27]

Tanto Lisa como Charlie tuvieron que pasar por mucho dolor y aflicción antes de tomar la decisión definitiva de entregarle a Cristo el cuidado y control de sus vidas. Quizá muchos de ustedes se digan a sí mismos: «He intentado esto antes y no sirvió. He intentado darle mi vida a Dios y no me funcionó». Lo más probable es que no funcionó porque usted no se comprometió de verdad. Al igual que Lisa y Charlie, cuando usted finalmente opta por someterlo todo sin reservas y comprometer tanto su vida como su voluntad bajo el cuidado y control de Cristo, entonces y sólo entonces podrá Dios hacer su obra transformadora en su vida.

R
E
C
Ultimo mi pecado tras examinarme
y *confesar* mis faltas a Dios
P
y a una persona de confianza.
E
R
O

«*Dichosos los de corazón limpio*».[1]

Limpie su VIDA

Decídase por el ORDEN

¿Alguna vez ha intentado sacarle la delantera a su pasado?

En una convención de patrulleros estatales de Arkansas se pidió a los asistentes que presentaran la mejor excusa que habían oído de alguien que no quisiera ser multado por exceso de velocidad. La excusa ganadora fue presentada por un patrullero que detectó una furgoneta que iba a alta velocidad por la autopista interestatal. El patrullero encendió sus luces y la alcanzó, pero la furgoneta no bajó la velocidad. La patrulla estaba a escasos centímetros del parachoques pero la furgoneta siguió como si nada. El patrullero encendió la sirena y la furgoneta pareció aumentar la velocidad. Por último, se quedó sin combustible y quedó parada al lado de la carretera.

El oficial salió de la patrulla y se acercó al infractor, quien bajó la ventanilla para oír la pregunta del patrullero: «¿Vio las luces intermitentes de mi patrulla?».

«Sí señor, las vi».

«¿Se dio cuenta que iba detrás de usted casi pegado a su parachoques?»

El conductor dijo: «Sí señor, lo vi».

«¿Y oyó el ruido de mi sirena a lo largo de varios kilómetros?»

«Sí señor, también lo oí».

Por último el patrullero dijo: «Entonces, *¿por qué no se detuvo al lado de la carretera?*».

«Bueno, para serle franco, hace unos dos años mi esposa me dejó por un patrullero del estado de Arkansas. Tenía miedo de que usted estuviera tratando de devolvérmela».

¿No sería bueno que viviéramos nuestra vida sin ningún temor de que el pasado nos alcance? ¿Será que eso es posible?

EL GOZO DE UN CORAZÓN PURO

La bienaventuranza que vamos a analizar en esta decisión dice «*dichosos los de corazón limpio*». Un corazón limpio está libre de impurezas. Es un corazón libre de todos los cacharros y desperdicios que nos ponen un gran peso encima, es un corazón que ha sido lavado de todas las heridas, complejos y hábitos que plagan nuestra vida. Aquellos que verdaderamente son puros de corazón no le tienen miedo a su pasado. No se pasan el día con el cuello volteado mirando hacia el pasado. Pero muchos de nosotros perdimos hace tiempo la esperanza de tener un corazón limpio.

Para experimentar el GOZO de un corazón puro, tendremos que aprender cómo quitarnos de encima nuestra culpa y vergüenza y cómo adquirir una conciencia limpia.

¿Será siquiera posible para usted tener la dicha de un corazón limpio? La respuesta se encuentra en las páginas siguientes. En este capítulo aprenderemos a *limpiar nuestra vida* y ponerla en orden. No va a ser fácil, pero el proceso se divide en pasos concretos y los resultados cambiarán su vida para siempre. Lo cierto es que todos tenemos remordimientos. Todos hemos hecho cosas que quisiéramos cambiar si pudiéramos devolver el tiempo. Pero no podemos. Nos sentimos culpables y llevamos esa carga dondequiera que vamos, a veces de forma consciente pero casi siempre sin siquiera saberlo. Negamos nuestra culpa, la reprimimos y la transferimos a otros. Buscamos excusas y nos justificamos, pero sin importar cuánto tratemos de huir, seguimos sintiendo sus efectos.

Para recuperarnos de las heridas, los complejos y los hábitos que hay en nuestra vida y experimentar el gozo de un corazón puro, tendremos que aprender cómo quitarnos de encima nuestra culpa y vergüenza y cómo adquirir una conciencia limpia.

Cierto joven llamó a uno de esos programas radiales de opinión presentado por un psicólogo y dijo: «Estoy consumido por la culpa y no sé qué hacer con ella. ¿Cómo me libro de esta culpa?». La respuesta ofrecida por el presentador del programa fue: «Usted no puede librarse de la culpa. Lo que tiene que hacer es aprender a vivir con ella». ¡Esa no es la respuesta! El psicólogo le dijo a aquel joven afligido que racionalizara su culpa. Podemos racionalizar todo lo que queramos y decir «eso no tiene nada de malo, todo el mundo lo está haciendo, eso pasó hace mucho tiempo...», pero en nuestros corazones sabemos que hicimos algo mal.

En este capítulo, la buena noticia es que usted encontrará la clave al alivio de su culpa. Si da los pasos necesarios para llevar a cabo esta decisión, conocerá la dicha de un corazón limpio y podrá decir a una voz con el salmista: «*Dichoso aquel a quien se le perdonan sus transgresiones, a quien se le borran sus pecados. Dichoso aquel a quien el Señor no toma en cuenta su maldad y en cuyo espíritu no hay engaño*».[2]

Antes de dar los pasos para superar la culpa, es importante entender sus efectos negativos en nuestra vida.

LO QUE NOS HACE LA CULPA

1. LA CULPA DESTRUYE NUESTRA SEGURIDAD

Culpa y seguridad no pueden coexistir en la misma persona. Cuando me siento culpable temo ser atrapado o que la gente se entere de que no soy quien digo ser. La culpa nos hace sentir inseguros porque vivimos preocupados de que alguien descubra la verdad sobre nosotros. ¿Será que todavía vamos a gustarles cuando sepan la verdad?

Sir Arthur Conan Doyle, el autor de las novelas del detective Sherlock Holmes, era un bromista consumado. Un día les hizo una trastada a cinco de los hombres más destacados en Inglaterra. Envió una nota anónima a cada uno que decía: «Todo se ha descubierto. Huir de inmediato». En cuestión de un día, los cinco habían salido del país.

La culpa es como una nube negra que nos persigue. Vivimos preocupados de que alguien encuentre el esqueleto que tenemos escondido, aquel secreto oculto y profundo que nadie conoce. Es como llevar una carga pesada al cuello que nos roba la confianza en nosotros mismos.

2. LA CULPA ARRUINA NUESTRAS RELACIONES

La culpa sabotea nuestras relaciones interpersonales con las reacciones dañinas que nos provoca. A veces reaccionamos de forma exagerada con impaciencia o enojo, o estallamos sin razón por causa de alguna culpa enterrada.

La culpa también puede volvernos indulgentes. Los padres a menudo se sienten culpables por malas decisiones que han tomado y las compensan dándoles gusto a sus hijos en todo.

La culpa puede volvernos adversos al compromiso. Nos preguntamos por qué no dejamos que la gente se nos acerque. Nos permitimos acercarnos hasta cierto punto pero ni un centímetro más. Una de las razones principales es la culpa. Las relaciones del pasado ponen pie en el presente y arruinan el futuro. Muchos problemas maritales son resultado de sentimientos de culpa por cosas que sucedieron antes o a comienzos del matrimonio. Esa culpa del pasado ocasiona problemas en el presente.

3. LA CULPA NOS MANTIENE ESTANCADOS

En lugar de lidiar con los problemas del momento, algunas personas siguen atascadas en el pasado. El sentimiento de culpa por algo que hicieron los tiene prisioneros. La culpa trata de mantenernos enfocados en lo que ya pasó recreándolo en nuestra mente una y otra vez. Es porque queremos volver a vivir todas las cosas que quisiéramos cambiar de algún modo.

Es como conducir un auto mirando el espejo retrovisor. El espejo retrovisor es muy útil porque nos da perspectiva. Mirar nuestro pasado también nos da perspectiva, pero si lo único que miramos es el pasado, nunca vamos a ver el presente ni podremos anticipar el futuro. Hay personas que se enfocan tanto en el pasado que su espejo retrovisor se vuelve más grande que el parabrisas. Con ese estilo de conducción es prácticamente imposible avanzar. De hecho, lo más probable es que ocurra un accidente en el futuro.

El crecimiento espiritual es el proceso de expandir nuestro parabrisas y encoger el espejo retrovisor, para que podamos seguir adelante con el presente.

Sentirse culpable no cambia el pasado, así como preocuparse no cambia el futuro. Lo único que logramos sintiéndonos culpables por el ayer es arruinar nuestro día de hoy. Con el tiempo, la culpa puede arruinarnos la salud. Cada vez que nos tragamos la culpa, el estómago pasa cuenta de cobro, y si no hablamos de ello con Dios y personas de confianza, seguiremos sintiendo náuseas y repeliendo a los demás.

La cuarta decisión sanadora saca nuestro pasado doloroso a la superficie para que podamos lidiar con él, ser limpiados y así poder avanzar hacia la salud y la plenitud de gozo. Aunque la cuarta decisión puede asustarnos, es un paso que distingue claramente a los que nada más quieren hablar acerca de recuperarse y los que realmente quieren mejorar:

DECISIÓN 4

Limpio mi **VIDA**
Ultimo mi pecado tras examinarme
y confesar mis faltas a Dios,
y a una persona de confianza.

Al final de este capítulo leerá la historia verídica de CJ y Linda, de cómo sus vidas individuales así como su matrimonio, cambiaron dramáticamente como resultado de haber tomado esta decisión. Verá que su experiencia no fue fácil pero también verá que los resultados fueron milagrosos por decir lo menos.

Si quiere cambiar su vida, si quiere recuperarse de verdad, si quiere crecer y librarse de su sentimiento de culpa de una vez por todas, tendrá que darle el ultimátum al pecado, limpiar su vida y decidirse por el orden.

Los cuatro pasos siguientes le ayudarán a dejar su culpa en el pasado. Aunque el procedimiento es sencillo no es fácil de hacer y requiere mucha valentía.

DEJE ATRÁS LA CULPA

1. HAGA UN INVENTARIO MORAL PERSONAL

Tal vez suene truculento, pero el inventario moral personal es una de las tareas más productivas y satisfactorias que usted puede hacer, como lo es limpiar y organizar su guardarropa. Cuando usted limpia un guardarropa, saca a la luz cosas que quizá hayan estado escondidas en un rincón oscuro durante años. Es posible que esas cosas sean la causa de ciertos malos olores en su casa, pero usted las ha ignorado porque la idea de limpiar el guardarropa es demasiado abrumadora. Sin embargo, cuando finalmente decide limpiarlo, también descubre algunos tesoros inesperados, como vestidos favoritos que creyó haber perdido o algún otro artículo útil que había olvidado.

Lo mismo sucede cuando hacemos el inventario de nuestro «closet» personal. Tenemos cualquier cantidad de chécheres y desórdenes que hemos tratado de ignorar, y algunos quizá han plagado de mal olor nuestra vida. Sin embargo, también descubrimos cosas muy buenas de nosotros que habíamos olvidado o nunca logramos reconocer. Cuando por fin le dedicamos tiempo, un inventario moral personal puede transformar nuestras vidas.

En la sección práctica «Tome la decisión» entraremos en los detalles específicos de cómo hacer el inventario moral, pero veamos por ahora sus elementos constitutivos para entender cómo funciona:

M – Medite sobre su vida el tiempo que sea necesario

O – Opte por abrir sin reservas su corazón y su mente

R – Ríndase sin temor a la gracia de Dios

A – Analice su pasado con franqueza

L – Liste tanto las buenas como las malas decisiones y sucesos en su vida

Para empezar el inventario usted debe *buscar* un tiempo para estar a solas sin ninguna interrupción. Necesita tomarse su tiempo para meditar en estas cosas, sin afanarse. Después, decídase a abrir su corazón y su mente a Dios, deje que Él le revele lo que necesita ver: «*Examíname, oh Dios, y sondea mi corazón; ponme a prueba y sondea mis pensamientos. Fíjate si voy por mal camino, y guíame por el camino eterno*».[3] A medida que empiece a ver la verdad sobre usted mismo, ríndase sin temor a la gracia de Dios, sabiendo que Él le ha perdonado sin importar qué se descubra en su inventario. En el proceso de *analizarse* a sí mismo, usted debe ser brutalmente honesto consigo mismo, no más fingimiento. Por último, asegúrese de no tener en cuenta únicamente las cosas negativas en su vida sino también las buenas. Es importante que mantenga una lista de inventario sensata y equilibrada.

¿Por qué es importante hacer este inventario por escrito? Porque cuando usted escribe tiene que ser específico. Los pensamientos se desenredan cuando pasan de los labios al papel. Si usted no pone nada por escrito, quedará reducido a vaguedades. Decir simplemente «Dios, he arruinado mi vida», no es muy específico ni útil porque eso podría decirse de cualquiera. Necesitamos ser más específicos, por eso tenemos que escribir nuestro inventario.

Cuando yo puse por escrito mi inventario moral logré ver por primera vez cómo, en el transcurso de los años, mis malas decisiones habían herido a las personas más importantes de mi vida. Realmente fue un momento de claridad total. Entendí el daño que causé con la bebida a mi esposa, mis hijos y allegados. Aunque cada minuto fue doloroso, el resultado final valió la pena. Mi pasado dejó de ser un secreto y pude decidirme a continuar mi aventura de sanación y poner de mi parte para restaurar todas las relaciones que había afectado.

2. ACEPTE LA RESPONSABILIDAD POR SUS FALTAS

Aceptar con honradez nuestra responsabilidad no es fácil, pero Dios nos ha creado con la capacidad de vernos tal como somos: «*Dios nos ha dado la conciencia para que podamos examinarnos a nosotros mismos*».[4] Aceptar responsabilidad por nuestras faltas empieza con una acción positiva y cuatro que debemos evitar.

1. *Sea radicalmente honesto.* La verdad del asunto es que nosotros mismos somos el mayor impedimento para que sanen nuestras propias heridas, complejos y hábitos. Nuestra sanación comienza cuando somos radicalmente honestos para decir: «Yo soy el problema». No podemos seguir diciendo: «Si tan solo pudiera cambiar de cónyuge, de amigos, de trabajo, de ciudad, entonces todo estaría bien». El problema con esa mentalidad es que no importa donde uno vaya, ¡ahí va a estar uno!

2. *No se justifique.* No podemos seguir diciendo: «Eso pasó hace mucho tiempo» o «Es una simple etapa de la vida» o «Todo el mundo lo hace». Necesitamos ser francos y encarar la verdad de lo que somos y hacemos. La gracia de Dios puede cubrirnos, no importa cuál sea la verdad. No necesitamos restarle importancia a nuestras acciones diciendo «no es gran cosa». Si no fuera gran cosa, ¿por qué lo recordamos veinte años después?

3. *No culpe a los demás.* Culpamos a los demás diciendo: «Más que todo fue culpa de ellos». Aunque eso puede ser cierto, somos responsables ante Dios por la parte que sea culpa nuestra. Ya es hora de erguirnos y aceptar nuestra responsabilidad en los problemas de nuestra vida.

4. *No se engañe.* Solamente necesitamos admitir en qué nos equivocamos. *«Si afirmamos que no tenemos pecado, nos engañamos a nosotros mismos y no obtenemos la verdad».*[5] Si realmente queremos dejar de vivir derrotados, tenemos que dejar de engañarnos. Dios nos ayudará con tan solo pedirlo.

NOTA ESPECIAL: Si usted ha sufrido abuso físico o sexual en su infancia o vida adulta, quiero que sepa cuánto lamento su sufrimiento. Para mí es imposible conocer el dolor que tal abuso le causó, pero quiero que sepa que me identifico con su aflicción. Cuando empiece a escribir su lista de las cosas malas que han pasado en su vida, ponga la palabra «INOCENTE» por el abuso que le hicieron. Ninguna parte del pecado cometido contra usted fue su culpa. Renuncie a la mentira de que el abuso fue culpa suya, pero asuma responsabilidad por el daño que haya podido causar a otros como resultado de sus reacciones al abuso del pasado.

¿No cree que ya llegó la hora de enfrentarse a su culpa para que pueda seguir adelante con su vida? Cuando complete el inventario moral, podrá ver su lista y decir: «Sí, ese soy yo, lo bueno, lo malo y lo feo. Acepto responsabilidad por mis faltas».

3. PIDA PERDÓN A DIOS

«Si confesamos nuestros pecados, Dios, que es fiel y justo, nos los perdonará y nos limpiará de toda maldad».[6] ¡No se puede encontrar una promesa mejor! Si lo confesamos abierta y llanamente, Dios va a perdonarnos.

La base del perdón es el carácter de Dios. No existe un pecado tan

severo que Dios no lo pueda perdonar: «*¿Son sus pecados como escarlata?*
¡Quedarán blancos como la nieve! ¿Son rojos como la púrpura? ¡Quedarán
como la lana!».[7]

Una mujer fue a consultar a su pastor y le dijo: «Estoy deprimida.
No he salido de mi cama en varias semanas y ya no tengo la energía necesaria para levantarme y vivir normalmente».

Sensible a su profundo dolor, el pastor le preguntó: «¿Hay algo en su
vida de lo que realmente se lamenta?».

Ella empezó a desahogarse. «Sí. Mi esposo viaja mucho. Tuve una
aventura, quedé embarazada y tuve un aborto. Nunca se lo conté a mi
esposo».

El pastor le habló de la promesa de Dios de que no importa cuán
profunda sea la mancha de nuestros pecados, Dios puede limpiarnos y
perdonarnos.

Angustiada, ella contestó: «Es que no parece justo. ¡Alguien tiene
que pagar por mi pecado!».

«Alguien ya pagó», le aseguró el pastor. «Su nombre es Jesucristo.
Por eso es que Él murió en la cruz. Él murió por ese pecado y todos los
demás que usted ha cometido y confesado, así como los que va a cometer».

Ella preguntó llorando: «¿Y cómo le pido perdón a Dios?».

Es posible que usted se esté haciendo la misma pregunta. Hágalo de
esta forma:

1. *No ruegue.* Usted no tiene que rogar para que Dios lo perdone. Él
quiere perdonarle. Dios quiere perdonarlo más de lo que usted quiere su
perdón. Él es un Dios compasivo.

2. *No regatee.* No trate de negociar con Dios diciendo: «Si me perdonas, nunca volveré a hacer esto». Si dice que nunca lo hará y es su punto
débil, va camino al fracaso. No tiene que negociar con Dios para obtener
su perdón.

3. *No soborne.* No le diga a Dios: «Si me perdonas, prometo que haré
un montón de cosas buenas. Iré a la iglesia, diezmaré y ayudaré a los po-

bres». Dios no quiere que usted trate de sobornarlo. Él quiere que usted admita sus faltas y pecados y se aparte de ellos para seguir el propósito que tiene para su vida.

4. *Sí crea.* Eso sí, crea que Él le perdona. Él perdona nuestro pecado y nos limpia por completo de toda iniquidad.

Cuando admitamos libremente que hemos pecado, veremos que Dios es absolutamente digno de confianza. Admitir o confesar significa que estamos de acuerdo con Dios en cuanto al pecado que hay en nuestra vida. Es decir: «Dios, tienes razón. Lo que hice o sigo haciendo está mal». Eso es lo que significa confesar, y como resultado, ¡usted será perdonado!

4. ADMITA SUS FALTAS A OTRA PERSONA

Dios nos dice que es indispensable compartir nuestro inventario moral con otra persona: «*Confiésense unos a otros sus pecados, y oren unos por otros, para que sean sanados*».[8] ¿Cómo dice este versículo que somos sanados? Admitiendo nuestras faltas unos a otros.

¿Por qué no podemos simplemente admitir nuestras faltas a Dios? ¿Por qué debemos involucrar a otra persona? Porque la raíz de nuestros problemas está en las relaciones personales. Nos mentimos unos a otros, nos engañamos y somos deshonestos unos con otros. Nos ponemos máscaras y aparentamos que todo está bien con nosotros. Negamos nuestros verdaderos sentimientos y manipulamos utilizando juegos porque creemos: «Si supieran realmente mi verdad, no me amarían». Nos hemos vuelto más aislados que nunca en la historia.

Cuando se arriesga a **SINCERARSE** *con otra persona, un sentimiento inesperado y maravilloso de libertad invade su vida.*

Mantenemos adentro toda la basura de nuestro pasado y nos enfermamos. Hay un refrán que dice: Estamos tan enfermos como los secretos que llevamos por dentro. Las heridas, los complejos y hábitos que tratamos de esconder terminan enfermándonos, en cambio «revelar nuestros sentimientos es el principio de la sanación».[9]

Cuando usted acata la instrucción de Dios de confesar nuestras faltas y pecados unos a otros,[10] cuando se arriesga a sincerarse con otra persona, un sentimiento inesperado y maravilloso de libertad invade su vida. Usted empieza a darse cuenta que toda la gente tiene problemas y muchos tienen los mismos problemas que usted. Es terapéutico admitir sus faltas a otra persona. Es el método de Dios para liberarle.

Tal vez ya está disponiendo su corazón a la posibilidad de compartir su inventario personal con alguien más, pero hágase estas preguntas: ¿A quién se lo contaré? ¿Qué le voy a decir? ¿Cuándo voy a hacerlo? Contestemos esos interrogantes ahora mismo.

¿A quién contárselo?

¿Cómo elegir a la persona correcta? Aquí la idea no es salir a difundirle sus pecados a todo el mundo. No. Compartir esto con la persona equivocada podría causar grandes problemas. No es algo que se haga de forma indiscriminada, usted necesita encontrar una persona de confianza con quien compartir su inventario moral. Espero que haya podido encontrar a esa persona mientras completó las acciones prácticas de los primeros tres capítulos. De no ser así, quiero darle unas sugerencias adicionales que le ayudarán a encontrar la persona correcta:

1. *Una persona de confianza.* Alguien que pueda guardar confidencias y que no le gusta chismear. Usted no quiere llegar al punto de compartir los secretos que ha guardado durante años y luego verlos impresos en un artículo de la prensa amarillista.

2. *Una persona que aprecia el valor de lo que usted está haciendo.* Busque a alguien que valore y entienda el proceso de sanación y transformación de una vida.

3. *Una persona con madurez suficiente para no escandalizarse.* Debe ser alguien que haya sido transparente con usted acerca de su vida.

4. *Una persona que conoce al Señor lo suficiente para reflejar su perdón.* Un pastor, la persona a quien rinde cuentas, su líder del ministerio, un amigo de confianza o un consejero cristiano. Para la mayoría de los cristianos auténticos sería un honor que usted decidiera compartir con alguno de ellos su inventario.

¿Qué debe decir?

1. *Primero que todo, encuentre un lugar donde no pueda ser interrumpido.* Va a compartir algunos asuntos complicados y tal vez no le resulte fácil expresarlos. Necesita tiempo suficiente y ninguna distracción.

2. *Manifieste claramente que necesita compartir la lista de su inventario moral.* Podría empezar diciendo: «Necesito que alguien me escuche verbalizar algunas cosas que sé que están mal en mi vida; son algunas de las cosas que he hecho y sentido, mis heridas, complejos y hábitos».

3. *Sea específico.* El secreto que más quiera esconder es el primero que necesita revelar. La revelación del secreto más doloroso le brindará su mayor sanación. Así es como experimentará la gracia abundante de Dios y por fin será libre. Sentirá alivio y libertad como nunca antes. Al emprender esta acción, usted saldrá de las tinieblas de sus secretos y pasará a la luz liberadora y vivificadora de Cristo. «*Una vez más Jesús se dirigió a la gente, y les dijo: Yo soy la luz del mundo. El que me sigue no andará en tinieblas, sino que tendrá la luz de la vida*».[11]

¿Cuándo decirlo?

Esta pregunta tiene una sola respuesta: tan pronto como sea posible. No lo deje para después.

Quizá esté pensando: «Voy a terminar el resto del libro y después volveré a esta sección para compartir mi inventario moral con otra persona». O, «necesito pensar un buen rato acerca de esto, tal vez no estoy muy bien preparado para dar este paso».

Eso está bien. Tal vez lo que necesita es un poco más de dolor.

Dios está esperando para liberarlo de su pasado. Está esperando que usted lo confiese todo para que pueda proseguir en el camino a la sanación y el gozo. Tome esta decisión sanadora ahora mismo, que Dios va a bendecirle y protegerle.

5. ACEPTE EL PERDÓN DE DIOS Y PERDÓNESE A SÍ MISMO

«Todos han pecado y están privados de la gloria de Dios, pero por su gracia son justificados gratuitamente mediante la redención que Cristo Jesús efectuó».[12] Este pasaje nos dice que todos hemos errado el blanco. Todos hemos hecho cosas por las cuales necesitamos el perdón de Dios. Todos estamos en las mismas. Todos hemos pecado. Todos hemos tomado malas decisiones. Todos tenemos heridas, complejos y hábitos en diferentes áreas y grados.

El perdón ocurre de forma invisible. ¿Qué sucede en realidad cuando Dios nos perdona? ¿Cómo funciona eso del perdón?

1. *Dios perdona instantáneamente.* Él no espera. Tan pronto usted pide su perdón, es perdonado. Queda hecho. Dios nunca lo pone a esperar ni a sufrir un rato. Él le ama demasiado para eso. Los humanos lo hacen, pero Dios no. Esta es la seguridad que podemos tener: *«Así que acerquémonos confiadamente al trono de la gracia para recibir misericordia y hallar la gracia que nos ayude en el momento que más la necesitemos».*[13] ¿No suena exactamente como lo que usted necesita?

2. *Dios perdona gratuitamente.* Él le quita sus pecados de forma gratuita. No es algo que usted se merezca, no es algo que se haya ganado ni puede trabajar para obtenerlo. Es un regalo de Dios, quien *«nos ama mucho y nos declara inocentes sin pedirnos nada a cambio. Por medio de Jesús nos ha librado del castigo que merecían nuestros pecados».*[14] Dios es quien nos arregla y endereza, por su gracia y sin cobrar.

3. *Dios perdona completamente.* El perdón de Dios no es por etapas ni es parcial, es absolutamente completo. Él borra nuestro pecado. La Biblia dice: «*Por lo tanto, ya no hay ninguna condenación para los que están unidos a Cristo Jesús*».[15] Es maravilloso vivir sin sentirnos condenados, vivir sabiendo que Dios nos ama a pesar de toda nuestras faltas.

Lo único que falta ahora es hacerlo. En las tres acciones prácticas de este capítulo, le ayudaremos a enfrentar su culpa, ordenar su vida con un inventario personal y aceptar el perdón gratuito, pleno y total de Dios.

NOTA ESPECIAL: Si está experimentando mucho dolor y angustia con su inventario ya que poner por escrito los sucesos de su pasado le resulta demasiado difícil, le entiendo. Le recomiendo ir a nuestro sitio www.celebraterecovery.com y buscar un grupo de Celebremos la Recuperación cerca de usted. Allí podrá contar con ayuda y apoyo para completar su inventario. Encontrará personas que han lidiado con las mismas heridas, complejos y malos hábitos que hay en su vida. ¡Será un lugar seguro para usted!

TOME LA
decisión

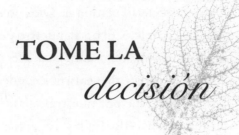

ACCIÓN 1: *Ore por el asunto*

Enfrentar el pasado y ser honestos en cuanto a nuestra culpa no es fácil. Usted va a necesitar la ayuda de Dios para dar cada paso correspondiente a esta decisión. La oración es la mejor manera de recibir el poder de nuestro Señor. Puede orar con sus propias palabras o usar estas:

> *Querido Dios, tú conoces mi pasado, todas las decisiones buenas y malas que he tomado y todas las cosas buenas y malas que he hecho. Ahora que me dispongo a tomar la cuarta decisión, te pido que me des fuerza y valor para hacer la lista descrita en la siguiente acción, para que yo pueda poner mi vida en orden y enfrentar mi verdad. Por favor, abre mis ojos a la verdad de mi pasado, la verdad de cómo otras personas me lastimaron y yo lastimé a otros. Por favor, ayúdame a contar con el apoyo de otras personas que has puesto en mi camino hacia la sanación. Gracias por proveer estos individuos que me ayudan a mantener mi inventario balanceado. Al confesarte mis pecados con esta decisión, te agradezco de antemano el perdón que me has dado. En el nombre de Cristo, amén.*

ACCIÓN 2: *Póngalo por escrito*

Dedique unos minutos a revisar lo que escribió en los capítulos 1 a 3 en las secciones de «*Póngalo por escrito*». Es importante que complete cada capítulo lo mejor que pueda antes de avanzar al siguiente. La Biblia nos

126

exhorta a perseverar en este esfuerzo: «*Hagamos un examen de conciencia y volvamos al camino del Señor*».[16]

Tome un papel blanco tamaño carta y divídalo en cinco columnas. Necesitará varias hojas para completar su inventario moral:

LA PERSONA	LA CAUSA	EL EFECTO	EL DAÑO	MI PARTE
1.	1.	1.	1.	1.
2.	2.	2.	2.	2.
3.	3.	3.	3.	3.

Columna 1: *La persona*. En esta columna, escriba el nombre de la persona u objeto hacia el cual siente resentimiento o temor. Empiece por los recuerdos más viejos que tenga. Recuerde que el resentimiento se expresa casi siempre en enojo, aflicción o temor.

Columna 2: *La causa*. Se dice que «la gente herida hiere a otra gente». En esta columna, describa las acciones específicas de la persona que le hizo daño.

Columna 3: *El efecto*. Escriba en esta columna cómo afectó su vida esa acción específica, tanto en el pasado como en el presente.

Columna 4: *El daño*. Describa en esta columna cómo fueron afectadas sus necesidades básicas a nivel social (si ha sufrido por relaciones rotas, calumnias o chismes), físico (si su seguridad personal corrió peligro, si enfrentó penurias económicas) y sexual (si ha sido víctima de relaciones abusivas, si la intimidad o la confianza ha sido dañada o violada).

Columna 5: *Mi parte*. En esta columna usted necesita determinar con honradez y poner por escrito la parte del resentimiento o cualquier otro pecado o herida por la que usted es responsable. Pídale a Dios que le muestre el papel que usted jugó en un matrimonio dañado o una relación rota, el distanciamiento de un hijo o de un padre, o quiza en la pérdida del trabajo. Escriba los nombres de las personas que ha herido y cómo las hirió específicamente.

Nota importante: Si ha estado en una relación abusiva, especialmente en su infancia, podrá encontrar una gran libertad en esta parte del inventario. Verá que no tuvo ninguna responsabilidad por la causa del resentimiento. El simple hecho de escribir las palabras «**NINGUNA**» o «**INOCENTE**» en la quinta columna, le ayudará a liberarse de cualquier vergüenza o culpa indebida que haya acarreado en su vida.

ACCIÓN 3: *Compártalo con alguien*

En la segunda acción de ponerlo por escrito, usted pasó una gran cantidad de tiempo consignando en el papel algunas verdades difíciles. Ahora es tiempo de compartir esas verdades en voz alta con su amigo de confianza. En la próxima reunión que tengan, repase las cinco columnas que escribió y compártalo todo. Esta es la segunda parte de la cuarta decisión sanadora, que después de haberse examinado y confesado sus faltas a sí mismo y a Dios, las confiese también a una persona de confianza.

Tómese su tiempo y tenga el valor de repasar cada columna en su lista:

+ *La persona*. El objeto o los objetos de su resentimiento o temor
+ *La causa*. La razón por la que usted sufre
+ *El efecto*. Las consecuencias de la herida, tanto pasadas como presentes
+ *El daño*. Cómo fue herido (social o sexualmente, o si sufre de inseguridad)
+ *Mi papel*. Aquí usted asume responsabilidad por su papel, sea grande o pequeño

Recuerde que decir todas estas palabras en voz alta desenreda los pensamientos que hay en su cabeza, les da forma específica y le capacita para enfrentarlos de manera productiva. Cuando haya compartido estos cinco tópicos, dedique unos minutos con su persona de confianza para darle gracias a Dios por su perdón completo.

NOTA ESPECIAL: Asegúrese de guardar bien su inventario. Esta lista no le incumbe a nadie excepto usted, Dios y la persona especial con quien usted decidió compartirla.

LA HISTORIA DE
CJ Y *Linda*

CJ: *Nos gustaría compartir con usted de qué manera los milagros de Dios pueden convertir los corazones de un alcohólico endurecido y una codependiente resentida en corazones agradecidos, llenos de gozo y dispuestos a servir.*

Me llamo CJ; soy un creyente que lucha con el alcoholismo. Crecí bajo la influencia de un padre estricto de origen alemán. En mi familia nadie expresaba sentimientos ni emociones y mucho menos hablábamos de ello. Dios y el amor eran temas que no se tocaban. Mi papá gritaba mucho, así que el enojo me producía mucho temor. Mi experiencia religiosa empezó en una iglesia rural del medio oeste. Aprendí acerca del Dios del Antiguo Testamento. Mi Dios y mi padre eran prácticamente iguales para mí, seres airados y temibles. Este trasfondo disfuncional preparó el terreno para que yo evitara cualquier tipo de emociones. Dejé el hogar a los dieciocho y me mudé a la costa oeste. Durante ese tiempo conocí a Linda. Cuando entré a la fuerza aérea descubrí que no podía vivir sin ella. Nos casamos en 1952.

Linda: *Me llamo Linda; soy una creyente que lucha con la codependencia. A los dieciocho me convertí en la esposa más feliz del mundo. Nos teníamos el uno al otro y pensábamos que no necesitábamos nada más porque estábamos muy enamorados. Cuando me casé, mi madre me despidió con este consejo: «Acuérdate que CJ ahora es la persona más importante en tu vida, dale prioridad a sus necesidades y no lo fastidies con tus problemas; cuídalo bien, y a propósito, nunca compres lechuga con hojas color marrón». Esa era la consejería prematrimonial en la década de los cincuenta. Contaba con toda la información que necesitaba para ser la mejor esposa, la* mejor amante, y llegado el tiempo, la mejor madre. Yo iba a satisfacer todas las necesidades de CJ y por supuesto, él iba a satisfacer todas las mías.

Mis dotes de madre fueron puestas a prueba con la llegada de nuestra hija un año después, nuestro primer hijo el año siguiente y nuestro tercer hijo cinco años después. Fueron años felices para mí, con tantas cosas por hacer y tantas personas que me necesitaban para hacerlas. Me sentía amada y necesitada. Opté por llenar mi vida con mi hogar, cuidando de mi esposo y mis hijos. Para mí era muy importante hacer todo lo que debía hacer y nunca decir que no porque ¿qué iba a pensar la gente?

Pasaron los años y nuestra vida se tornó más ajetreada. CJ pasaba mucho tiempo en el trabajo. Nuestros hijos estaban creciendo, con sus propios problemas y dificultades. Yo me sentía cada vez menos como la esposa y la madre perfecta, y mucho menos como la amante perfecta. Fue entonces que llegaron las crisis a nuestra vida, empezando con la pérdida del trabajo de CJ. Cada vez nos resultaba más difícil hablar y compartir las cosas, y nos fuimos distanciando. Recuerdo cuánto deseaba que mis responsabilidades y mi dolor desaparecieran, pero no podía irme por temor de lo que harían mis hijos y mi esposo sin mis cuidados. Nunca se me ocurrió hablar de mi dolor con alguien y nunca se me ocurrió hablar de ello con Dios. Todo lo que podía preguntarme era: «¿Qué estoy haciendo mal? ¿Por qué me está pasando esto?». Pensaba que si CJ y los niños cambiaban yo estaría bien.

CJ: *Yo estaba mal preparado para el matrimonio y como padre siempre puse otras prioridades por encima de mi esposa y mi familia. Cuando los asuntos familiares causaban más dolor, yo optaba por silenciar mis sentimientos con alcohol. Durante los primeros años de nuestro matrimonio bebía «socialmente», pero lentamente esto se convirtió en parte de todo lo que hacía, cuando salíamos a comer con amigos, en fiestas, arreglando la casa, en eventos del trabajo, los fines de semana, cada vez que pudiera.*

La bebida se convirtió en la prioridad de mi vida. Al poco tiempo empecé a faltarle el respeto a Linda, mi familia y a mí mismo. Mis principios morales se fueron desdibujando y la lujuria empezó a hacer de las suyas por la enfermedad del alcoholismo con que Satanás me estaba azotando. Mis votos matrimoniales que antes había honrado, fueron perdiendo importancia lentamente y terminé rompiéndolos. Mi corazón se endureció y me alejé del Dios a quien tanto había temido en mi infancia. Me había convertido en un alcohólico empedernido, con todo el autoengaño del caso. Cuando hablaba, no tenía el mínimo tacto ni veracidad, era un mentiroso crónico. Con el paso del tiempo, empecé a creerme mis propias mentiras.

Linda: *Fue en este tiempo que CJ decidió aceptar un trabajo en el condado de Orange. Eso significaba vender nuestra casa de veintidós años y aunque eso me produjo miedo también fue emocionante. Pensé que podría ser un nuevo comienzo para nosotros. Tras mudarnos visitamos algunas iglesias, pero siempre eran demasiado grandes o demasiado pequeñas, o la gente no era tan amigable como queríamos o se reunían en un gimnasio y eso a mí no me parecía una iglesia de verdad. El trabajo de CJ lo mantenía cada vez más alejado del hogar. Empecé a sentir una soledad que jamás había sentido antes, un lugar vacío en mi corazón que traté de llenar con muchas cosas.*

CJ y yo íbamos por rumbos diferentes; yo sentía que viajábamos en direcciones opuestas. No me sentía amada ni apreciada en absoluto. Mi vida se volvió un lugar tenebroso lleno de enojo, confusión, duda y desconfianza. No reflexionaba sobre los hechos que me rodeaban. Nuestra vida y nuestro amor habían cambiado. El alcohol era lo que más definía la vida de CJ y el enojo era lo que más definía la mía.

Aunque había ignorado los síntomas por mucho tiempo, ya no pude negar el hecho de que había otra mujer en la vida de mi esposo. Mi sentimiento principal era: «¿Por qué me ha pasado esto a mí? ¿Por qué Dios deja que esto le suceda a mi matrimonio perfecto?». Prometí a Dios y a CJ que cambiaría, que ya no sería rabiosa y criticona, y que iba a ser una esposa mejor. Traté de negociar con todo lo que pude. Pasó el tiempo y nada cambió. Los altercados se volvieron más frecuentes, el dolor se acrecentó, las palabras se endurecieron, los silencios se prolongaron, los gritos subieron de volumen y la desesperación se hizo más profunda. Oraba con cierta regularidad y le decía a Dios que iba a entregárselo todo si tan sólo hacía desaparecer el problema, si lograba hacer que CJ dejara la bebida y arreglara su relación conmigo. Pero luego procedía a hacer las cosas a mi manera, sin esperar ninguna respuesta a la oración y sin ceder el control de mi vida a Dios. Mi aislamiento era total. Me ponía máscaras y le daba la cara al mundo esperando que nadie viera mi culpa y vergüenza y quizá tratara de ayudarme.

Pensé que los tenía a todos engañados, incluso a mí misma, pero nuestros amigos y familiares estaban viendo los cambios negativos en nuestra relación. Me sentía completamente sola. Las posibilidades no eran muy prometedoras. Estaba enojada con Dios y hasta sentía que me había traicionado.

CJ: Más o menos durante este tiempo, aunque todavía no lo sabíamos, Dios estaba a punto de darnos acceso a las decisiones sanadoras. Nuestro nieto vino a vivir con nosotros y empezó a asistir a una iglesia grande llamada Saddleback. Linda y yo empezamos a ir con él. Yo revisaba el boletín informativo para ver si tenían reuniones de Alcohólicos Anónimos, pero me complacía en ver que no había ninguna. Me pregunté de qué se trataría Celebremos la Recuperación, pero estaba seguro de que no tenía nada que ver conmigo.

Linda: Una mañana nuestra hija y nuestro hijo menor llegaron a la casa para hablar con nosotros. Mi hija me dijo que estaba preocupada por mí. Yo prácticamente había cortado la comunicación con ella. Me dijo llorando: «Ya no sé cómo hablarte y me haces falta». Nuestro hijo me dijo: «Sentimos como si tú y papá ya no tuvieran una relación y eso nos preocupa». Yo respiré hondo, me tragué mis lágrimas y admití por primera vez en voz alta que tenían la razón. Me apresuré a añadir que necesitaban hablar más bien con su papá, que si él dejaba la bebida tal vez podríamos reconstruir nuestra vida juntos.

CJ: También me confrontaron por mi exceso con la bebida y mi hábito de beber a solas. Hice un compromiso con ellos, y el viernes por la noche, el 29 *de febrero de 1996, fui a la Iglesia Saddleback. Atravesé el estacionamiento e hice la caminata más larga de mi vida para asistir a la reunión de Celebremos la Recuperación. Les conté a los de mi grupo pequeño que había estado sobrio veinticuatro horas. Un hombre en el círculo llamado Big Al saltó de su asiento y me dijo «felicitaciones». Luego se levantó y me dio un gran abrazo. Quedé un poco desconcertado pero al poco tiempo me empezaron a encantar esos abrazos, y desde entonces no he rehusado uno solo. Big Al me aseguró que si seguía viniendo, empezaría a ver algunos de los milagros de Dios en mi vida. Aquella noche me propuse asistir al estudio de los pasos para varones. La primera pregunta del manual era: «¿Sobre qué tiene usted control en su vida?». Mi lista era larga, pero después de una media hora de discusión acalorada, se redujo a cero. No tengo control sobre nada, excepto el doblar mis rodillas delante de Dios. Ese fue mi primer paso para admitir que era incapaz de cambiar por mí mismo.*

Linda: *No fui con CJ aquella primera noche porque pensé que era su problema. Él era quien necesitaba recuperarse y ese era mi autoengaño. Había notado en el boletín de la iglesia que había un grupo para codependientes, pero en realidad no quería sentarme con un montón de damas y contarles mi vida. Tal vez dejara de caerles bien si supieran todas esas cosas de mí. El gozo de CJ empezó a llamarme la atención. Parecía que cada vez que iba a una reunión volvía a casa más gozoso que antes. Hasta a mí me pareció sentir el mismo gozo cuando fuimos a la iglesia el domingo. El pastor Rick me habló directamente a mí en muchas ocasiones y oí algo que empezó a darme esperanza. Decidí entonces intentarlo. La gente de Celebremos la Recuperación era bastante amigable, la música era muy buena y los abrazos reconfortantes. Aunque no estaba segura de querer darle acceso a mi vida a completos extraños, decidí darle una oportunidad.*

CJ: *Yo hago la misma oración todos los días en mi tiempo devocional, en mi auto, por la noche, dondequiera que esté: «Amado Dios, he tratado de hacerlo todo por mí mismo contando con mis propias fuerzas y he* fracasado. Quiero entregarte a diario mi voluntad y buscar diariamente tu dirección y sabiduría para mi vida. Por favor, sígueme ayudando. Amén».

Había completado las tres primeras decisiones. Durante este tiempo tuve la gran fortuna de cultivar una amistad con dos participantes en mi grupo de estudio de los pasos para varones. Ellos se convirtieron en mis socios espirituales, a quienes podía rendirles cuentas de mi vida. En aquel tiempo no supe cuán importantes llegarían a ser cuando empecé a trabajar en la cuarta decisión sanadora:

Limpio mi VIDA
Ultimo mi pecado tras examinarme
y confesar mis faltas a Dios,
y a una persona de confianza.

DECISIÓN 4

Como a mí me gustaba dejar todo para después, no tenía un cuaderno ni un buen lugar donde escribir, o un formato adecuado y todo lo demás. Mi persona de confianza me dijo que empezara así nada más, ¿pero dónde? Por fin se me ocurrió pedirle ayuda a Dios. Cada día Dios me traía a la memoria recuerdos del pasado, muchos de los cuales no me habían pasado por la mente todos esos años. Algunos días ni siquiera tocaba mi cuaderno, pero cuando me las arreglaba para consignar cada episodio, me sentía mucho más cerca de Dios.

Mi corazón se aligeró muchísimo a medida que las ataduras y las cadenas eran rotas, una por una. Haciendo todo el trabajo correspondiente a la cuarta decisión, lo que más me mantenía motivado a seguir era mi grupo de estudio de los pasos. Ellos me empujaban cada vez que me daban ánimo, amor, apoyo y más que todo, sus lágrimas. Mis dos socios de cuentas se convirtieron en bastiones de ayuda para mí. Estos dos hombres, mi grupo de estudio y la paciencia de mi esposa, me ayudaron a llevar a cabo esta decisión vital. Cada día la luz se hacía más nítida mientras la culpa, *la vergüenza y los resentimientos empezaron a achicarse y desaparecer. Empecé a experimentar una relación personal con mi Salvador amoroso y compasivo, Jesucristo, quien me ama a pesar todas las cosas que he hecho. Empecé a entender lo que significaba de verdad la palabra «gracia». Me fascina la paz que encontré en la Palabra de Dios: «Vengan, pongamos las cosas en claro —dice el Señor—. ¿Son sus pecados como escarlata? ¡Quedarán blancos como la nieve! ¿Son rojos como la púrpura? ¡Quedarán como la lana!».*[17]

Linda: *¡Entonces sucedió! En una noche cálida estaba sentada en el patio leyendo un libro. Recordé mientras leía que tenía algunas cosas por hacer, y como soy compulsiva a la hora de hacer listas, tomé un cuaderno para arrancarle una hoja. Cuando lo abrí noté una página que tenía algo escrito. Mis ojos cayeron en palabras que jamás habría podido imaginar. Sabía que tenía la opción de cerrarlo y no leer más, pero no lo hice.*

Mis ojos se llenaron de lágrimas. Sentí que el corazón se me salía del pecho. Fue como si mi amor y mi vida, plasmados en aquella página, hubieran sido tachados de un solo borrón. Abrí el cuaderno en las notas del diario de CJ para su cuarta decisión. Todo estaba allí, algunas cosas que sabía, otras que no. Corrieron más lágrimas y el enojo siguió creciendo. Era como un volcán a punto de estallar. No había raciocinio alguno en mi mente y mi corazón. En lo profundo sabía que había leído lo que no me correspondía. También sabía que debía enfrentarlo, contarle a CJ y lidiar con las consecuencias.

Sabía que tenía que hacer enmienda por invadir la privacidad de mi esposo, pero ¿cómo podría no enfrentarlo? Mi amor fue rechazado, mi dignidad estaba en la ruina y mi vida era un caos total. Cuando CJ llegó a la casa le conté lo sucedido, llena de rabia y resentimiento. Todo lo que se me ocurría era darme por vencida y lamer mis heridas.

Recuerdo estar en la iglesia un domingo cuando habló Kay Warren, la esposa del pastor Rick. Nos dijo que había pasado por una época en la que tuvo tanto dolor que ni siquiera pudo acudir al Señor en oración. Sin embargo, contó con otras personas que oraron por ella durante aquel tiempo. Sabía lo que ella había sentido pero pensé, «Yo no tengo a nadie que ore por mí». Me aislé con mi enojo y me alejé de mi grupo de Celebremos la Recuperación mientras buscaba respuestas, sin encontrarlas. No podía orar; no me salían las palabras. Nunca me había sentido tan sola. ¿Me habría abandonado Dios? O tal vez yo era la que había dejado a Dios. Su Palabra nos dice: «¿Tan torpes son? Después de haber comenzado con el Espíritu, ¿pretenden ahora perfeccionarse con esfuerzos humanos?».[18] Olvidé lo que aprendí en la tercera decisión, cederle el control a Cristo y descansar en el poder de Dios. Estaba tratando de hacer todo sola. Se me olvidó pedirle a Dios que me diera la fortaleza para cambiar, perdonar y soportar.

CJ: *Al principio, me enojé. ¿Qué derecho tenía ella de hacer tal cosa? Aunque en realidad fue mi culpa por descuidar mis manuales y mi diario. Por otro lado, tenía miedo. Con lo frágil que estaba nuestra relación en aquel tiempo, esto aplastaría cualquier esperanza. Estaba seguro que iba a ser confinado al sofá de por vida. Llamé a mi amigo de confianza y se alarmó bastante por el error que cometí. También recibí amor y apoyo, así como un compromiso renovado con mi grupo de estudio para tratar los manuales y diarios con más cuidado y discreción. Se hicieron muchas oraciones para que Dios los ayudara a entender a Linda. Tras muchos días de oración, Dios me dio sabiduría para saber que estaba en sus manos y que Él se encargaría del asunto. Dios estaba escuchando y Él es grande. Empecé a darme cuenta de que jamás podría haber más mentiras entre Linda y yo. Ella lo sabía todo. Dios tocó su corazón, y a medida que continué trabajando en mi programa de recuperación, el corazón de Linda se ablandó.*

Linda: *Sin saberlo, se estaban elevando muchas oraciones a Dios para ablandar mi corazón. El amigo de confianza de CJ a quien él rinde cuentas llamó al pastor John para ayudarnos a superar lo sucedido. El pastor se reunió con nosotros y ambos hablamos con franqueza de nuestros sentimientos. Él me dio mucho ánimo y me ayudó a sentirme mejor. Oró* con nosotros y recomendó que yo buscara a alguien en mi grupo y tuviera amigas especiales con quienes pudiera compartir las cosas. Salí de la reunión con esperanza en mi corazón. Poco después, recibí una llamada de Cheryl, la esposa de John, para pedirme que me encontrara con ella para tomar café antes de la reunión de Celebremos la Recuperación el viernes en la noche. Cuando entramos a la cafetería, vi al amigo de confianza de CJ. Charlamos un rato y al despedirnos él dijo: «¿Sabes? CJ está haciendo cosas que requieren mucha valentía». Le dije: «Lo sé».

Me sentí bienaventurada. Esa noche por primera vez mientras Cheryl y yo hablamos, me sentí segura y le abrí mi corazón. Compartí algo de mi dolor y las dudas que a lo largo de cuarenta y cuatro años de matrimonio me habían llevado a ese punto de mi vida. Cuando se nos estaba acabando el tiempo, ella dijo algo que tal vez no recuerde, pero que abrió la primera ranura en mi corazón endurecido. Ella dijo: «Yo también creo que estás haciendo algo muy valiente». Le doy gracias a Dios todos los días por esas simples palabras, pues fueron el comienzo del «viaje exploratorio a mi corazón».

Esta no es la manera en que le recomendaría a alguien trabajar en la cuarta decisión, pero para mí fue un punto de partida. No puedo decirle que todo el enojo y el dolor hayan desaparecido por arte de magia, pero la gracia y el amor de Dios sí obran milagros en un corazón airado y resentido. Se han hecho muchas oraciones, las mías, las de CJ y las de otras personas, para ayudarme a confiar en Dios y CJ… intercesiones para que yo busque ayuda, para que no insista en la defensa inútil de la ira y me acoja más bien a Cristo, recibiendo el amor y el perdón que nos ofrece a cada uno por igual.

Regresé al amor y la seguridad de mi grupo de codependencia. Esta vez, determinada a no aislarme sino a ofrecer mi esperanza, fortaleza y experiencia, compartiendo con ellas cómo Dios ha obrado en mi vida. A cambio de ello, Dios me ha bendecido más de lo que puedo expresar. También me bendijo con bellas amistades en el grupo de mujeres, donde encontré ánimo y amor en un lugar seguro para crecer y compartir.

Mi ayuda y mi fuerza vienen de Dios. Mis amigas de confianza me han amado, ayudado y dado patadas cuando lo necesité. Hemos llorado, compartido y orado en todo el transcurso de las ocho decisiones sanadoras, siempre unidas.

Hay días en que llamo a mi amiga de confianza para rendirle cuentas. Ella me escucha con paciencia y bondad mientras le descargo mi dolor, a veces como madre por el sufrimiento de un hijo, a veces como esposa de un alcohólico en proceso de recuperación, y a veces como una perfeccionista frustrada que quiere desempolvar cada rincón de la casa antes de invitar a sus amigas a cenar. Ella me recuerda que no estorbe a Dios en su manera de hacer las cosas y que le permita poner en marcha su plan. Ella me ayuda a alegrarme cuando Dios hace milagros en la vida de uno de mis hijos, a ser agradecida por tener un esposo con quien compartir y reírme, y a no tomarme tan en serio ni obsesionarme con la limpieza de mi casa.

CJ: *A medida que fui avanzando en las decisiones sanadoras, Linda empezó a caminar junto a mí, tomada de la mano. No podría describir de qué manera se han abierto las puertas del amor entre nosotros. Han pasado once años desde que empecé el programa de Celebremos la Recuperación. Con la ayuda de Dios no he sentido necesidad de un solo trago desde entonces. Y eso es todo lo que yo esperaba realmente de mi recuperación. Sentí que a mi edad no podría cambiar mi conducta ni enmendar mis relaciones rotas. Pero Dios me ha dado mucho más de lo que pensé posible. Con el paso de los años tras mi recuperación, Linda ha visto los cambios que Dios ha hecho en mí. Él ha ablandado su corazón y le ha permitido extender su mano a mí. Tras todos los años de dolor, mentiras y faltas de respeto, Dios abrió la puerta del perdón. Como resultado de nuestro progreso, poco a poco, hemos desarrollado nuevamente una relación de respeto mutuo. Renovamos nuestros votos matrimoniales cuando cumplimos cincuenta años de casados. El pastor John realizó la ceremonia y todos* *nuestros familiares y amigos de Celebremos la Recuperación compartieron ese día con nosotros.*

Después de todos estos años de matrimonio, finalmente empecé a entender de qué se trata la intimidad y poco a poco esta se ha vuelvo parte de nuestra vida. Es un milagro del cielo. Los resentimientos y los desacuerdos se siguen dando, pero ahora sabemos cómo superarlos juntos. Con la ayuda de Dios nos esforzamos todos los días en escucharnos el uno al otro y comunicarnos de forma amorosa.

El pastor Rick nos ha retado a decir: «Dios, ¡úsame!». Lo hemos hecho y Dios ha hecho su parte. Con toda humildad damos gracias a Dios por las oportunidades de ser usados como siervos y líderes en Saddleback y Celebremos la Recuperación, y trabajando también con otras iglesias para que empiecen sus propios programas de recuperación.

Linda: *Dios nos ha bendecido ricamente a CJ y a mí en nuestra vida, nuestro amor, nuestra iglesia, nuestra familia, nuestros amigos y nuestro compromiso con nuestro Salvador, Jesucristo. Él nos ha dado amigos que nos levantan en oración tanto en medio de la prueba como en tiempos de celebración. Hemos orado juntos, así como amado, llorado y reído juntos. Doy gracias a Dios por la cuarta decisión sanadora y por todo lo que ha sucedido en nuestras vidas día tras día. Sentimos gozo en las buenas y en las malas, sabiendo que Él va a enjugarnos toda lágrima de nuestros ojos. El siguiente pasaje bíblico se ha convertido en una afirmación diaria del amor de Dios por nosotros:*

> «Y después de que ustedes hayan sufrido un poco de tiempo,
> Dios mismo, el Dios de toda gracia
> que los llamó a su gloria eterna en Cristo,
> los restaurará y los hará fuertes, firmes y estables».[19]

La historia de CJ y Linda es un testimonio poderoso de lo que Dios puede hacer cuando tomamos la cuarta decisión sanadora. Ellos tuvieron que juntar los pedazos de sus vidas como individuos antes de empezar a trabajar en la reconstrucción de su matrimonio. Cuando finalmente nos decidimos a limpiar y ordenar nuestra vida, Dios nos libera del poder destructivo que ejercen nuestros secretos. Él nos asegura de que nos ha perdonado por completo y así podemos avanzar en nuestro viaje de sanación y en nuestras relaciones personales.

Pago el precio del cambio,

sometiéndome voluntariamente al proceso

de *transformación* que Dios quiera hacer en

mi vida y pidiéndole humildemente que

me quite los defectos de carácter.

«Dichosos los que tienen hambre y sed de justicia».[1]

Inicie el
CAMBIO

Decídase por la TRANSFORMACIÓN

Imagine que está en un bote y el piloto automático está programado para ir hacia el este, pero usted decide que quiere cambiar de dirección e ir hacia el oeste. Se aferra al timón y vira con todas sus fuerzas, hasta que por fin fuerza el bote y toma el rumbo que usted quiere. Mientras mantenga firme el timón con todas sus fuerzas, el bote seguirá yendo al occidente, pero cuando se canse de luchar contra la inclinación del bote, lo soltará. Así terminará yendo al oriente, porque esa es la dirección que el bote tiene programada.

Si de todas maneras quiere ir al occidente, tendrá que reunir toda su fuerza de voluntad, agarrar el timón y forzar el bote a seguir la ruta que usted desea. Sin embargo, tendrá que luchar y bregar todo el tiempo ya que va en contra de la inclinación preprogramada del bote. Tarde o temprano va a cansarse y soltará el timón, entonces el bote retomará su rumbo automático.

Así sucede cuando usted trata de luchar contra su propio piloto automático interno. A pura fuerza de voluntad, usted trata de adquirir nuevas conductas. Lo intenta una y otra vez, pero a la larga se cansa y suelta los controles. Se desvía de la dieta, se involucra en otra relación dañina, enciende otro cigarrillo o regresa al casino. Vuelve a la manera en que siempre ha actuado.

Si usted quiere cambiar, la única solución es reprogramar su piloto automático.

Como ya ha hecho el trabajo correspondiente a las decisiones 1 a 4, usted está listo para decidirse por la transformación. Ya está listo para someterse a Dios y dejar que Él le cambie. La Biblia dice lo siguiente en cuanto a esta decisión de transformación: «*Ofrezcan su cuerpo como sacrificio vivo, santo y agradable a Dios… sean transformados mediante la renovación de su mente*».[2] Dios está listo para transformarle mediante la renovación de su mente, simplemente espera que usted se someta al trato de su mano amorosa.

La bienaventuranza que corresponde a esta decisión nos dice que son dichosos aquellos cuyo mayor deseo en la vida es hacer lo que Dios pide, lo que es justo. Una de las cosas que Dios exige es cambio, y ese cambio empieza cuando usted se somete a su poder. ¿Serán fáciles los cambios? ¿Sucederán de la noche a la mañana? Por supuesto que no, pero la promesa de esta bienaventuranza es que si su mayor deseo es hacer lo que Dios exige, usted será verdaderamente dichoso.

Usted sabe que Dios le ha perdonado; ahora Él quiere cambiarle. Dios le ama demasiado como para dejarle en su condición actual.

En este capítulo aprenderemos a *cooperar con Dios en su proceso de cambiarnos*, pero veamos primero el *origen de nuestros defectos de carácter y por qué nos resulta tan difícil librarnos de ellos*.

¿DE DÓNDE VIENEN NUESTROS DEFECTOS DE CARÁCTER?

Nuestros defectos de carácter vienen de tres fuentes: biológica, sociológica y teológica. Examinaremos las tres fuentes a través de nuestros *cromosomas*, nuestras *circunstancias* y nuestras *decisiones*.

1. NUESTROS CROMOSOMAS

¿Sabe que su madre y su padre contribuyeron cada uno 23.000 cromosomas a su desarrollo? Usted heredó de sus padres algunos de sus puntos fuertes y algunos de sus puntos débiles. Heredó muchos rasgos positivos de ellos, pero también algunas de sus características negativas. Heredó algunos defectos físicos así como algunos defectos emocionales. Esto explica su predisposición hacia ciertos problemas.

> *Dios* LE AMA *demasiado como para dejarle en su condición actual.*

Sin embargo, esta predisposición no le da una excusa para actuar de forma inapropiada. Usted sigue siendo responsable de su propia conducta. Por ejemplo, quizá tenga una tendencia al mal genio, pero eso no le da excusa para ir a pegarle a alguien. Tal vez tenga tendencia a ser perezoso, pero eso no significa que esté bien acostarse todo el día en un sofá. Puede que tenga una propensión genética hacia ciertas adicciones, pero eso no lo justifica de volverse adicto a los medicamentos u otras drogas. Nuestra constitución genética, nuestra naturaleza innata, contribuye a nuestros defectos de carácter, y aunque no nos suministra excusas para la mala conducta, sí nos ayuda a entendernos mejor.

2. NUESTRAS CIRCUNSTANCIAS

Las circunstancias de su crianza, todo lo que vio al crecer y hasta sus circunstancias actuales, también contribuyen a su carácter. Gran parte de su conducta y su manera de relacionarse la aprendió de observar a los demás. Cuando era muy pequeño, usted aprendió observando a sus padres, y al crecer aprendió de ver a otros como sus compañeros de clase y sus profesores. Así es como desarrolló ciertos patrones y hábitos, muchos de ellos tratando de protegerse, de manejar sus heridas y su rechazo, y para salir adelante en la vida.

Lo cierto es que muchos de nuestros defectos actuales de carácter son realmente intentos fallidos de satisfacer necesidades genuinas. Usted tiene una necesidad legítima de respeto, y si no recibió respeto temprano en la vida o no siente que lo tenga ahora, es posible que se conforme con recibir atención. Se las ha arreglado para llamar la atención y algunos de sus intentos son positivos mientras los demás son negativos. También tiene una necesidad legítima de amor. Si no recibió el amor que necesitó en la niñez (y quizá siga sintiendo desamor), es posible que haya aprendido a contentarse con relaciones superficiales o aventuras de una noche. También tiene una necesidad genuina de seguridad, pero si creció o vive ahora en un ambiente inseguro, tal vez está buscando seguridad mediante la acumulación de bienes materiales.

Nuestras circunstancias pasadas y presentes nos ayudan a entender los defectos de carácter que nos acechan el día de hoy.

3. NUESTRAS DECISIONES

Las decisiones que usted toma constituyen la fuente más importante de defectos de carácter porque usted es la única persona que puede hacer algo al respecto. No puede controlar ni cambiar quiénes son sus padres y tampoco puede regresar y cambiar el ambiente de su niñez, pero sí puede, con el poder de Dios, cambiar las decisiones que toma.

Usted desarrolla complejos repitiendo decisiones negativas. Si usted opta por hacer algo durante un tiempo, eso se convierte en un hábito. Tan pronto se convierte en hábito, usted queda atascado. Cuando una persona toma la decisión de ingerir el primer trago, nunca se le ocurre que ese simple acto pueda producirle una adicción. Sin embargo, tras una serie de decisiones de continuar el abuso de alcohol, el hábito o la adicción empieza a adueñarse de su vida. Puede ser que nuestras decisiones hayan sido influenciadas por nuestros cromosomas o nuestras circunstancias, pero en última instancia somos responsables por lo que decidimos libremente.

¿POR QUÉ TARDAMOS TANTO EN LIBRARNOS DE NUESTROS DEFECTOS DE CARÁCTER?

¿Por qué es tan difícil cambiar los defectos en nuestra vida? Hay cuatro razones principales:

1. PORQUE LOS HEMOS TENIDO MUCHO TIEMPO

Es humano que queramos aferrarnos a lo que nos resulta familiar, así ello nos esté causando dolor. La mayoría de nosotros hemos tenido nuestros complejos y hábitos durante mucho tiempo y estos se han desarrollado en el transcurso de muchos años. Muchos fueron adquiridos en la niñez, y aunque son dolorosos y nos producen muchas derrotas, seguimos aferrados a ellos porque estamos habituados a ellos.

Se sienten tan cómodos como un par de zapatos viejos. No importa si tienen huecos en la suela y no nos protegen los pies, seguimos apegados a ellos porque nos hemos acostumbrado y nos sentimos cómodos en ellos. Muchos de nuestros defectos de carácter son como zapatos viejos, se sienten familiares y cómodos. Además, los hemos tenido tanto tiempo que nos resulta difícil soltarlos.

2. PORQUE CONFUNDIMOS NUESTRA IDENTIDAD CON NUESTROS DEFECTOS

Con frecuencia confundimos nuestra identidad con nuestras fallas de carácter. Decimos: «Es que así es como soy». Nos identificamos por medio de nuestros defectos cuando decimos: «Es típico que yo trabaje más horas de la cuenta, que tenga sobrepeso, que sea ansioso o pasivo. Es típico de mi personalidad ser temeroso, tener mal genio o sentir lujuria».

Nuestras palabras y pensamientos se convierten en profecías de autocumplimiento. Si usted dice «siempre me produce nervios montar en avión», ¿qué va a pasar la próxima vez que se suba a un avión? Va a estar nervioso.

A veces nos identificamos tanto con nuestros defectos que nos preocupa perder la identidad si los anulamos. «¿Seguiré siendo yo? Ha sido parte de mí tanto tiempo que tal vez me convierta en otra persona si le pido a Dios que me lo quite».

En las reuniones de los grupos pequeños de Celebremos la Recuperación, cuando alguien comparte, se presentan diciendo: «Hola, mi nombre es Bob, soy un creyente que lucha con el enojo». Note que la identidad de la persona está en su creencia en Cristo. Sus heridas, complejos y hábitos no la definen. No debemos permitir que los defectos de carácter se conviertan en nuestra identidad.

3. PORQUE TODO DEFECTO TIENE SU COMPENSACIÓN

Es posible que nos cueste dejar nuestros defectos porque cada defecto compensa algo de manera muy real. La compensación puede ser un alivio temporal del dolor, atención o cierto grado de control. Hay defectos que pueden darnos una excusa para fallar o calmar la culpa que sentimos.

Cuando se repite una conducta negativa, la compensación es garantizada, y aunque pueda ser autodestructiva, trae consigo algún tipo de beneficio percibido.

Por ejemplo, una mamá que lucha con su temperamento y dice amablemente a sus hijos: «Niños, bajen a comer». Cuando ellos no bajan, ella los vuelve a llamar. Tampoco bajan y ella grita: «¡Niños bajen ya mismo a comer o me van a enojar, y ustedes saben qué pasa cuando me enojo!». Entonces ellos bajan a comer. De forma inconsciente, los niños han predispuesto a su mamá para gritar y enojarse, y ella descubre que gritar funciona. Esa es su compensación.

4. PORQUE SATANÁS DESALIENTA NUESTROS ESFUERZOS DE CAMBIO

El diablo siempre trata de llenarnos la mente de pensamientos negativos. Él es el acusador que le susurra al oído: «Esto nunca va a funcionar; tú no puedes hacerlo; nunca cambiarás». Algunos de ustedes han estado leyendo este libro y pensando: «Qué material tan bueno. De verdad me gustaría librarme de este o aquel hábito. Quisiera dejar de odiar a aquella persona. Me gustaría dejar de sufrir por aquella experiencia dolorosa que tuve en la escuela. Me encantaría cambiar». Pero tan pronto cierra el libro, Satanás empieza a acosarle: «¿Quién te crees que eres? ¿Cómo se te ocurre que vas a cambiar? ¡Olvídalo! Otras personas pueden cambiar, pero no tú. Estás atascado. No hay esperanza para ti. Ni siquiera lo pienses». Peor que eso, le dice: «Si cambias este aspecto de tu vida, ¿quién vas a ser? Si cambias, te autodestruirás; algo malo te va a pasar».

La Biblia dice que Satanás es un mentiroso: «*El diablo... desde el principio éste ha sido un asesino, y no se mantiene en la verdad, porque no hay verdad en él. Cuando miente, expresa su propia naturaleza, porque es un mentiroso. ¡Es el padre de la mentira!*».[3] Para contrarrestar las mentiras del enemigo, tenemos la verdad que nos hace libres. Jesús dijo: «*Conocerán la verdad, y la verdad los hará libres*».[4] A medida que usted crece en la verdad de Dios y se somete voluntariamente a los cambios que Él le tiene reservados, descubrirá la dicha de hacer lo que Dios quiere que haga.

Al final de este capítulo leerá las historias de Dovy y John, de cómo encontraron libertad cuando afrontaron la verdad de sus defectos de carácter y se sometieron voluntariamente a los cambios que Dios quería hacer en cada uno de ellos. Por ahora descubramos la noticia emocionante de cómo podemos cooperar con Dios a medida que Él realiza el proceso de cambio en nuestra vida con la quinta decisión sanadora:

DECISIÓN 5

Inicio el CAMBIO

Pago el precio del cambio, sometiéndome voluntariamente al proceso de transformación que Dios quiera hacer en mi vida y pidiéndole humildemente que me quite los defectos de carácter.

¿CÓMO COOPERAMOS CON EL PROCESO DE CAMBIO DE DIOS?

Recuerde la ilustración al comienzo del capítulo, el piloto automático que conducía el bote. La única manera de cambiar la dirección de nuestra vida a largo plazo, es reajustar nuestro piloto automático. De eso se trata la decisión de *ser transformados*. Recuerde también el versículo que dice que somos transformados *por la renovación de nuestra mente*.[5] Transformación. Renovación de la mente. Si queremos cambiar nuestra vida, tenemos que reajustar el piloto automático de nuestra manera de pensar. Nuestros pensamientos determinan nuestros sentimientos y nuestros sentimientos determinan nuestras acciones.

> *No podemos concentrarnos en la victoria para toda la vida, tenemos que ganar* UN DÍA A LA VEZ.

¿Cuáles son los defectos de carácter que está tratando de anular con el uso de su propia fuerza de voluntad? ¿Ya se cansó? ¿Ya se dio cuenta de que no podrá lograrlo sin reajustar su piloto automático? Con el poder de Dios, su mente puede ser transformada y reajustado su piloto automático.

Cuando yo tomé la cuarta decisión sanadora, todos mis pecados y las fallas de mi pasado dejaron de ser un secreto. Por fin estuve dispuesto a permitir que Dios me cambiara quitándome los defectos de carácter.

Estuve dispuesto a dejar que Él manejara mi piloto automático. El precio que pagué fue simplemente permitirle a Dios transformar mi mente en su naturaleza, su condición y su identidad.

Yo pensaba que mi mayor defecto era mi adicción pecaminosa al alcohol, pero aprendí que tan solo era un síntoma. Dios me mostró que mi mayor defecto de carácter era mi falta absoluta de autoestima. Cuando era joven en la secundaria nunca me sentí aprobado por mis profesores, mis entrenadores, mis padres, mis novias, mis compañeros de equipo, por nadie. Traté de esconder ese bajo concepto de mí mismo con el ego más grande del mundo. Créame, no es una manera muy plácida de hacer el recorrido por la vida. Llevé conmigo a todas partes mis fallas de carácter hasta que me sometí al proceso de recuperación.

En esta quinta decisión fue que Dios me cambió. Él me ayudó a reconstruir mi valía en base a su amor incondicional por mí. Abandoné mis intentos de dar la talla siguiendo los criterios de desempeño del mundo, que siempre me llevaban al fracaso y la frustración. Hoy trato de vivir mi vida agradando a Dios. No es mucho lo que ha cambiado en mi vida, ¡sino todo! Si quiere leer mi historia completa, vaya a www.celebraterecovery.com.

Los siguientes siete puntos de enfoque le mostrarán cómo cooperar con Dios a medida que Él obra para cambiar su piloto automático y ponerlo en el rumbo correcto.

1. ENFOQUE SU ATENCIÓN EN CAMBIAR UN DEFECTO A LA VEZ

Quizá tenga treinta cosas diferentes que necesitan cambiar, pero la sabiduría de Proverbios nos dice: «*La meta del prudente es la sabiduría; el necio divaga contemplando vanos horizontes*».[6] Tratar de resolver treinta problemas de una sola vez es como tratar de atrapar un enjambre de mosquitos que vuelan en todas las direcciones, mucha conmoción y cero progreso. Pida ayuda a Dios para enfocarse en cambiar un solo defecto a la vez. De lo contrario, se abrumará y desalentará sin poder cambiar nada en absoluto.

Enfóquese en un cambio específico como, por ejemplo, su enojo, su ansiedad, su adicción al trabajo, su falta de honradez o su tendencia a controlar la gente. En la primera acción práctica al final del capítulo, revisará su inventario moral del capítulo 4 y le preguntará a Dios cuál aspecto está produciendo más daños en su vida. Él puede ayudarle a enfocarse en cada defecto en orden de importancia.

2. ENFÓQUESE EN LA VICTORIA DE CADA DÍA

Dios no prometió darnos todos los víveres que necesitamos para todo el año de tal modo que podamos atiborrar la nevera y olvidarnos de Él. Cuando Jesús enseñó a orar a sus discípulos, Él dijo: «*Danos hoy nuestro pan cotidiano*».[7] No dijo: «Danos este mes nuestro pan diario». Él no pidió para una semana, un mes o el resto de su vida. ¿Por qué? Quiza por dos razones: en primer lugar, Dios quiere que dependamos de Él día tras día, y en segundo lugar, Él sabe que no podemos manejar la vida como un todo de principio a fin, necesitamos avanzar paso a paso y asimilarlo todo trozo a trozo. No podemos pensar en vivir toda una vida de victoria sino más bien enfocarnos en una serie cotidiana de victorias, empezando por la victoria del día de hoy.

Como dice el viejo refrán: «¿Cómo se come un elefante? Un bocado a la vez». La idea es abordar un problema de toda la vida teniendo en cuenta que no se volvió un problema de la noche a la mañana, y desmenuzarlo en pedazos fáciles de asimilar. Hay que buscar la victoria día a día. Dios le da cada día las fuerzas suficientes para cambiar ese día. Él cuida de usted un día a la vez, a medida que usted deposita su confianza en Él diariamente.

Vivimos en un mundo donde todo es instantáneo: el puré de papas, el café, las palomitas de maíz y hasta la información. Por eso queremos madurez espiritual al instante. Un día somos un desastre total y al siguiente queremos ser Billy Graham. Así no es como sucede. Hay otro refrán que dice: «La vida es dura sin cordura, pero es pura dicha con mesura». Mejor dicho, del afán solo queda el cansancio, así que no trate de crecer más de lo que su crecimiento le permite. La victoria se experimenta día tras día, por eso Jesús nos dice: «*No se angustien por el mañana, el cual tendrá sus propios afanes. Cada día tiene ya sus problemas*».[8] Viva un día a la vez.

No se fije una fecha límite, nada más trabaje en su recuperación un día a la vez. Algunos defectos de carácter lo mantendrán ocupado el resto de su vida.

Pida que Dios le ayude cada día: «Señor, en el día de hoy, quiero ser paciente y no enfurecerme. En el día de hoy, protégeme de ir a esos sitios en Internet. Hoy solamente, ayúdame a tener pensamientos puros y no lujuriosos. Sólo por hoy, quiero ser positivo en lugar de negativo». Pídale a Dios que le ayude en el día de hoy, y tómelo momento a momento, poco a poco. Esto le impedirá apresurarse a hacer votos a la ligera como: «Prometo no volverlo a hacer nunca jamás, de aquí a la eternidad». Esa clase de promesas lo condenan al fracaso. Recuerde, un día a la vez, dando pasos mesurados, en pedazos digeribles.

Cada noche dé gracias a Dios por cualquier cambio o victoria que haya obrado en su vida, sin importar cuán pequeño sea.

3. ENFÓQUESE EN EL PODER DE DIOS, NO EN SU FUERZA DE VOLUNTAD

¿Puede recordar sus promesas de año nuevo del año pasado? Así logre recordarlas, ¿las ha cumplido como se lo propuso? Probablemente no. Los estudios muestran que al cabo de seis semanas, cerca del 80 por ciento de nosotros rompemos nuestras resoluciones de año nuevo.

Usted ya sabe que no basta con tener fuerza de voluntad. Si su propia fuerza de voluntad bastara, usted ya habría cambiado. La verdad es que su propia voluntad no tiene la fuerza requerida para ayudarle. De hecho, depender de sus propias fuerzas será un impedimento para su recuperación. Es como tratar de virar aquel bote cuando tiene el piloto automático programado para ir en el rumbo opuesto. Usted lucha y lo intenta, pero en últimas es derrotado porque lo agota el esfuerzo tremendo de oponerse a tendencias marcadas que no dan su brazo a torcer. Apenas usted se cansa y cede un poco, el piloto automático vuelve a encauzarlo por el rumbo en que siempre ha estado.

La Palabra de Dios hace una observación muy sabia: «*¿Puede el leopardo quitarse sus manchas? ¡Pues tampoco ustedes pueden hacer el bien, acostumbrados como están a hacer el mal!*».[9] Olvídelo. Usted jamás cambiará sólo con su fuerza de voluntad. Esta es la buena noticia: «*Todo lo puedo en Cristo que me fortalece*».[10]

Trate de imaginarse a Dios quitándole su principal defecto. Digamos que usted quiere mejorar su temperamento. Imagine que de algún modo se deshace de su mal genio y abre la tapa de la basura. Imagínese metiendo el mal genio en la basura, cerrando la tapa y sacándola a la calle. Ahora imagínese el camión de la basura que viene para llevársela. Lea el aviso que tiene pegado al lado, dice: «Dios e Hijo, sirviendo a gente como usted durante los últimos dos milenios».

Vea cómo levantan la basura, la desocupan en el contenedor y trituran los desechos. Observe el camión dar la vuelta y alejarse velozmente, llevándose lejos su defecto. Algunos días va a necesitar que el camión pase a recoger su basura cada hora. Hable con Dios sobre ello: «Dios, esto va en la basura». Luego, deje que Dios se lo lleve. La fuerza de voluntad no funciona. Usted tiene que confiar en el poder de Dios, no en el suyo. Él puede ayudarle a cambiar sus defectos de carácter si se somete a Él diciendo: «Señor, sé que no puedo cambiar por mis propias fuerzas, pero estoy confiando en que tú me cambies».

4. ENFÓQUESE EN LO BUENO Y NO EN LO MALO

La Biblia dice: «*Finalmente, hermanos, piensen en todo lo que es verdadero, en todo lo que merece respeto, en todo lo que es justo y bueno; piensen en todo lo que se reconoce como una virtud, y en todo lo que es agradable y merece ser alabado*».[11] Usted avanza con miras a lo que esté enfocado en ese momento. Aquello en lo que usted se enfoca domina su vida. Si se enfoca en lo malo, eso va a dominar su vida. Si dice: «No voy a pensar en sexo, no voy a pensar en sexo», ¿en qué cree que va a pensar? ¡Sexo! ¿Cuál es entonces la respuesta? Cambiar de canal en su mente. Si está viendo un programa indecente en la televisión, no se quede ahí sentado diciéndose a sí mismo: «No voy a ver esto tan feo, no voy a ver esto tan feo». No, lo que debe hacer es tomar el control remoto y cambiar de canal.

Aquí es donde el poder de la Palabra de Dios entra en acción. ¿Sabía que hay más de siete mil promesas en la Biblia? Esas promesas son el canal perfecto al cual cambiarse. Cuando usted llena su mente con esas promesas, puede cambiar su canal mental a algo bueno en cualquier momento. Puede cambiar de canal aprendiéndose las Escrituras de memoria. Cuando las palabras de Dios estén en su mente, usted podrá cambiar el canal y dejar de prestar atención a cualquier pensamiento nocivo que el enemigo le presente.

¿Sabía que cada vez que tiene un pensamiento, sea positivo o negativo, éste envía un impulso eléctrico por su cerebro y ese impulso crea un surco? Cada vez que piensa lo mismo, el surco se vuelve más profundo y refuerza ese patrón cerebral. Algunos de nosotros tenemos zanjas de negatividad en nuestra mente porque hemos albergado los mismos pensamientos negativos por mucho tiempo, pero también podemos crear senderos positivos en nuestra mente. Cada vez que pensamos en una verdad de la Palabra de Dios, reforzamos un patrón cerebral positivo. La única manera de reencauzar los surcos negativos es pensar continuamente en la Palabra de Dios.

A medida que usted se enfoca en lo que puede ser y lo que Dios quiere que sea, proseguirá en la dirección correcta. No sea ingenuo, aquello que capte su atención le tiene capturado. Jesús nos dice: «*No se duerman; oren para que puedan resistir la prueba que se acerca. Ustedes quieren hacer lo bueno, pero no pueden hacerlo con sus propias fuerzas*».[12]

Viva enfocado en lo bueno y no en lo malo. Según lo dicho por Jesús en el versículo anterior, eso significa estar alerta al peligro que nos acecha y ser diligentes en nuestro enfoque positivo en lugar de volvernos perezosos como un perro viejo al calor de la hoguera.

5. ENFÓQUESE EN HACER LO BUENO, NO EN SENTIRSE A GUSTO

Si espera hasta que le den ganas de cambiar, nunca cambiará. El enemigo se asegurará de que nunca le entren las ganas. En cambio, si usted toma la iniciativa y procede a hacer lo correcto, sus sentimientos alcanzarán sus acciones. Siempre es más fácil que los sentimientos sigan a las acciones que llegar a la acción por vía de los sentimientos. Si usted no se siente amoroso hacia su cónyuge, empiece a actuar con amor y los sentimientos vendrán. Si espera hasta sentir ganas de amar, podría ser una espera muy larga.

Aquí se aplica el adagio de «finge que lo has logrado hasta que lo logres». Haga lo correcto así no le hayan entrado ganas de hacerlo. Hágalo porque es lo correcto. Llegado el momento, sus sentimientos se alinearán con los hechos. Cada vez que usted trata de cambiar una parte importante de su vida como un defecto o falla de carácter, un rasgo de la personalidad o una debilidad, no se sentirá bien al comienzo. De hecho, se sentirá muy poco natural y extraño. Mejor dicho, va a sentirse mal durante un buen rato. ¿Por qué? Porque no va a sentirse normal. A veces estamos tan habituados a sentirnos anormales que lo normal no nos hace sentir bien.

Digamos que usted es adicto al trabajo y decide hacer lo correcto siéntalo o no. Llega a su casa a las cinco y no lleva nada de trabajo pendiente de la oficina. La primera vez que lo intente, se va a sentir muy raro. La primera vez que trate de relajarse, descubrirá que no sabe cómo relajarse porque ha trabajado tan duro por tanto tiempo. Si usted come o bebe en exceso, o si fuma, la primera vez que trate de romper el hábito se sentirá extraño porque no tiene nada en la boca. Va a sentirse el fastidio por un tiempo, y tal vez se sienta mal, pero si usted hace lo correcto una y otra vez, sus sentimientos tarde o temprano se sincronizarán con su conducta.

Para enfocarnos en hacer lo bueno, debemos recibir el poder del Espíritu Santo que Dios ha puesto en todos los creyentes. Su Palabra hace una promesa poderosa acerca de nuestra confianza en el Espíritu Santo: «*Así que les digo: vivan por el Espíritu, y no seguirán los deseos de la naturaleza pecaminosa*».[13] La guía del Espíritu Santo trabaja en oposición directa a las indulgencias del ego, de tal modo que al hacer lo correcto, su poder obra en nosotros para alinear nuestro corazón y nuestros sentimientos.

6. ENFÓQUESE EN QUIENES LE AYUDAN, NO EN LOS QUE ESTORBAN

La Biblia dice: «*No se dejen engañar: las malas compañías corrompen las buenas costumbres*».[14] En otras palabras, si no quiere que lo piquen las abejas, no se les acerque. Si sabe qué tipo de personas le tientan, mantenga la distancia. Si lucha con el alcoholismo no diga: «Creo que voy a ir al bar con un amigo, solamente a comer un poco de maní». Mala idea. Si lucha con la pornografía, no pase tiempo con un amigo que tenga revistas obscenas por toda su casa. No se junte con los que lo puedan perjudicar.

Por otro lado, usted sí necesita pasarla con personas que le ayuden a hacer cambios positivos en su vida. Nuevamente, la Biblia tiene las palabras precisas para nosotros: «*Más valen dos que uno… Si caen, el uno levanta al otro. ¡Ay del que cae y no tiene quien lo levante!…¡La cuerda de tres hilos no se rompe fácilmente!*».[15] Hay poder en los números. Si usted cae necesitará la clase de amigos que puedan ayudarle a levantarse.

7. ENFÓQUESE EN EL PROGRESO, NO LA PERFECCIÓN

Algunos de ustedes tal vez piensen: «Ya llevo un tiempo leyendo este libro y todavía no veo muchos cambios». No se preocupe por eso. Nuestro objetivo es progresar, no ser perfectos. El cambio en la vida es un proceso, es una decisión seguida de un proceso. Pablo dijo con plena certidumbre a los creyentes en Filipos: «*Estoy convencido de esto: el que comenzó tan buena obra en ustedes la irá perfeccionando hasta el día de Cristo Jesús*».[16] Si usted ha entregado el proceso a Dios y está resuelto a cooperar lo mejor que pueda, Dios obrará un cambio en su vida mediante el poder de su Espíritu Santo.

No caiga en la trampa de pensar que Dios únicamente le amará cuando alcance cierta etapa del camino. Dios le ama igual en cada fase de la recuperación y el crecimiento. Dios nunca va a amarle más de lo que le ama en este mismo instante y tampoco le amará menos. Un padre no espera que su hijo de siete años actúe como un joven de diecisiete. El pequeño sigue dando trastazos y haciendo desorden como un niño de siete años, pero el padre se complace en él y lo ama como sea.

A Dios le agrada cualquier crecimiento y progreso que usted haya hecho. Así como un padre se emociona con los primeros pasos de su bebé, su Padre celestial se alegra con todos y cada uno de los pasos que usted da en su proceso de crecimiento, sin importar cuán pequeños sean. Es el rumbo de su corazón lo que le agrada, cuando usted dice: «Dios, me someto voluntariamente a los cambios que quieras hacer en mi vida. Te pido humildemente que me quites los defectos de carácter».

TOME LA *decisión*

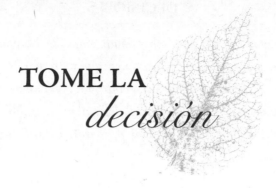

ACCIÓN 1: *Ore por el asunto*

En este capítulo hemos hablado mucho sobre defectos de carácter. De dónde vienen, por qué toma tanto tiempo librarse de ellos y cómo podemos cooperar con Dios para cambiarlos. Quizá sienta un poco de agobio y necesite hacer una pausa y respirar hondo. No estamos tratando de arreglarlo todo a la vez. Recuerde la pregunta: «¿Cómo se come un elefante?». Un bocado a la vez. Así es como usted se enfrenta a sus defectos de carácter, un defecto a la vez. Por eso en este paso de acción vamos a poner en práctica una de las siete maneras en que cooperamos con Dios. El primer paso de enfoque ya descrito es enfocarse en cambiar un defecto a la vez. Vuelva a leer el inventario que hizo en el capítulo 4. En oración, pídale a Dios que le ayude a revisar esta lista y elegir un lugar para empezar. Puede orar usando sus propias palabras o seguir la siguiente oración modelo:

Amado Dios, gracias por tu perdón. Ya estoy preparado y dispuesto para someterme a cualquiera y todos los cambios que quieras hacer en mi vida. Por tu gracia, estoy listo para enfrentar y lidiar con los defectos uno por uno.

Tengo defectos que me han hecho daño y defectos que les han hecho daño a otros. He vivido con algunos de estos defectos tanto tiempo que se han convertido en parte de quien soy. He tratado con mis propias fuerzas de luchar contra mis defectos y he fallado una y otra vez. Ahora te pido que con tu poder y el poder del Espíritu Santo transformes mi mente, mi corazón y mis acciones.

Necesito tu ayuda para saber dónde empezar. No puedo arreglar todos mis defectos de un golpe, tengo que enfrentarlos uno a uno. Muéstrame Señor por dónde debo empezar. Ayúdame ahora que leo mi inventario personal. ¿Cuál es el defecto que más daño le causa a mi vida? ¿Dónde necesito cambiar primero? ¿Estoy listo para seguir tu dirección? Amén.

ACCIÓN 2: *Póngalo por escrito*

Además de escribir en su diario, este paso práctico incluye algunas promesas bíblicas que le ayudarán a enfocarse en lo bueno y no en lo malo.

Para empezar, consiga tarjetas de presentación en blanco o corte pedazos de cartulina donde pueda escribir versículos. En un lado de la tarjeta escriba el versículo que inspira pensamientos positivos y al otro lado escriba una aplicación práctica del versículo en forma de una afirmación personal. Por ejemplo:

En un lado escriba:

> *Ya no hay ninguna condenación para los que están unidos a Cristo Jesús*
> (Romanos 8:1)

Por el otro lado escriba:

> Dios no me condena por mi _____.
> Él me ama en mis días malos tanto como en los buenos. Puedo pasar el día de hoy sin _____,
> porque Cristo me da su fortaleza.

A continuación otro ejemplo, escriba por un lado:

> *Dios es amor… en el amor no hay temor, sino*
> *que el amor perfecto echa fuera el temor.*
> *(1 Juan 4:18)*

Por el otro lado:

> Hoy será un día mejor que ayer porque
> Dios me está ayudando a ser más fuerte.
> Ayer me preocupé por _____,
> Hoy no tengo ningún temor porque
> ¡Dios me ama!

Otros versículos que podría usar y aplicar:

- *Por lo tanto, si alguno está en Cristo, es una nueva creación. ¡Lo viejo ha pasado, ha llegado ya lo nuevo! (2 Corintios 5:17)*
- *En ti confían los que conocen tu nombre, porque tú, Señor, jamás abandonas a los que te buscan. (Salmo 9:10)*
- *Confía en el Señor de todo corazón, y no en tu propia inteligencia. Reconócelo en todos tus caminos, y él allanará tus sendas. (Proverbios 3:5-6)*
- *Pon en manos del Señor todas tus obras, y tus proyectos se cumplirán. (Proverbios 16:3)*
- *Vengan a mí todos ustedes que están cansados y agobiados, y yo les daré descanso. (Mateo 11:28)*
- *No se inquieten por nada; más bien, en toda ocasión, con oración y ruego, presenten sus peticiones a Dios y denle gracias. Y la paz de*

Dios, que sobrepasa todo entendimiento, cuidará sus corazones y sus pensamientos en Cristo Jesús. (Filipenses 4:6-7)

- *En realidad, sin fe es imposible agradar a Dios, ya que cualquiera que se acerca a Dios tiene que creer que él existe y que recompensa a quienes lo buscan.* (Hebreos 11:6)

Escriba un montón de estas tarjetas, y al acostarse a dormir cada noche lea los versículos y medite las afirmaciones prácticas. Cuando se despierte en la mañana, antes de levantarse, vuelva a leer las tarjetas. Póngalas en su bolsillo o cartera y léalas durante el día. Si usted mantiene su mente ocupada en pensamientos positivos, su piloto automático será reprogramado y nuevos surcos constructivos se abrirán en su mente. En cuestión de cuatro o cinco semanas, empezará a notar la diferencia y se sentirá mejor.

Cuando escriba en su diario...

- Lleve un registro de cómo este sencillo ejercicio cambia su estado de ánimo con Dios, consigo mismo y con los demás.
- Escriba acerca del defecto que Dios le ha guiado a enfocarse primero. Luego registre el progreso (los retrocesos) que está experimentando al cooperar con Dios en el cambio de este defecto en particular.
- Escriba en su diario acerca de sus esfuerzos para *enfocarse en hacer lo bueno, no en sentirse bien*. Le servirá poner por escrito las luchas y victorias diarias que tiene por tratar de hacer lo correcto así no sienta ganas de hacerlo.

Con el paso de las semanas, verá claramente cómo está superando ciertos defectos de carácter. También empezará a ver otros defectos en los que usted y Dios todavía tienen que trabajar. Tenerlo todo escrito le ayuda también a hablar de su progreso con su persona de confianza.

ACCIÓN 3: *Compártalo con alguien*

Si compartió su inventario moral (la lista de sus heridas, complejos y hábitos) con la persona de confianza a quien usted rinde cuentas, ha dado un paso gigante en esta relación edificante. Si todavía no lo ha compartido, necesita hacerlo antes de proseguir. Es importante que termine por completo cada decisión, en la medida de lo posible, antes de avanzar a la siguiente. Esto es especialmente cierto en cuanto al inventario moral. Su persona de confianza no podrá ayudarle a trabajar en sus defectos de carácter si no cuenta con toda la información pertinente.

Si ya ha compartido su inventario moral, entonces está listo para:

+ Compartir aquel defecto que Dios le ha guiado a enfocarse para cambiar primero. Hable con sinceridad de ese defecto específico, cómo le ha hecho daño y cómo ha herido a otros.

+ Describir el progreso que Dios trae a su vida como resultado de cambiar este defecto. Sea honrado en cuanto a su nivel de cooperación.

+ Hablar acerca de sus esfuerzos para actuar bien primero y sentirse bien después. Describa los sentimientos negativos que está tratando de reemplazar y las acciones positivas que está emprendiendo, aunque todavía no tiene los sentimientos correspondientes.

Recuerde la promesa en Proverbios: «*El hierro se afila con el hierro, y el hombre en el trato con el hombre*».[17]

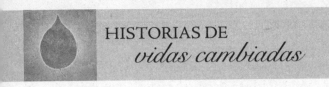
LA HISTORIA DE
Dovy

Me llamo Dovy y soy una creyente en Jesucristo que lucha con la codependencia. La mayor parte de mi vida he sentido que Cristo ha sido mi apoyo y el líder de mi vida. En los últimos ocho años he aprendido cuán importante es esta relación. Aprendí a entregar mi vida y voluntad a su cuidado y permitir que Él me cambie. La promesa del Señor de tomar las cosas malas y usarlas para bien, ha sido cumplida en mi vida.

Nací y crecí en el sur de California. Tuve una relación cercana y cariñosa con mi mamá y mi papá. La vida familiar era feliz la mayor parte del tiempo. Cuando tenía dos años mi abuela murió y nos mudamos a su casa, junto con otra pariente. Cuando tenía tres años mi hermano nació. Me emocionó tener un hermanito pero también recuerdo sentirme celosa de sus rizos dorados y ojos azules. Me parecía hermoso como mamá y yo era todo lo contrario. Tuve baja autoestima desde muy temprana edad. Cuando mi hermano empezó a caminar, se portaba como Daniel el Travieso. Aprendí desde un principio que mi conducta perfecta me merecía elogio, amor y respeto.

Cuando cumplí cinco años nos mudamos a un vecindario bonito en una casa primorosa estilo cabaña, cerca de las mejores escuelas. Nuestra pariente también se mudó con nosotros. No recuerdo que mis padres pelearan, pero mi papá sí se fue a vivir a un apartamento como un mes. Mi único recuerdo de esa época fue ir a visitar su apartamento y ver el retrato de otra mujer. Hoy me sigo preguntando por qué me habrá expuesto a eso, pero para salir adelante yo traté de ignorar el asunto o restarle importancia. Aprendí a hacer lo mismo con otras situaciones dolorosas más adelante en mi vida.

Mi papá regresó al hogar y la vida volvió a ser normal. Mi mamá se quedaba en casa con nosotros y dedicaba todo su tiempo a nuestro cuidado. Era una gran cocinera y excelente costurera, trabajaba mucho para mantener la casa limpia y acogedora. Siempre prefería quedarse de última y muy rara vez se compraba ropa o cosas para ella. Mi papá también trabajaba duro, tanto en su trabajo como en el mantenimiento de la casa y los autos. Mi mamá y mi papá me enseñaron el valor del trabajo y la perseverancia. Cuando mi papá llegaba a casa del trabajo, él y mi mamá se tomaban sus cócteles nocturnos, pero no recuerdo haberlos visto embriagados. Tampoco recuerdo charlas en las que hablaran de corazón a corazón, más bien se mantenían ocupados o veían televisión.

Mi papá no apoyaba a mi mamá para que visitara a su familia, pero insistía en que su pariente viviera con nosotros. Pasábamos todos los fines de semana con otra pariente y su esposo. Estas mujeres fueron parte de mi vida familiar y no fueron ejemplos positivos de conducta para mí. La primera era una mujer obesa e infeliz que seguía en una relación con su novio de la secundaria que ya estaba casado. Mis padres nunca nos dijeron que eso tuviera nada de malo, simplemente le tenían lástima. Ella también trajo revistas pornográficas a la casa. Mi curiosidad infantil me hizo ojearlas, pero me hacían sentir sucia e incómoda.

La otra pariente y su esposo fueron todavía más destructivos para nuestra familia. El esposo era un apostador profesional y un alcohólico que hacía mucho dinero con el club de barajas que mantenía abierto con sobornos a agentes del gobierno. Su esposa era la mandamás de la familia y mi padre lo permitía debido a su cultura armenia. Nada podía romper los lazos familiares. También creo que para mi papá la riqueza era lo más importante y no importaba cómo se obtenía. La pariente de mi papá recurría a la manipulación o la furia si mi papá no hacía lo que ella quería. Él me dejaba ir a cenar con ellos a las 10 de la noche para evitar un conflicto con ella.

Más adelante, ellos tuvieron su propia hija, quien fue sujeta a mucho abuso emocional, verbal y físico. No eran inusuales las riñas violentas durante nuestras reuniones familiares, que incluían todos los insultos imaginables, el lanzamiento de objetos pesados y hasta una mujer que persiguió al marido con un cuchillo. Nunca entenderé por qué mi papá nunca nos quitó de en medio cuando estallaba el conflicto. Mi hermano y yo nos acostumbramos a eso porque ni siquiera sabíamos qué era normal y aprendimos a aceptar el abuso como la norma. ¿Por qué personas que nos decían que nos amaban se portaban de esa forma?

Mi mamá me llevaba a la escuela dominical todas las semanas en una iglesia bautista pequeña, por lo cual estoy muy agradecida. Allí aprendí acerca de Jesús, el amor que Él siente por mí y el amor que yo le tengo a Él. Jesús se convirtió en mi refugio. Mis padres no iban a la iglesia y no dependían de Dios, aunque afirmaban creer en Él. Fui bautizada, le entregué mi vida a Cristo y serví en el grupo juvenil. Quería dedicarme al ministerio, pero sentí que en la década de los sesenta las mujeres no eran apoyadas en ese sentido. Sí creí que si seguía los caminos de Dios, Él cuidaría de mí y quitaría el caos de mi vida. Debido a mi relación con Jesús, en mis años adolescentes pude resistir con firmeza a mi familia sobre cosas que sabía estaban mal hechas.

Cuando tenía once años, el esposo de la pariente de mi papá fue arrestado. Fue noticia de primera plana en el diario de nuestra ciudad. Durante su juicio, él se suicidó. Su esposa se tornó aun más inestable emocionalmente hasta que por fin, tras un episodio desagradable, mi papá tuvo que cortar nuestra relación con ella. Por un tiempo las cosas marcharon bien, pero al cumplir trece años recibí una noticia pasmosa de mi mamá. Ella me dijo que había estado casada antes y tenía otros dos hijos. Los dejó después del divorcio porque pensó que no tenía cómo cuidarlos. Esto me pareció algo muy fuera de carácter para mi mamá que era el ama de casa ejemplar, típica de los frugales años cincuenta. Ya no sabía qué era real y qué era falso, así que aprendí a desconfiar y esperar lo peor de la gente.

Aunque mi relación con mi papá estaba bien, él tenía momentos de ira inesperados que casi nunca iban dirigidos a mí sino a mi mamá o mi hermano. Cuando esto sucedía, mamá nunca se defendía porque sabía que pondría más furioso a mi papá. Mi papel en la familia se convirtió en el de «pacificadora racional». En muchas ocasiones me tocaba hablarle a mi papá para calmarlo en medio de sus arranques irracionales de ira. También aprendí cómo agradar a la gente y caerles bien a todos. Evitaba como fuera convertirme en blanco de cualquier crítica.

Durante la secundaria me enfoqué más en hacer todas las cosas que me trajeran elogios y lo más importante, aseguraran mi futuro. Estaba decidida a hacer ciertas cosas para que mi futuro no tuviera el aspecto de mi pasado. Saqué buenas calificaciones, fui presidenta de la asociación juvenil bautista, fui a la universidad y traté de llevar una vida piadosa lo mejor que pude. Mi gran error fue tratar de reafirmarme a mí misma llamando la atención de los hombres. Me encantaba tener siempre un novio y otro en espera si el actual no me trataba a la perfección. Ahora entiendo que estaba tratando de llenar mi corazón de amor y elevar mi autoestima.

Tras graduarme de la universidad, me sentí lista para emprender mi propia vida. Encontré un trabajo fantástico y me sentía bien. Empecé a salir con mi futuro esposo Tim y todo parecía perfecto. Nos habíamos conocido casualmente desde los doce años y él me daba la impresión de ser un jugador de baloncesto muy educado y formal, de una buena familia. Mejor dicho, ¡todo un partido! Al conocerlo mejor me alegré de saber que teníamos metas y valores similares. Era muy optimista y cariñoso. Me contó que su familia no creía en Jesús, pero que él había llegado a creer en Él gracias a una clase de educación religiosa que recibió en la primaria. No se sentía cercano a su familia, pero eso no era un problema para mí porque eso nos daba más tiempo para pasar con mis padres. No me di cuenta entonces, pero estaba repitiendo mis viejos hábitos de familia. Él cumplía todos los requisitos de mi lista del esposo perfecto. Tuvimos un noviazgo tan divertido y romántico que a las seis semanas estábamos comprometidos para casarnos.

Durante nuestro compromiso me di cuenta que Tim bebía un poco, pero yo pensaba que todos los jóvenes de su edad lo hacían. No sabía qué era lo normal. Nos casamos en diciembre de 1972. Quedé embarazada unos meses después. El estrés de Tim por su papel de esposo y padre causó conmoción frecuente en nuestro matrimonio. Tim empezó a beber cada vez más y a recurrir al abuso verbal y emocional. Luchaba con la depresión y decidió escaparse en otra relación. Yo me enfoqué en cuidar a nuestra hija y tratar de atosigar mi gran dolor al sentirme traicionada. Comprendía la depresión de Tim y sabía de su infancia infeliz, pero lo único que sabía hacer era orar e ir a la iglesia. Me la pasaba mirándome en el espejo y preguntándome qué había hecho para que él perdiera su amor por mí. Traté de hacer todo lo posible para arreglarlo: «Si hubiera mantenido el apartamento en perfecto orden», «Si perdiera un poco más de peso», etc. Mi autoestima había llegado al punto más bajo. En retrospectiva, me asombra lo mal que me dejé tratar, pero yo no creía que Dios quisiera que me divorciara. Además, había observado a mi mamá aguantar tantas injurias y dolor en el pasado y en el presente, que todo eso me parecía muy normal, ¿o acaso no?

Con el tiempo nuestra relación mejoró, y Tim empezó a asistir de vez en cuando a la iglesia. Seguíamos luchando con su adicción a la bebida y sus arranques de ira. En 1986, Tim decidió dejar la bebida pero seguía negando que fuera un alcohólico. Sin embargo, sus problemas de la niñez no se resolvieron y a falta de un programa de recuperación o consejería, seguimos luchando con el enojo y el «intercambio de dependencias».

Después de cada incidente de abuso verbal dirigido a mi hija o a mí, o de una promesa rota en cuanto a su adicción sexual, mi esposo pedía perdón y yo lo otorgaba. Pensaba que era más fácil perdonarlo que fijar límites o lidiar con las consecuencias. Seguí reprimiendo y tragándome mi ira, lo cual me llevó a sentir resentimiento, depresión y la incapacidad total de ofrecer una relación de intimidad verdadera.

Nuestra hija y yo seguimos yendo a la iglesia y participé en el ministerio de mujeres. Más adelante, Tim volvió a asistir con regularidad a la iglesia y las cosas parecieron mejorar con el paso de cada día. Realmente pensé que nuestros problemas habían quedado atrás. En 1999, nuestra hija planeaba casarse y nosotros cruzamos la barrera de los cincuenta, una época difícil para muchas personas. Empecé a notar síntomas de que no todo andaba bien. Tim empezó a aislarse más y noté que aumentó su admiración por las mujeres y su coqueteo. Como buena codependiente que era, hice todo lo que pude para controlar la situación. Yo le preguntaba todo el tiempo: «¿Hay algo que te fastidie? ¿Estás haciendo algo que no debería? ¿Por qué ves televisión solo y no en familia?». Por supuesto, su respuesta era: «Todo anda bien. Te estás imaginando cosas. No seas paranoica». Mi reacción era aceptar las respuestas, dedicarme a la vigilancia disimulada y asegurarme de estar con él tanto como fuera posible para prevenir que los problemas asomaran la cabeza. Llevé mi conducta controladora y sigilosa a un nuevo nivel de sofisticación.

Cierto día me estaba sintiendo bastante ansiosa, sabiendo que las cosas no andaban bien, y le rogué a Dios que me ayudara. Él me dio claramente la respuesta: «Suéltalo ya». Me confundí pensando que Dios quería que me divorciara y contesté: «No puedo hacer eso ahora, no es oportuno. Mi papá se está muriendo y mi hija se va a casar». De nuevo, Dios me instruyó claramente: «Suéltalo ya». Esta vez logré entender la instrucción de Dios. Nada que yo hiciera o pudiera hacer ayudaría a Tim. Toda mi sumisión y mis intentos de controlar la situación no habían sido más que estorbos a lo que Dios se proponía hacer. Aprendí dolorosamente que íbamos a tener que tocar fondo para poder salir de nuestro engaño y dejar que Dios y sus siervos nos ayudaran a sanar.

Unas semanas más tarde, tocamos fondo. Jamás olvidaremos aquel día traumático que también fue el punto de cambio decisivo para nuestra familia. Tim fue a consultar a un psicólogo cristiano quien nos informó que Tim era un «alcohólico seco» que había intercambiado adicciones. Puesto que Tim había dejado de beber por su cuenta sin un programa de recuperación, todavía no había perdido su personalidad adictiva. Nuestro consejero consideró que le quedaba muy poca esperanza a nuestro matrimonio por la cantidad de daños reiterados y la pérdida de la confianza. Debo admitir que en ese momento estuve completamente de acuerdo con él. Toda la confianza y el respeto quedaron destruidos en mi corazón y mi mente. No me sentí capaz de seguir luchando después de veintiséis años de ser lastimada y engañada. Creo que la única razón que tenía para seguirlo intentando era mantener la familia unida, un día a la vez. Mi papá estaba muriendo de insuficiencia congestiva del corazón y el riñón, y mi hermosa y preciada hija empezaba su nueva vida matrimonial. No me di cuenta de que Tim y yo también estábamos dando inicio a nuestra nueva vida de casados. Las cadenas disfuncionales que habían aprisionado nuestra familia estaban a punto de romperse.

Nuestro psicólogo nos dijo que acudiéramos a Celebremos la Recuperación. Nos recomendó libros y quedamos inmersos por completo en el proceso de recuperación. Cuanto más aprendíamos y entendíamos acerca de la adicción, la sanación de las heridas del pasado y las carencias relacionales, más queríamos comprender. Empezamos con las guías para participantes de Celebremos la Recuperación y nos metimos a un grupo de estudio de los pasos el lunes por la noche. También asistíamos los martes en la noche a la clase sobre límites y dominio propio, los miércoles nos quedábamos leyendo en casa y trabajando en nuestros materiales de recuperación, los jueves nos reuníamos con nuestro consejero, los viernes en la noche íbamos a la reunión de Celebremos la Recuperación y los sábados a la reunión de la iglesia. Cada mañana Tim se levantaba al romper el alba e iba a una reunión de recuperación.

Sabíamos que nos tocaba reprogramar totalmente nuestra vieja manera de pensar y relacionarnos. Estábamos listos para dar el siguiente paso, que era:

Inicio el CAMBIO

DECISIÓN 5

Pago el precio del cambio, sometiéndome voluntariamente al proceso de transformación que Dios quiera hacer en mi vida y pidiéndole humildemente que me quite los defectos de carácter.

Nos dedicamos a realizar todo el trabajo que fuera necesario. Hasta lo anticipábamos con anhelo. Experimentamos una gran libertad en la nueva e íntima relación que estábamos formando con Dios, el uno con el otro, y con los demás miembros de nuestros grupos pequeños en Celebremos la Recuperación. Una de las bendiciones más grandes fue que nuestra hija y su esposo empezaron a asistir con nosotros a Celebremos la Recuperación. Ellos también completaron los estudios de los pasos por su propia cuenta. No diré que cada día fue fácil o libre de dolor. ¡Para nada! Aprendí que había mantenido en mi mente una versión idealizada de mi vida familiar. Sabía que los sucesos dolorosos habían ocurrido y que tenía el hábito de restarles importancia para minimizar mi dolor. También aprendí que trataba de controlar todo lo que pudiera en un intento infructuoso por arreglar el caos de mi vida y evitar el dolor.

Día tras día, el Señor sanó mi corazón roto y me mostró cómo mi vida había llegado a ese punto, así como mi contribución directa a la situación. El Señor ha traído unas damas maravillosas a mi vida que me aman y me dejan amarlas. Esta clase de amistades era algo que había perdido durante los años que traté de guardar secretos y esconder los problemas de mi familia. Dios ha sanado y madurado mi matrimonio hasta convertirlo en una amistad profunda basada en una confianza renovada, el respeto, la intimidad y el romance juguetón. También sanó a mi hija y mi yerno en sus emociones y corazones. Dios nos ha dado un tesoro asombroso al romper la cadena de nuestra disfunción familiar, así como un futuro prometedor y lleno de amor para nuestros nietos. Dios me ha demostrado de forma dramática cómo hace que el mal obre para bien.

Tenemos tanto que agradecer por todo lo que el Señor nos ha dado que quisimos dar algo de vuelta. Ahora compartimos nuestras experiencias con otras personas y las animamos a participar en Celebremos la Recuperación. Tim y yo nos convertimos en codirectores de varios grupos de estudio los lunes y viernes por la noche. Yo sigo creciendo como resultado de mi servicio y es así como el Señor verdaderamente ha restaurado nuestros años perdidos.

LA HISTORIA DE
John

Me llamo John, soy un creyente que lucha con el alcohol y el orgullo. Quisiera compartir con los lectores cómo Dios ha usado mi familia espiritual de la Iglesia Saddleback y el programa Celebremos la Recuperación para cambiar mi vida de una manera que nunca habría pensado posible. Hace doce años luchaba para pagar las cuentas. Me había vuelto un bebedor embotado al borde de perder las dos personas más importantes en mi vida, mi esposa y mi hijita. Era egocéntrico y estaba consumido totalmente por el resentimiento contra las injusticias de la vida. Mi orgullo y arrogancia ni siquiera permitían la posibilidad de que tal vez, por alguna casualidad, asumiera que mi infelicidad se debía a las malas decisiones que había tomado. No, tenía que ser culpa de alguien más que la vida había perdido su significado. Esta es la parte aterradora de mi historia: la mayoría de mis amigos pensaban que John estaba a las mil maravillas. Yo seguía haciendo acto de presencia con traje y corbata en el mundo corporativo norteamericano. Como vendedor en el campo de las redes de alta tecnología, yo era el típico disco duro tratando de controlar todas las cosas y personas para lograr mis metas y obtener mis deseos. «Cueste lo que cueste» se había convertido en mi lema. El estrés era parte de la cotidianidad, y «un par» de bebidas al final del día eran bien merecidas. Pensaba: «Si las cosas no funcionan en casa, siempre me queda la opción del divorcio. No es un gran problema, ¿cierto?». Así de engañado estaba.

Cuando reflexiono en el gran vacío que sentía entonces, me aterra saber cuán solo estaba. Me había rodeado por tantas paredes que ni siquiera mi esposa tenía acceso. Todo lo que había intentado en búsqueda de la felicidad había fallado y no me quedaba ningún sentido de satisfacción y propósito. ¿Qué había salido tan mal? Revisando mi historia, no veo nada demoledor en mis circunstancias, mi hogar fue estable, no aguanté hambre ni me faltó nada, no sufrí abusos en la infancia. De hecho, tuve un comienzo muy normal de clase media en la vida, crecí en un buen hogar cristiano y asistí a la iglesia todas las semanas. Mi problema fue que a una edad muy temprana me propuse con mucha determinación ganarme la aprobación de Dios y la de todos los demás. Tristemente, vivir para obtener la aprobación de los demás es pura cuestión de egolatría y autogratificación. Es algo respecto a lo cual he estado engañado casi toda mi vida. Pensé que estaba tratando de agradar a los demás cuando en realidad lo único que me interesaba era quedar bien. Cuando era adolescente, la gente de mi iglesia empezó a decirme que algún día iba a reemplazar a Billy Graham, y eso era música para mis oídos. Yo pensaba que de ser así, era porque Dios seguramente me tenía en muy alta estima. Por eso, en lugar de buscar una relación con Dios basada en la confianza y el perdón, encontré una religión basada en el buen desempeño para Dios. De hecho, me fijé la meta de ser la única persona en el mundo que nunca iba a decepcionar a Dios.

Tratando siempre de hacerlo todo según las reglas, me casé con una buena chica cristiana de un buen hogar cristiano y decidí dedicarme al ministerio de tiempo completo. Al llegar a ese punto, Dios se había convertido para mí en un simple ejercicio intelectual y mi relación con Él había quedado reducida a una serie de criterios legalistas. Me gradué del seminario con altas calificaciones, una maestría en teología y un caso severo de depresión clínica.

Al iniciar mi terapia descubrí que gran parte de mi exigencia auto-impuesta de perfección se debía a mi defecto principal de carácter, un sentido inflado de mí mismo. Pero, en lugar de aceptar la verdad de que no era ni mejor ni peor que cualquier otro ser humano, usé psicología barata para echarles toda la culpa a mis padres. Siempre estaba listo para culpar a otra persona de cualquier problema mío. Peor todavía, mi imagen de Dios se distorsionó todavía más con la creencia de que Él era imposible de agradar. Usé eso como excusa para satisfacer todas mis demandas y gratificar mi propio ego. En lugar de darme cuenta de que Él ya me amaba tanto como yo lo necesitaba, decidí, como dice el proverbio, «botar el bebé con el agua sucia». Fue entonces que me di por vencido en cuanto a tratar de agradar a Dios. Decidí no entrar al ministerio.

Al entrar al mundo corporativo norteamericano, me gané rápidamente la adulación de mi empresa y celebré mi primer año de éxito en la riviera francesa. Me habían premiado como vendedor del año y me sentía como una estrella del cine. Como todos me decían que iba por un camino seguro al éxito, sentí que podía vivir la vida en mis propios términos. Dios nunca me dio un aplauso, en cambio todos ahora se ponían de pie para ovacionarme. ¿Qué más podía necesitar?

Volando alto en 1984 con bastante dinero y una casa grande, empecé a sentir la necesidad constante de sentirme especial. No sabía si lo era, pero seguía convencido de que podía vivir en mis propios términos. Rodeado por mujeres que estaban disponibles para mí, empecé a verlas como un medio para saciar mi apetito de autoconfirmación y sentirme especial. Tras nueve años de matrimonio empecé a cometer adulterio. Estaba tan consumido por mis necesidades egoístas, que casi ni me di cuenta de que le rompí el corazón a mi esposa cuando finalmente le dije lo que había hecho a sus espaldas. Tal como era de esperar en mi perspectiva egocéntrica de la vida, encontré excusas para todo. Mi excusa insolente por haberle sido infiel a mi esposa fue que ella no era suficientemente «atractiva». Culparla a ella de todo me dio una manera de justificar mi divorcio.

Por aquel tiempo encontré una novia despampanante que se veía bien junto a mí y me volví un fiestero. El alcohol y la cocaína estaban a la orden del día. En menos de dos años me las arreglé para acumular una deuda de 60 mil dólares en tarjetas de crédito. No pude pagarla porque las drogas y el alcohol habían hecho de las suyas y perdí totalmente mi eficacia en el trabajo. Por supuesto, la bancarrota no fue culpa mía sino de mi ex esposa por haberme dejado en la calle. Las excusas y el alcohol me permitían negar el dolor y el ser en quien me había convertido: aislado, egocéntrico y egoísta a morir. Tomé todos los dones que Dios me había dado y me convencí de que no necesitaba su ayuda para nada. Como el hijo pródigo en Lucas, fui a parar con los cerdos.

A pesar del estupor constante y los daños emocionales que le causé, aquella novia despampanante se convirtió en mi esposa. Unos años después nació nuestra hija. La llegada de Daniela me dio una pequeña pista de que la vida se trataba de algo más que vivir para mí. Sin embargo, al llegar a ese punto mi amorío con el alcohol se había apoderado de mi vida. Yo trataba de reducir el consumo a la hora de darle el baño a mi bebita, pensando que ella estaría bien si yo estaba «copetón» nada más. Cuando la poníamos en su camita, yo completaba el proceso y a mi esposa le tocaba meterme a mí en la cama. Por fin, a comienzos de 1994, mi esposa me dijo que ya había aguantado bastante. Ese fue mi primer llamado a despertar. Supe que me tocaba arreglar mi vida o iba a perderlas a las dos. Dejé de salir a bares pero seguí bebiendo en casa. La bebida me permitía aturdirme todas las noches y perpetuar el engaño de mi propio vacío personal. Las mañanas eran terribles, me arrastraba para llegar al trabajo. Trataba de superar la culpa de no poder recordar ningún detalle de la noche anterior. En mi engaño, me las arreglaba para justificar la pérdida de memoria a un simple caso de extenuación laboral. Es que a todo el mundo se le olvida cómo se metió a la cama la noche anterior, ¿no es cierto? «Aturdimiento» nunca era una posibilidad viable.

Aunque vacilaba en acudir a Dios, Él seguía siendo fiel conmigo. Aguardaba mi regreso a casa. Por insistencia de mi esposa, empezamos a asistir a la Iglesia Saddleback en marzo de 1996. Desde el primer día conocimos personas que me han mostrado el amor de Dios por mí de manera definitiva y que han jugado un papel muy importante en mi vida. Aquel primer domingo busqué cualquier excusa para llegar a la conclusión de que todos eran un montón de hipócritas. Cuando llegamos a la sala para los niños me dije a mí mismo, si mi hija muestra la más mínima resistencia a la gente de este lugar, nos vamos de aquí. En lugar de eso, una señora llamada Julie le extendió sus brazos a mi hijita y cuando Daniela la miró casi saltó de mis brazos a los de ella. Dios usó a Julie aquel día para llegar hasta mi familia y le doy gracias a Dios por su gran corazón.

Me senté aquel domingo en la iglesia esperando que alguien me dijera que necesitaba donarle a Dios el dinero que me había ganado con mi sudor. Pero entonces leí este aviso en el boletín de la iglesia: «Por favor, no se sienta obligado a participar en la recolección de la ofrenda». ¿Qué clase de lugar extraño era este? Por primera vez en mi vida, disfruté la música de iglesia. No era demasiado rápida ni demasiado lenta. Por mucho que lo intenté, no pude encontrarle puntos débiles al mensaje del pastor Rick Warren, y el amor casi podía tocarse en aquel lugar. En todos los años que asistí a iglesias y al seminario, jamás había captado realmente la verdad de que yo le importaba a Dios. Entonces, un domingo en mayo, un hombre del programa Celebremos la Recuperación de la iglesia dio su testimonio como parte del mensaje del pastor Rick. Al igual que yo, Jonatán era un alcohólico funcional. Su historia y el ministerio de esta iglesia, sembraron en mí la esperanza de que una relación con un Dios de amor pudiera darle algún propósito real a mi vida. Jonatán, siempre le doy gracias a Dios por tu testimonio.

Junio 11 de 1996 fue mi primer día de sobriedad. Fui a mi primera reunión de Celebremos la Recuperación con la sensación de que no tenía ningún otro lugar a dónde ir. Encontré un grupo de hombres que no tenían más que amor, compasión y comprensión en sus corazones. Un hombre en particular me ayudó enormemente aquella primera noche. Para mí fue una gran humillación y vergüenza ser visto con un grupo de alcohólicos reconocidos. Al fin y al cabo, estamos hablando aquí de John, nada más y nada menos. Yo no era como el resto de esos tipos. Tristemente, o felizmente como podría ser el caso, toda mi educación y todos mis ademanes me fallaron aquella noche. Ni siquiera pude completar una frase de cuatro palabras tratando de explicar quién era y por qué estaba ahí. Dios envió a Kenny a mi rescate. Él completó esas frases por mí y me hizo sentir que estaba en el lugar correcto. Kenny fue el primer hombre que me mostró aceptación por el simple hecho de ser yo. Él fue más elocuente aquella noche que yo he sido toda mi vida con todos mis diplomas y logros laborales. Kenny, siempre doy gracias a Dios por tu amor.

En el octavo día de mi recuperación escribí esto en mi diario: «Sigo en la búsqueda de un Dios que espero exista. Tal vez el Dios que busco es demasiado pequeño o quizá no existe. Mi esperanza ferviente es que sí exista porque no tengo nadie más a quién recurrir». Lo había intentado todo, y a pesar de estar perdiendo mi eficacia en el trabajo por el alcoholismo, a pesar del costo de las cosas que destruía cuando estaba borracho, yo sabía que mi problema con la bebida no era más que un síntoma de mi problema real. Estaba en una búsqueda de vida o muerte para encontrar al Dios que pudiera darle algún sentido a mi vida. A los dieciséis días de mi recuperación, tuve un encuentro con el pastor John Baker y él compartió conmigo un versículo que le puso punto final a mi autoengaño: «Quédense quietos, reconozcan que yo soy Dios».[18] Por fin oí a Dios decirme: «Está bien, ya puedes dejar de tratar de mantener la fachada de que tienes todo bajo control. Ya no tienes que buscar excusas por tu mala vida. Es por eso mismo que yo morí por ti. Quédate quieto, relájate y acepta mi regalo. ¡Eres libre!». Por fin llegué al hogar de mi Abba, mi querido papá en los cielos. Finalmente empecé a entender que el propósito de Dios para mi vida era simplemente que yo tuviera una relación con Él. Qué concepto tan profundo, fui hecho para ser amado por Dios. Pastor John, siempre doy gracias a Dios por su disposición a ser guiado por Dios. Doy gracias a Dios por la manera en que usó esa reunión para abrir mis ojos a la verdad de su amor.

A medida que me dispuse a emprender el proceso de recuperación, mi primera reacción fue completar el programa Celebremos la Recuperación en tiempo récord. Los hábitos obsesivo-compulsivos de tener logros exorbitantes a cualquier costo no iban a morir sin dar la pelea. Gracias a Dios encontré una persona de confianza a quien pude rendirle cuentas, un mentor que tuvo la sabiduría para detectar en mí aquel mecanismo de defensa. Él se tomó todo el tiempo necesario para ayudarme a bajar la velocidad y amarme con defectos y todo. Cuando por fin terminé mi inventario moral y confesé abiertamente mis faltas a mi persona de confianza en el transcurso de cuatro horas, le conté que había una cosa más que no había puesto por escrito. Mientras busqué en su mirada la mínima señal de condenación, confesé abiertamente algo que me había perturbado desde la niñez. En lugar de condenación, y con lágrimas en sus ojos, el pastor John me comunicó el *amor y perdón incondicionales de Jesús. John, siempre doy gracias a Dios por tu amor.*

¡He vuelto a vivir! Me asombra la paz que siento a medida que aprendo a soltar mi propio control y dejar que Dios me dirija. Por la gracia de Dios he estado sobrio once años. Dios ha restaurado mi relación con mi esposa. Él ha renovado mi productividad en el trabajo y ha hecho posible que yo sea un buen papá para mi hija. Daniela ni siquiera se acuerda de aquel papito que bebía licor todas las noches. Cuando iba por la mitad escribiendo esta historia, ella entró a mi habitación y preguntó si podía escribir algo. Mi hija quería escribir: «Mi papito es el mejor papá que Dios ha creado». Eso nada más es una bendición que no puedo comparar con nada. Mi esposa Sheila se ha vuelto mi mejor amiga, algo que jamás habría podido lograr con toda mi manipulación arrogante. Todavía estamos aprendiendo a aceptarnos el uno al otro como personas consentidas que en ocasiones tienen días malos, pero lo importante es que estamos aprendiendo a perdonarnos y respetar aquellas diferencias que acompañan cualquier relación sana.

Como el hijo pródigo que vuelve al hogar, he sido recibido de vuelta en la familia de Dios con más amor y perdón de los que jamás pensé posibles, y ciertamente más de lo que merezco. Como a los cien días de mi sobriedad, el pastor Rick decidió depositar su confianza en mí y me pidió que compartiera mi historia con mi familia espiritual. Tengo que confesar que yo no tenía tanta confianza en mí, pero Dios usó esa oportunidad para hacerme humilde. El hecho de poder compartir mi historia delante de la iglesia me forzó a reconocer el milagro que había sucedido en mi vida. Dios es el único que habría podido efectuar los cambios ocurridos en un tiempo tan breve. Pastor Rick, siempre estaré agradecido con Dios por su confianza. En verdad sabía que estaba listo para permitir que Dios me cambiara. Estaba listo para que Él empezara a quitarme los defectos de carácter. Estaba listo para tomar la:

DECISIÓN 5

Inicio el **CAMBIO**

Pago el precio del cambio, sometiéndome voluntariamente al proceso de transformación que Dios quiera hacer en mi vida y pidiéndole humildemente que me quite los defectos de carácter.

Hoy sigo luchando a diario con mi orgullo. Es muy fácil reincidir en la vieja manera de pensar que si me desempeño de forma intachable, podré controlar los resultados. Pero sometiendo mi vida a Jesús día tras día, manteniéndome conectado, rindiendo cuentas a mi familia espiritual y devolviendo a Dios lo que Él me ha dado tan gratuitamente, me hace sentir razonablemente feliz y en paz conmigo mismo y los demás por primera vez en muchos años. Filipenses 2:3 dice: «No hagan nada por egoísmo o vanidad; más bien, con humildad consideren a los demás como superiores a ustedes mismos». Ser humilde no es pensar menos de mí mismo, es no pensar en mí y punto.

Poco antes que mi padre muriera, me hizo ver desde una nueva perspectiva lo que significa tomar todos los días mi toalla de servicio al Señor. Le pregunté qué quería hacer cuando llegara al cielo, y este hombre otrora orgulloso que antes me habría explicado su deseo de ayudar al apóstol Pablo a enseñar el libro de Romanos, me dijo ahora con sencillez: «Espero que mi Señor me confíe algunas diligencias suyas». Como mi padre, yo espero hacer diligencias para mi Rey dondequiera que me lleve. Dios me ha dado una segunda oportunidad para contestar el llamado que recibí hace tanto tiempo para ejercer el ministerio de tiempo completo como carrera. Este ha sido el milagro que más me ha tomado por sorpresa.

El propósito de Dios para mi vida todavía se sigue desarrollando, pero cada vez que Él me da la oportunidad de compartir mi experiencia, mis victorias y esperanzas con la gente, recuerdo lo que Jesús dijo a sus discípulos cuando llamó a la multitud:

«Si ustedes quieren ser mis discípulos,
tienen que olvidarse de hacer su propia voluntad.
Tienen que estar dispuestos a morir en una cruz
y a hacer lo que yo les diga.
Porque si sólo les preocupa salvar la vida, la van a perder.
Pero si deciden dar su vida por mí
y por anunciar las buenas noticias, entonces se salvarán.
De nada sirve que una persona gane todo lo que quiera en el mundo,
si a fin de cuentas pierde su vida.
Y no hay nada que una persona pueda dar para salvar su vida».[19]

En Celebremos la Recuperación me di cuenta de que el sendero por donde voy sería imposible transitar sin el poder de Dios en mi vida. Dejar la bebida fue la punta del iceberg. Librarme de mis defectos de carácter será un proceso largo, pero como Jesús dijo, «para los hombres es imposible... mas para Dios todo es posible».[20]

¡Vidas cambiadas! De eso se trata este libro. Qué edificante y alentador es leer historias reales como las de Dovy y John. Usted sabe que Dios también quiere cambiar su vida. Todo lo que necesita hacer es decidirse y ponerse a trabajar en la quinta decisión sanadora.

R
E
C
U
P
E
R
O

Evalúo todas mis relaciones.

Ofrezco el *perdón* a quienes me han herido y

enmiendo las heridas que he causado a otros,

excepto cuando tal enmienda les cause dolor

a ellos o a otros.

«Dichosos los compasivos».[1]
«Dichosos los que trabajan por la paz».[2]

Repare sus RELACIONES

Decídase por la RESTAURACIÓN

Me encanta coleccionar «gazapos eclesiásticos», aquellos desatinos cómicos que aparecen en los boletines o que se dicen desde el púlpito durante los anuncios. Pero a veces las correcciones son hasta más chistosas que el desliz original. Un domingo durante los anuncios el pastor dijo: «Necesito hacer la corrección de un anuncio que apareció en el boletín de la semana pasada. Decía que la iglesia presentaba una noche de comida exquisita, buen entretenimiento y hostilidad. Lo que debió escribirse fue hospitalidad. Lo lamento hermanos, nosotros somos una iglesia donde se ama a todo tipo de personas, no importa que sean hostiles».

Luego prosiguió a decir: «Nada más me queda un anuncio esta mañana. La reunión de los forjadores de la paz programada para esta tarde ha sido cancelada debido a un conflicto».

A veces en nuestros intentos de hacer enmiendas y corregir un daño, empeoremos la situación. En el ejemplo anterior, las correcciones fueron intentos para rectificar algo que había quedado mal. Aunque los resultados no fueron los mejores, la intención fue válida.

En la decisión sanadora de este capítulo vamos a trabajar en las «correcciones» que podemos hacer en algunas de nuestras relaciones mediante una labor de reparación relacional. Lo vamos a hacer enfocados

183

en un proceso de dos etapas: empezaremos perdonando a quienes nos han lastimado y luego nos dedicaremos a desagraviar a las personas que hemos lastimado.

Son dos las bienaventuranzas que nos guían como derrotero en la sexta decisión:

> *«Dichosos los compasivos».*
> *«Dichosos los que trabajan por la paz».*[3]

Cuando somos *compasivos* con los demás, estamos dispuestos a perdonarles bien sea que lo merezcan o no. De eso se trata la compasión, es un don inmerecido. Además, cuando *trabajamos por la paz* hacemos un esfuerzo real para enmendar la relación con la persona a quien hayamos ofendido y procuramos restaurar la armonía de esa relación. Esta decisión sanadora y sus bienaventuranzas correspondientes tienen que ver con reparar nuestras relaciones. En este capítulo revisaremos nuestra vida con el propósito de evaluar, sin sentir remordimiento. Aprenderemos a reparar el daño que otros nos han hecho y que hemos hecho a otros.

Empecemos por perdonar a los demás el daño que nos hayan hecho. Pero, ¿*por qué* debería hacerlo y *cómo* debo hacerlo? Estas son buenas preguntas.

REPARE SUS RELACIONES PERDONANDO A QUIENES LE HAN HECHO DAÑO

¿POR QUÉ DEBERÍA PERDONAR A LOS DEMÁS?

Existen por lo menos tres razones, y créalo o no, los beneficios son todos para usted.

1. Porque Dios le ha perdonado a usted

Si Dios le ha perdonado, ¿no debería usted perdonar a otros? La Biblia dice: *«Sean tolerantes los unos con los otros, y si alguien tiene alguna queja* contra otro, perdónense, así como el Señor los ha perdonado a ustedes».[4] Cuando recuerde lo mucho que Dios le ha perdonado, le va a resultar mucho más fácil perdonar a los demás. La Biblia también dice: «*Abandonen toda amargura, ira y enojo, gritos y calumnias, y toda forma de malicia. Más bien, sean bondadosos y compasivos unos con otros, y perdónense mutuamente, así como Dios los perdonó a ustedes en Cristo*».[5] Usted debe perdonar como Cristo le perdonó. Jamás tendrá que perdonar a nadie más de lo que Dios ya le ha perdonado.

Cuando tenga dificultad para perdonar a otra persona, se debe por lo general a que usted no se siente perdonado. Es un hecho demostrado que a las personas que se sienten perdonadas les resulta más fácil perdonar. Si usted no se siente perdonado, lea nuevamente ambas verdades bíblicas: «*Perdónense, así como el Señor los ha perdonado a ustedes…*» y «*perdónense mutuamente, así como Dios los perdonó a ustedes en Cristo*». Si aceptó a Cristo en la tercera decisión sanadora, ¡usted ha sido perdonado! Es un hecho irrevocable. Ahora Dios le pide que se dé la vuelta y perdone a los demás.

2. *Porque el resentimiento no funciona*

La segunda razón por la que usted necesita perdonar a quienes le han herido es puramente práctica: el resentimiento no sirve para nada. Albergar resentimientos es irracional, inútil e insalubre.

El resentimiento es irracional. La Biblia lo dice claramente: «*El resentimiento mata a los necios; la envidia mata a los insensatos*».[6] ¿Por qué es necio e insensato abrigar resentimiento? La respuesta práctica es que nos hacemos daño a nosotros mismos: «*Es tal tu enojo que te desgarras el alma*».[7] El resentimiento le hace más daño a usted que a la persona contra quien lo abriga. Piénselo. Cuando se enoja y resiente con alguien, usted no les hace ningún daño; se lo hace a sí mismo. Usted es el que se irrita, se mortifica, se angustia y respira por la herida. Usted es el único que no puede conciliar el sueño y se está perdiendo las alegrías simples de la vida. ¡A los demás les tiene sin cuidado! Ellos duermen como un bebé y tal vez ni siquiera se percaten de todos sus resoplidos y refunfuños. Los ignoran por completo.

Alguien tal vez le haya herido diez, veinte, treinta años atrás, y usted se sigue haciendo daño por causa de ello. Sigue teniendo el mismo efecto devastador, mientras que la otra persona probablemente ni se acuerda. Desde un punto de vista puramente práctico, el resentimiento es totalmente injustificable, es un gasto irracional de energía que no cumple ninguna función.

Nada le DESGASTA *tanto emocionalmente como la amargura y el resentimiento.*

El resentimiento es improductivo. El resentimiento no puede cambiar el pasado ni la persona que le hizo daño. Ni siquiera le hace cosquillas a la persona que le hizo daño, solamente le hace daño a usted. Ciertamente, el resentimiento tampoco le ayuda a sentirse mejor. ¿Ha conocido a alguien que diga, «Me siento de maravilla gracias al resentimiento»? Por supuesto que no. El resentimiento solamente lo pone furioso e infeliz.

El resentimiento es malo para su salud. «Hay quienes mueren en la flor de la vida, rebosantes de salud y de paz… Otros mueren con el ánimo amargado, sin haber disfrutado de lo bueno».[8] El resentimiento es como un cáncer que se lo come a uno vivo. Es un veneno emocional que tiene consecuencias físicas. ¿Alguna vez ha dicho, «Ese tipo es un dolor de cabeza»? ¿Nunca se ha detenido a pensar que su resentimiento contra el hombre puede estarle causando literalmente su dolor de cabeza?

Tal vez oyó la anécdota del tipo que entró al consultorio de su médico y dijo: «Necesito más píldoras para mi colitis». El doctor preguntó: «¿Y ahora con quién tuvo una colisión?». El resentimiento tiene consecuencias emocionales y físicas. Puede conducir a depresión, estrés y fatiga. Nada le desgasta tanto emocionalmente como la amargura y el resentimiento. Si usted insiste en recrear el daño que recibió en el pasado por aquel maestro, pariente, colega o ex cónyuge, está permitiendo que le sigan haciendo daño emocional y físico en el presente. No hace más que prolongar el daño y es lo más parecido a un suicidio emocional. En las bienaventuranzas de este capítulo, Jesús nos muestra un camino mejor: «*Dichosos los compasivos, porque serán tratados con compasión*»[9]; y «*Dichosos los que trabajan por la paz, porque serán llamados hijos de Dios*».[10] Compasión y paz.

3. *Porque usted necesitará perdón en el futuro*

Todos vamos a necesitar el perdón de Dios y de los demás en el futuro. «*Y cuando estén orando, si tienen algo contra alguien, perdónenlo, para que también su Padre que está en el cielo les perdone a ustedes sus pecados*».[11] El resentimiento le impide sentir el perdón de Dios. La Biblia dice que usted no puede recibir lo que no esté dispuesto a dar: «*Perdónanos nuestras deudas, como también nosotros hemos perdonado a nuestros deudores*».[12] Puede ser peligroso recitar el Padrenuestro. En esa oración modelo usted le pide al Señor que lo perdone tanto como perdona a los demás. Usted no quiere recibir menos que el perdón completo y total de Dios, y lo que esto implica obviamente es que usted no debe extender algo menos que esto a quienes han pecado contra usted.

Se cuenta la historia de un hombre que le dijo a John Wesley: «Yo jamás podré perdonar a esa persona. Jamás».

John Wesley contestó: «Entonces espero que nunca peque porque todos necesitamos lo que no estamos dispuestos a dar». No derribe el puente que necesita para atravesar el abismo.

¿CÓMO SE PERDONA A LOS DEMÁS?

Perdonar a los demás no es fácil. ¿Cómo se perdona a las personas que le han hecho daño? Con tres acciones conjuntas: revelar, remitir y reemplazar.

1. Revele su herida

Usted tiene algunas opciones para manejar sus heridas. Puede reprimirlas y pretender que no existen, engañándose. Puede ignorarlas y tratar de sacarlas de su camino, evadiéndolas. Eso nunca funciona porque sus heridas siempre se manifiestan en alguna forma de compulsión. Puede suprimirlas y decir: «No es gran cosa, no me afecta. Esa persona tuvo las mejores intenciones». No es así, porque la persona en cuestión sí le hizo daño. Por último, puede hacer lo que funciona: admitirlas. Usted puede revelar la verdad de que está herido.

No podrá superar la herida hasta que admita el dolor. ¿Por qué no queremos admitir que las personas que amamos nos han causado dolor? Quizá sea porque tenemos la noción errada de que no se puede amar a una persona y estar enojado con ella al mismo tiempo. La verdad es que sí se puede.

Una mujer que estaba en una sesión de consejería insistía: «Yo perdono a mis padres, ellos hicieron lo mejor que pudieron». Pero cuanto más hablaba, más obvio era que ella no los había perdonado realmente. Estaba enojada con ellos y trataba de negar su enojo. La verdad era que sus padres se habían portado mal. Todos nosotros lo hacemos. Sus padres no son la excepción, y si usted es un padre o una madre, seguramente a veces se equivoca. Todos somos imperfectos y todos cometemos errores. Cuando esta mujer fue capaz de admitir que sus padres no habían hecho lo mejor, ella pudo perdonarlos.

Si quiere cerrarle la puerta a su pasado y darlo por concluido para que ciertas personas no le hagan más daño, usted puede hacerlo, pero hay algo que debe recordar: sin revelación no hay conclusión. Un pasado inconcluso revierte en un futuro recluso. Primero debe admitirlo o revelarlo, sacando la verdad a la luz: «Esto o aquello me dolió. Estuvo mal hecho y me hizo daño».

Tan pronto haya revelado la herida, estará en posición para perdonar. Usted no puede perdonar un daño que no esté dispuesto a admitir como tal.

2. Remita al ofensor

El segundo paso para perdonar a un ofensor es remitirlo o soltarlo. Tal vez tenga inquietudes acerca de cómo funciona esto.

¿Cuando remito al ofensor? Hágalo ahora mismo, no espere a que el ofensor le pida perdón. Usted deberá tomar la decisión de hacerlo independientemente de la otra persona. Hágalo bien sea que le pidan perdón o no, y hágalo por su propio bien, sin preocuparse por la otra persona. Hágalo por las tres razones que ya vimos en el capítulo: porque Dios le ha perdonado, porque el resentimiento no funciona y porque usted necesitará perdón en el futuro. Usted remite al ofensor y perdona por iniciativa propia y por su propio bien.

¿Cuántas veces tengo que hacerlo? Pedro le hizo esta misma pregunta a Jesús: «*¿Cuántas veces tengo que perdonar a mi hermano que peca contra mí? ¿Hasta siete veces? "No te digo que hasta siete veces, sino hasta setenta y siete veces" le contestó Jesús*».[13] Jesús está diciendo que nuestro perdón debe ser continuo. El perdón no es algo que se otorgue una vez solamente, como si decir «te perdono» pusiera punto final al asunto. Esos sentimientos de resentimiento van a volver una y otra vez, y cada vez que lo hagan usted va a tener que perdonar de nuevo hasta que remita por completo al ofensor, así le toque hacerlo cien veces o más.

¿Cómo sabré si ya he remitido por completo al ofensor? Lo sabrá cuando pueda pensar en aquel hombre o aquella mujer sin sentir dolor. Lo sabrá cuando pueda interceder por esa persona pidiendo la bendición de Dios sobre su vida. Cuando logre empezar a ver y entender el dolor que él o ella sienten, en lugar de enfocarse en cómo ha sido usted lastimado, recordando que quienes hieren son gente herida. Usted perdona y sigue perdonando hasta que los pensamientos de esa persona u ofensa no ven-

gan acompañados de dolor. Tal vez no pueda olvidar por completo, pero puede dejar libre al ofensor y librarse del dolor.

¿Siempre es prudente remitir al ofensor cara a cara? No siempre y en algunos casos ni siquiera es aconsejable acudir a las personas que le hayan herido. Traer a colación heridas del pasado quizá no sea productivo para usted ni considerado con ellos. Si sus padres le hicieron daño hace tiempo, es posible que ni siquiera lo sepan, y el que usted llegue cuarenta años después a achacar daños viejos va a ser devastador para ellos. Tal vez no pueda encontrar a algunas de las personas aunque se lo proponga, unos por haberse casado de nuevo, otros por vivir en otro lugar y otros quizá estén difuntos.

¿Qué puede hacer en ese caso? Hay dos técnicas que puede usar. Una es la técnica de la silla vacía. Usted se sienta a solas junto a una silla vacía y se imagina a la persona que necesita perdonar sentada en la silla y dice en el tono que prefiera: «Necesito decirte algunas cosas. Tú me hiciste daño de esta manera». Descríbalo en detalle, sin callar nada. «Usted me lastimó de esta manera, y haciendo o diciendo esto y aquello. Pero quiero que sepa que le perdono porque Dios me ha perdonado, porque el resentimiento no funciona y porque yo voy a necesitar recibir perdón en el futuro. Por un acto de mi voluntad, le remito y le dejo en libertad».

Otra técnica consiste en escribir una carta que nunca pondrá en el correo. En esa carta usted escribirá claramente, sin pelos en la lengua, cómo ha sido lastimado: «Así es como usted me hizo daño». Usted ha cargado ese daño durante mucho tiempo y ha llegado el momento preciso para descargarlo. Una manera constructiva en que puede hacerlo es desahogándose en una carta en la que usted diga al final: «A partir de hoy, decido perdonarte porque Dios me ha perdonado, porque el resentimiento no funciona y porque yo voy a necesitar recibir perdón en el futuro». Esto es algo que usted hace por su propio bien. Usted remite y deja en libertad a su ofensor para que pueda experimentar libertad.

3. Reemplace su herida con la paz de Dios

Al llegar a cierto punto, todo este perdón gratuito puede parecer algo injusto. Si perdono a esta persona, y especialmente si perdono a mi ofensor sin que me pida perdón o sin nunca haberle confrontado cara a cara, es como si él o ella se saliera con las suyas. Yo fui herido y la persona que me hirió no sufre las consecuencias.

Necesitamos relajarnos y dejarle a Dios el ajuste de cuentas. Al fin y al cabo, Él lo puede hacer mucho mejor que nosotros. La Biblia dice: *«¡Todos tendremos que comparecer ante el tribunal de Dios! Está escrito: "Tan cierto como que yo vivo —dice el Señor—, ante mí se doblará toda rodilla y toda lengua confesará a Dios". Así que cada uno de nosotros tendrá que dar cuentas de sí a Dios».*[14] Aquí vemos que Dios va a hacer justicia. Él va a poner todas las cosas en la balanza, Él va a conciliar los libros y un día, Él va a tener la última palabra. Él se encargará de hacerlo. Él es el juez. Él es justo. Cuando aprendamos a remitir nuestros ofensores y dejar que Dios se encargue del ajuste de cuentas, descubriremos la bendición maravillosa de su paz. La Biblia nos manda dejar *«que gobierne en sus corazones la paz de Cristo».*[15] A nosotros nos corresponde decidir qué gobierna nuestro corazón. Podemos elegir entre la tristeza por la falta de perdón o la paz de Cristo.

El hecho es que las relaciones sí pueden dejarnos el corazón hecho pedazos, pero Dios puede juntar y pegar todos los pedazos y empapar su corazón con su paz inefable.

Cuando usted perdona a quienes le hacen daño, Dios queda en libertad de hacer los saneamientos que su corazón necesite.

Antes de pasar a la segunda parte, revisemos la sexta decisión sanadora:

Reparo mis RELACIONES
DECISIÓN 6

Evalúo todas mis relaciones. Ofrezco el perdón a quienes me han herido y enmiendo las heridas que les he causado a otros, excepto cuando tal enmienda les provoque dolor a ellos o a otros.

Con esto en mente, procedamos a la segunda parte sobre cómo enmendar sus relaciones.

REPARE SUS RELACIONES HACIENDO ENMIENDA A LAS PERSONAS QUE HAYA HERIDO

La reparación de relaciones es un proceso de dos etapas y ya hemos hablado de la primera que es *perdonar*. La segunda parte es *hacer enmienda*. Usted no solamente ha sido lastimado, usted también ha lastimado a otras personas. *¿Por qué necesitamos hacer enmienda y cómo se hace?*

¿POR QUÉ NECESITA HACER ENMIENDA?

Por doloroso que parezca, el desagravio es absolutamente esencial. Tratar la raíz de sus problemas significa tratar con relaciones no resueltas. Hasta que usted haga esto, la recuperación no puede darse.

Cuando yo llegué a esta decisión, me tocó hacer mucho trabajo. Tenía una lista bastante larga de nombres de personas a quienes necesitaba desagraviar. Tras muchos años de tomar malas decisiones, había herido a muchas personas, desde antiguos empleados y empleadores hasta amigos y vecinos. Pero la enmienda más importante que me tocó hacer fue a mi familia. Les había causado mucho dolor y angustia, pero ellos aceptaron afablemente mi enmienda y mi relación con todos y cada uno de ellos fue restaurada. Hoy día esas relaciones son más fuertes y están más llenas de amor de lo que jamás habría podido esperar o merecer.

Cuando terminé de hacer mis enmiendas, Dios me bendijo en gran manera al igual que mi proceso de recuperación. Fue cuando Él me dio la visión de empezar Celebremos la Recuperación, un ministerio de recuperación centrado en Cristo para personas que luchan con todo tipo de heridas, complejos y hábitos. Un programa que le ofrece un espacio tanto a individuos como a familias para que encuentren su gracia sanadora.

Hacer enmienda es un asunto tan importante que la Biblia dice: «*Por lo tanto, si estás presentando tu ofrenda en el altar y allí recuerdas que tu hermano tiene algo contra ti, deja tu ofrenda allí delante del altar. Ve primero y reconcíliate con tu hermano; luego vuelve y presenta tu ofrenda*».[16]

Una de nuestras bienaventuranzas para esta decisión es: «*Dichosos los que trabajan por la paz*». La labor de reconciliarse y hacer enmienda es trabajar por la paz. La Biblia le da mucha prioridad a rectificar todos los asuntos en nuestras relaciones interpersonales.

La Biblia también dice: «*Asegúrense de que nadie deje de alcanzar la gracia de Dios; de que ninguna raíz amarga brote y cause dificultades y corrompa a muchos*».[17] Una de las razones por las que usted no puede soltar aquel dolor, superar aquel complejo o dejar ese hábito, es que cuando se mantiene aferrado a relaciones no resueltas, la amargura se arraiga en su corazón y crea toda clase de problemas. Estas relaciones no resueltas deben ser tratadas para que usted realmente avance en su recuperación y disfrute la dicha que produce el ser compasivo y trabajar por la paz, como lo describen bellamente las bienaventuranzas.

Hemos hablado de por qué necesitamos hacer enmienda, pasemos ahora a la parte difícil que es el cómo.

¿CÓMO SE HACE ENMIENDA?

La Biblia tiene un consejo excelente para vivir en paz con los demás: «*Si es posible, y en cuanto dependa de ustedes, vivan en paz con todos*».[18] Tenga esto en mente a la hora de dar los pasos para hacer enmienda a las personas que ha herido. Ponga todo de su parte. La Biblia dice *«si es posible, y en cuanto dependa de ustedes»*. Usted es responsable de sus propias acciones, no de cómo reacciona la persona a su iniciativa de rectificación.

¿Cómo puede usted desagraviar a las personas que ha herido? Se lo mostraremos:

1. *Elabore una lista de las personas que ha herido y qué daño les hizo*

La labor práctica como tal la dejaremos en la sección de «Tome la decisión», pero considere lo siguiente para captar bien la idea.

Primero, una advertencia: cuando empiece a hacer la lista de personas a quienes necesita desagraviar, es posible que diga en su mente «es imposible». No se preocupe ahora mismo por el cómo, ni se ponga a pintar escenarios hipotéticos de «¿Cómo me las voy a arreglar para pedirle perdón a mi ex esposa?» o «¿Cómo puedo devolver el dinero que tomé prestado de papá?». Limítese a escribir los nombres, la metodología vendrá después de eso.

En segundo lugar, algunos de ustedes tal vez digan: «No se me ocurre una sola persona que yo haya herido». En la sección práctica encontrará algunas preguntas que le ayudarán a empezar. Poner por escrito los nombres y las ofensas específicas es un primer paso muy importante para rectificar las cosas con las personas que usted ha vejado.

2. *Piense en cómo le gustaría que un ofensor le pidiera perdón*

La mayoría de nosotros ha oído antes estas palabras de Jesús: *«Traten a los demás tal y como quieren que ellos los traten a ustedes»*.[19] Así que deténgase y piense: «Si alguien viniera a disculparse conmigo, ¿cómo me gustaría que lo hiciera?». Los siguientes cuatro factores pueden ayudarle a definir su preferencia:

Oportunidad: Hay un tiempo para dejar que las cosas se den por sí solas y un tiempo para hacer que sucedan. Hay momentos oportunos y momentos inoportunos para hacer enmiendas. Aquí la idea es que no importunemos a la gente con sorpresas desagradables. No mencione el asunto delicado cuando la persona vaya saliendo de prisa o cuando acaba de poner su cabeza en la almohada: «A propósito, tengo unos asuntos pendientes que te conciernen». No, se hace de la manera que más convenga a la otra persona, no a usted. Eclesiastés dice: «*En realidad, para todo lo que se hace hay un cuándo y un cómo*».[20]

Actitud: Piense en cómo le gustaría que alguien se disculpara con usted. Tenga en cuenta los cuatro criterios siguientes.

En primer lugar, hágalo *en privado*. Elija cuidadosamente el momento y lugar, considere lo que haga sentir más cómoda a la otra persona.

Segundo, hágalo *con humildad*. Diga sincera y simplemente qué hizo mal. No justifique sus acciones ni su actitud, tampoco ofrezca excusas. Tan solo reconozca humildemente su responsabilidad en el problema y asuma cualquier responsabilidad que le corresponda. La otra persona también puede haber tenido parte en el problema, pero aquí se trata únicamente de aclarar su lado del asunto.

Tercero, hágalo *sin expectativas*. No espere algo de la persona que quiere desagraviar. Si él o ella no reconocen su responsabilidad ni se disculpa, no es su problema. Aunque es importante tenerles consideración para hacerlo de buena manera y en el momento oportuno, el cambio de corazón que se necesita no se consigue con complacerles sino haciendo lo correcto.

Tacto: En algunas situaciones no será prudente contactar a la persona que usted ha herido. Recuerde la salvedad de la sexta decisión: «Excepto cuando tal enmienda les cause dolor a ellos o a otros». En algunas situaciones, tratar de hacer enmienda sería inapropiado y contraproducente porque empeoraría la situación. Usted podría hacerle más daño a un tercero inocente además de la persona a quien quiere desagraviar. No conviene que usted acuda a un novio o novia de otro tiempo que ahora está casado. Si estuvo en una relación adúltera, sería inapropiado tener más contacto con esa persona. Cuanto más grave sea la ofensa, es menos probable que la enmienda cara a cara sea lo apropiado. ¿Qué hacer entonces? Aquí también puede usar la técnica de la silla vacía o la carta no entregada. La sabiduría de Proverbios dice: «*El que habla sin pensar hiere como un cuchillo, pero el que habla sabiamente sabe sanar la herida*».[21] Considere la situación, considere a la persona y trate de hacer enmienda de la manera más edificante para él o ella.

> *Si alguien viniera a* DISCULPARSE *conmigo, ¿cómo me gustaría que lo hiciera?*

Restitución: Haga restitución siempre que sea posible. Si debe dinero prestado, pague la deuda así le tome mucho tiempo. Hacer restitución le proporciona libertad y confianza.

La Biblia nos cuenta acerca de un recaudador de impuestos llamado Zaqueo. En tiempos bíblicos, estas personas podían cobrarle a la gente tanto como quisieran sacarles del bolsillo. Después de pagar tributos a Roma, podían quedarse con cualquier excedente. Como consecuencia, eran los miembros más aborrecidos de la sociedad. De toda la gente que Jesús pudo haber visitado, Él decidió ir donde Zaqueo.

El encuentro con Jesús le cambió la vida a Zaqueo, y como parte de ese cambio de vida él decidió hacer restitución de todo lo que había obtenido de manera tramposa. De hecho, decidió devolver cuatro veces lo robado. Este hombre estuvo dispuesto a demostrar su voluntad de cambio haciendo restitución.

Aquí también, cuanto más grave sea su ofensa, será menos probable que usted pueda hacer restitución. Hay cosas que usted no puede restaurar ni corregir, pero no subestime el poder de una disculpa sincera. Haga lo siguiente: discierna el momento oportuno, asuma la actitud correcta, cerciórese de que ponerse en contacto se apropiado, y entonces diga algo como esto: «Lo siento. Hice algo malo. No merezco tu perdón, pero ¿existe la manera de que pueda hacerte restitución?». Habiendo dicho eso, déjelo de ese tamaño.

3. *Reenfoque su vida*

Hoy puede ser un día nuevo. A partir de hoy, usted puede reenfocar su vida y hacer la voluntad de Dios con respecto a sus relaciones personales.

Mientras siga enfocado en el pasado, será controlado por él. La buena noticia es que Dios quiere limpiar su vida de todos los desechos del pasado. Él sabe en qué momento y hasta qué punto usted puede aguantar la limpieza, por eso le quita la mugre capa por capa. Cuando usted entregó su vida y su voluntad a Cristo al tomar la tercera decisión, se le cayó una capa de mugre. Con el paso del tiempo Dios sigue obrando en su vida y confrontándole, arrancando de su vida las heridas, los complejos y los malos hábitos.

Cuando usted toma la sexta decisión sanadora de perdonar a quienes le hayan herido y pedir disculpas a las personas que ha herido, Dios empieza a reciclar los desechos de sus problemas relacionales y usarlos para bien. ¿Cómo lo hace? En el libro de Job encontramos tres pasos para reenfocar y reciclar su vida, y esos pasos vienen acompañados de una promesa asombrosa: «*Pero si le entregas tu corazón y hacia él extiendes las manos… entonces podrás llevar la frente en alto y mantenerte firme y libre de temor. Ciertamente olvidarás tus pesares, o los recordarás como el agua que pasó*».[22]

«*Si le entregas tu corazón*». Para reenfocar su vida empiece con su corazón. Allí es donde usted obtiene la actitud correcta para poder empezar a hacer enmienda.

«*Y hacia él extiendes las manos*». Si todavía no le ha pedido a Dios que entre en su vida, puede hacerlo hoy. Usted no tiene fuerzas para hacer enmienda por su cuenta. Es un trabajo demasiado grande para usted solo. Necesita conectarse con Jesucristo. Él puede darle la fortaleza, la sabiduría y la humildad para enfrentar su pasado y hacer enmiendas donde pueda. Si usted extiende sus manos a Dios, Él le capacitará para que usted pueda llegar a otros.

«*Podrás llevar la frente en alto*». A medida que hace enmiendas y cumple su parte, en cuanto le sea posible, usted reanuda su vida normal. Sus ojos se abren y usted puede anticipar el futuro y enfrentarse al mundo con más valor y gozo. Puede dar un paso adelante y decir: «Ya no soy una víctima». Ya no retrocede ni se esconde en un caparazón, empieza a mirar adelante.

«*Ciertamente olvidarás tus pesares, o los recordarás como el agua que pasó*». Esta es la promesa de entregar nuestros corazones, acercarnos a Dios y llevar la frente en alto: el recuerdo de nuestros problemas y tribulaciones empezará a desvanecerse. Asombroso. Estas palabras contienen el sonido de la esperanza.

¿No le gustaría ser libre de toda la basura en sus relaciones personales? La decisión es suya. La paz y la compasión están a su alcance ahora mismo.

TOME LA
decisión

PASO ACTIVO #1: *Ore por el asunto*

Usted ha trabajado en las primeras cinco decisiones sanadoras. Ha progresado mucho en el camino hacia convertirse en la persona sana e integral que Dios creó. El proceso en dos etapas correspondiente a la decisión de este capítulo le acercará todavía más a su meta, pues en él hallará sanación para las relaciones dañadas que están en la raíz de su problemática. Sin embargo, las decisiones de este capítulo no pueden emprenderse sin ayuda. Usted necesita contar con Dios para llevarlas a cabo. En este paso vamos a pedirle a Dios que nos ayude a perdonar a quienes nos han herido y hacer enmienda a quienes hemos herido. La libertad y la esperanza que nos esperan al final de este proceso le traerán un gran alivio. Use sus propias palabras para pedir la ayuda de Dios o siga la oración modelo:

Amado Dios, tú me has mostrado que albergar resentimiento por los daños que me han hecho y negarme a rectificar mis propios errores me ha lisiado emocional, espiritual y hasta físicamente. Hoy te pido que me ayudes a sincerarme en cuanto al dolor que siento. He tratado de tragármelo o ignorarlo, pero ahora estoy listo para enfrentar la verdad de mis heridas. Al hacerlo, te pido que me des las fuerzas y el valor que necesito para perdonar a quienes me han herido y abandonar mi resentimiento hacia ellos. Sólo por tu poder seré capaz de hacerlo, Señor.

También te pido que me des la valentía y el discernimiento para saber cómo desagraviar a quienes yo he herido. Ayúdame a ser honesto al revisar mi pasado y recordar, y guíame para encontrar la mejor manera de hacer restitución, donde sea apropiado.

Por último, te pido que pueda empezar hoy una vida nueva al reenfocarme en hacer tu voluntad en mis relaciones personales. Ayúdame a poner a un lado mi egoísmo y fijar todo mi corazón en ti. Sé que me falta mucho por recorrer. Quiero ver cumplida la promesa que encuentro en Job, que olvidaré todos mis pesares, o los recordaré como el agua que ya pasó. Amén.

PASO ACTIVO #2: *Póngalo por escrito*

Ha llegado el momento de consignar claramente algunos asuntos vitales.

Personas que usted necesita perdonar

Vamos a empezar con aquellos que le han hecho daño, las personas que usted necesita perdonar. Recuerde, admitir que alguien le ha herido y que usted está enojado por lo que esa persona le ha hecho no significa que usted no la ame. Usted puede enojarse con una persona a quien ama mucho.

Para empezar, haga una lista de las personas que le han hecho daño. Escriba:

+ el nombre de la persona y su relación con usted
+ qué dijo la persona para herirlo
+ qué hizo la persona para lastimarlo
+ cómo lo hizo sentir la ofensa

Póngalo todo por escrito para que pueda verlo. Esto remueve el aspecto vago del asunto y lo vuelve real. Piense en aquella maestra que lo avergonzó o el padre que dijo: «No vas a ser gran cosa, eres un fracaso».

Piense en el novio, la novia, el ex esposo o la ex esposa que le fue infiel. Escríbalo todo en detalle para revelar su dolor. Esta es su Lista de Perdón.

Persona a la que usted necesita pedirle perdón

Ya tiene su Lista de Perdón con las personas que le han hecho daño. Ahora necesita hacer una Lista de Enmiendas para incluir a las personas que usted ha herido. Escriba:

+ el nombre de la persona y su relación con usted
+ qué dijo usted a la persona para herirla
+ qué hizo usted a la persona para lastimarla
+ cómo cree que hizo sentir a la persona
+ por qué lamenta haberla herido

Nuevamente, cuando termine de escribirlo en el papel claramente, verá que cada ofensa adquiere mayor realismo. Ya no es un asunto vago en su memoria, como cuando usted dice: «Me parece que le hice daño con mis palabras cuando me enfurecí». No, cuando usted lo pone por escrito se define claramente: «Así es como le hice daño con mis palabras, cuando perdí los estribos aquella noche». Su Lista de Enmiendas vuelve específica su responsabilidad. Revise otra vez los nombres que escribió en su inventario moral de la cuarta decisión sanadora, columna 5, página 127.

Si tiene dificultad para pensar en las personas que ha lastimado, estas preguntas lo ayudarán a recordar:

+ ¿Hay alguien a quien usted deba algo que no ha pagado? ¿Un amigo, pariente o entidad?
+ ¿Existe alguien a quien le haya roto una promesa? ¿Un cónyuge, un hijo o una hija?
+ ¿Hay alguien que usted controla o manipula? ¿Su cónyuge, su hijo, un hermano, un empleado o un amigo?
+ ¿Hay alguna persona con la cual usted sea extremadamente posesivo? Puede tratarse de su cónyuge, un hijo o una hija, etc.

- ¿Hay alguien que usted critica todo el tiempo? Puede ser su cónyuge, su hijo o hija, etc.
- ¿Alguna vez ha maltratado a alguien verbal, emocional o físicamente?
- ¿Existe alguien que usted no haya valorado o no le haya prestado atención?
- ¿Alguna vez se le olvidó el cumpleaños de un hijo o su aniversario de bodas?
- ¿Hay alguna persona a quien usted le haya sido infiel?
- ¿Alguna vez le ha mentido a alguien?

Esto es suficiente para empezar. Si todavía no se le ocurre nadie para poner en su lista, vuelva a la primera decisión sanadora y empiece todo el proceso. ¡En serio!

PASO ACTIVO #3: *Compártalo con alguien*

Ofrecer perdón

Es muy importante que comparta su Lista de Perdón con su persona de confianza antes de compartirlo con la persona que lo hirió. Su persona de confianza puede ayudarlo a desarrollar un plan para ofrecer su perdón de una manera prudente a las personas que están en su lista. Además, esta persona lo conoce bien y puede retarle a incluir cualquier persona que haya omitido.

Al ofrecer perdón es esencial que usted no permita que la persona en cuestión le haga más daño. Cuente con su persona de confianza para reducir o eliminar cualquier riesgo.

Utilice la técnica de la silla vacía con su persona de confianza para ofrecer perdón cuando un encuentro cara a cara no sea edificante o apropiado. También puede dejarle leer su carta no enviada si decide que es la mejor técnica para resolver el caso.

Hacer enmienda

Asegúrese de compartir también su Lista de Enmiendas con su persona de confianza. Una opinión objetiva puede garantizar que usted se disculpe con motivos puros. La Biblia nos exhorta de este modo: «*Preocupémonos los unos por los otros, a fin de estimularnos al amor y a las buenas obras*».[23] Así como la persona a quien usted rinde cuentas lo ayudó a ofrecer su perdón, él o ella puede ayudarlo a planear el momento y lugar adecuados para hacer sus enmiendas. Si le debe dinero a alguien, su persona de confianza podrá ayudarlo a dilucidar el plan de restitución.

Usted necesita que su persona de confianza le exhorte a hacer todas las enmiendas de su lista. Tan pronto termine, no quedarán esqueletos en su armario y llegará a un punto en su vida en que podrá decir: «Ya no tengo nada que esconder. No soy perfecto, pero he tratado de reparar todos los daños que hice en el pasado. Me he disculpado y ofrecido restitución de mi parte».

LA HISTORIA DE
Carlos

Mi nombre es Carlos. Soy un creyente en proceso de recuperación de mis heridas, complejos y malos hábitos. Quiero compartir acerca de mi lucha de toda la vida con el temor y el legalismo y de cómo mi Señor, Jesucristo, está usando mis debilidades para mi propio bien y para su gloria. He pasado la mayor parte de mi vida aparentando ser más valiente de lo que realmente soy. Puede ser vergonzoso admitir mis sentimientos de inseguridad, falta de valor, pánico, ansiedad y puro terror, mucho más cuando uno mide más de un metro con ochenta y cinco centímetros y pesa más de cien kilos. Sin embargo, no siempre fui tan grande y ahí es donde comienza mi historia.

Fui criado en la década de los cincuenta por un padre alcohólico y una madre controladora y alcahueta. La crianza de los hijos era mucho más estricta en esa época, pero mis padres eran demasiado estrictos. Aunque no recurrieron al maltrato físico usaron la rabia y el temor para intimidarnos a mi hermano, mis hermanas y yo a fin de someternos. Como vivíamos aislados de otras familias, no fue sino años después que me enteré que otros niños expresaban sus propias opiniones en el ámbito familiar. Pero en mi familia, ¡ni hablar! Cuando lo felicitaban por lo bien que se portaban sus hijos, mi papá decía que los hijos son para ser vistos, no escuchados.

Ocurrieron dos incidentes cuando tenía seis o siete años que explican el origen de mi temor. Mi familia regresó a casa tras visitar a los abuelos una noche muy tarde, cuando yo decidí ofrecerles chicle a mis hermanitos. Papá supo de inmediato que había sacado el chicle sin permiso de la casa de mis abuelos y me confrontó. Admití mi trasgresión y me preparé para recibir nalgadas en la casa. En lugar de eso, mi papá detuvo el auto y me preguntó si sabía qué le pasaba a los ladrones. Dije que no y él contestó que iban a la cárcel. Mientras señalaba un edificio enorme, oscuro y tenebroso, me dijo que era la prisión donde yo me iba a quedar durante los próximos veinte años. Me ordenó entregar todas mis cosas y me dijo que le rogara a Dios que me perdonara. Mi hermano, mis hermanas y yo gritamos aterrorizados. Aquel incidente y otro similar un año después, me enseñó que la aprobación de mis padres y de Dios era condicional porque se basaba en mi conducta. Sé que mi espíritu fue doblegado entonces. Aprendí a anticipar el estado de ánimo de mis padres y a reaccionar de manera adecuada además de ofrecer un rostro sonriente, preparado para hacer un giro de 180 grados si no había adivinado correctamente. En lugar de volverme resentido, me esforcé todavía más en complacerlos. Anhelaba recibir amor y afecto, pero ellos eran incapaces de darlo.

Mis experiencias en el hogar fueron reforzadas por mi formación religiosa. Me enseñaron que era responsable de mi propia salvación y que ésta se basaba en cuánta perfección alcanzaba. Si vivía una vida perfecta pero cometía un pecado mortal y moría sin confesarlo, Dios me enviaría al infierno toda la eternidad. Lo que hacía más terrible esa posibilidad era que no tenía a nadie con quién hablar al respecto. Se esperaba que cumpliera de manera perfecta los diez mandamientos. Puesto que el fracaso o el progreso no tenían cabida en ese sistema, yo no podía admitir mis luchas, así que aprendí a ponerme una máscara de piedad y rectitud, mientras era consumido por dentro por el terror y la culpa de mi incapacidad para vivir a la altura de la norma de conducta de todos los demás.

Mi concepto de Dios se basaba en el modelo de mi papá como el padre imposible de agradar, así que traté de apaciguar la ira de ambos yendo al seminario a estudiar para el sacerdocio. Esperaba escapar de mi sentimiento de culpa y ganarme el amor que anhelaba con tanta desesperación. Ahí tampoco pude encontrar la respuesta. Desde el primer día me comparé con los demás seminaristas y me sentí inferior. No solamente me parecía que eran más piadosos que yo, también sentía que Dios mismo me veía como un hipócrita. Quise salir del seminario a los seis meses pero tardé dos años en armarme de valor para afrontar la decepción de mi padre al no tener un hijo sacerdote.

Tras mi experiencia en el seminario conocí a Margaret. Estuvimos juntos seis años y diecinueve casados. Margaret venía de un hogar donde había mucho maltrato físico. Ella estaba habituada al conflicto, tanto como el cumplimiento total de las reglas era la norma para mí. Peleábamos con frecuencia y yo fingía oponer resistencia, pero como sentía miedo y culpa terminaba cediendo. Ambos obteníamos lo que queríamos y nos sentíamos muy infelices. Nuestra vida sexual era la mejor parte de nuestra relación, pero no teníamos intimidad fuera del dormitorio. Con el tiempo ella subió de peso ciento veinte libras y yo traté de ser comprensivo. Al ver que eso no funcionó, debí haberla confrontado con amor, pero decidí en cambio sentir lástima de mí mismo y salir con prostitutas. Al cabo de diecinueve años, cinco embarazos malogrados y un sinfín de lágrimas, ella me dejó.

Pasé los tres meses siguientes con una depresión severa y aislado. Busqué terapias para lidiar con mi baja autoestima, pero la gota que rebosó la copa fue cuando mi terapeuta se quedó dormido durante una de mis sesiones. Decidí por primera vez en mi vida vivir para mí sin importarme la aprobación de los demás. Me la pasé en fiestas los cuatro años siguientes y me divertí por un rato, pero el precio a pagar fue muy alto. Me volví adicto a las prostitutas y la pornografía, probé las drogas y me volví alcohólico. Sin importar cuánto me intoxicara, no podía escapar del pavor que había tenido desde la infancia y que aún me tenía preso. Traté de confrontar mi temor enrudeciendo mi aspecto físico. Usé esteroides que traía de contrabando de México, tomé clases de artes marciales y trabajé cuatro años como portero y guardia de un bar local, hasta me hice tatuajes. Todos estos remedios fueron superficiales y poco a poco me di cuenta de que había cambiado una forma de esclavitud por otra, y que estaba muy vacío por dentro.

Dios empezó a alcanzarme con la primera de muchas personas amables. Mi amigo Frank, que también trabajaba en el bar, empezó a sembrar las semillas que Dios hizo crecer en mí. Después otra amiga, Andi, me invitó a la iglesia. Por primera vez oí quién era Jesús realmente. Me habían enseñado que Jesús era una víctima. Ahora estaba oyendo que Él era quien había elegido morir y que lo había hecho por mí. También oí acerca de la gracia, ¡algo increíble para mí! Todavía aprecio el hecho de que el Señor usara a Andi, una bella bailarina de aquel establecimiento de bebidas alcohólicas, para acercarme a Él. Dios sabía dónde me encontraba.

Fue necesario un arresto por conducir mientras estaba intoxicado para iniciar mi recuperación. Empecé a ir a Alcohólicos Anónimos en noviembre de 1990. Me las arreglé para estar sobrio por un tiempo, pero no fue sino hasta que empecé a asistir a la Iglesia Saddleback que los otros milagros empezaron a ocurrir. El pastor Rick empezó una serie de sermones sobre la recuperación y quedé impactado por uno de los testimonios. El viernes siguiente el Señor me presentó a mis hermanos y hermanas de Celebremos la Recuperación, y por fin me di cuenta de que ese era mi hogar. Ellos no me acolitaron, ni me juzgaron, ni trataron de arreglarme. Más que todo, me dieron lo que había buscado toda mi vida: amor incondicional. Y me llenaron de abrazos, que no estaban de más.

Dios ha enviado muchas personas valientes y amables que me animaron durante momentos difíciles. Siempre he podido contar con Lisa, Tim, Lori, Joe, Cathy, Bob, Karrie, y los hombres de mi grupo de recuperación. Me disculpo con los lectores por mencionar nombres de personas desconocidas, pero yo necesito hacerlo para acordarme de cuán bendecido soy por su presencia en mi vida, y para enfocarme en el hecho de que Dios nos creó para estar en relación con otros. La recuperación es un esfuerzo mancomunado, y no fue hasta que Dios me sacó de mi aislamiento mediante la intervención de estos individuos, que yo empecé a experimentar la libertad que jamás conseguí con mis esfuerzos fútiles de recuperación sin ayuda de nadie.

En mi proceso de recuperación descubrí que tenía un problema con Dios. El pavor que le había tenido a Dios desde la infancia se basaba en mi temor de ser castigado por una vida que no fuera perfecta. Dios reveló la verdad asombrosa que me liberó de mi terror de Él. Filipenses 2:13 dice: «Pues Dios es quien produce en ustedes tanto el querer como el hacer para que se cumpla su buena voluntad». *La prueba de que Él me ama es mi sobriedad. Todo lo que yo hice fue participar en el proceso y seguir viniendo a las reuniones. Él hizo por mí lo que yo no pude hacer por mí mismo. Me amó lo suficiente como para transformar mi vida.*

El Señor me ha sanado mis complejos de víctima. Mientras crecía siempre me sentía como la víctima. Ni siquiera me consideraba dueño de mis propios sentimientos y opiniones. Estaba totalmente indefenso y vulnerable. No tuve ningún problema para tomar la primera decisión sanadora. Como Pablo, me regocijé en mis debilidades. El problema es que me quedé ahí. Mi temor me impidió ver la aplicación de esta verdad, que al gloriarme en mis debilidades puedo depender del poder de Cristo. Primera de Juan 4:18–19 dice: «En el amor no hay temor, sino que el amor perfecto echa fuera el temor. El que teme espera el castigo, así que no ha sido perfeccionado en el amor. Nosotros amamos a Dios porque él nos amó primero».

En lo que respecta a mis heridas, el Señor me ha rodeado de gente que me ama y apoya en el grupo de personas con dependencia química. El amor y la gracia de Dios reflejado en los participantes de Celebremos la Recuperación me dio el valor y la fortaleza para culminar la sexta decisión sanadora:

DECISIÓN 6

Reparo mis RELACIONES

Evalúo todas mis relaciones. Ofrezco el perdón a quienes me han herido y enmiendo las heridas que les he causado a otros, excepto cuando tal enmienda les provoque dolor a ellos o a otros.

Como resultado de tomar esta decisión he podido cerrar el capítulo con mi ex esposa. Dios también estuvo en el centro de mis enmiendas en tres ocasiones diferentes.

La primera fue con la dueña del bar donde trabajé cuatro años como portero. Le había robado unos tres mil dólares durante ese tiempo. Había dejado de trabajar en el bar y me dedicaba ahora al mantenimiento de plantas. No tenía el dinero pero Dios me instó a dar un paso de fe. El orgullo me había detenido porque Connie, la dueña, me había puesto sobre un pedestal. Sabía que mi honradez iba a destruir sus ilusiones. Cuando se lo confesé, me preparé para que explotara como solía hacerlo, y que me exigiera la devolución inmediata del dinero. En lugar de eso recibí la misericordia y gracia de Dios. Ella primero hizo una mueca y luego dijo: «Te perdono. Olvidémonos de eso y dejémoslo en el pasado».

La segunda ocasión fue todavía más difícil porque había robado miles de dólares en plantas de mi proveedor principal. Le mencioné al asunto a su administrador, quien me dijo que el dueño iba a rechazar tanto mi confesión como mi restitución, y por cierto iba a sacarme del negocio. Dios me alentó a proseguir a pesar de mi ansiedad y vergüenza por haber dañado la confianza de este amigo y socio de negocios. Él no solamente aceptó mi enmienda y el cheque por la cantidad total robada, sino que unas semanas después recibí una carta de agradecimiento. Nuestra relación ha sido reparada y es más estrecha que nunca.

El tercer desagravio fue similar al último porque tenía que ver con el robo de plantas. Sin embargo, yo había olvidado el asunto y el Señor fue quien me llamó la atención al respecto. Se trataba de una empresa pequeña en San Diego y habían pasado tantos años que no recordaba el nombre. Me puse a orar sobre eso pero no lo podía recordar. Por supuesto, mi vieja manera de pensar como alcohólico trató de usar esto como excusa para evitarlo, pero Dios me dijo «de ninguna forma» y le siguió dando prioridad. Un día iba manejando y Dios volvió a ponerlo en mi corazón. Yo dije frustrado: «Señor, no tengo tiempo para ir a San Diego a pagar ese dinero, ni siquiera sé dónde queda el negocio. Ayúdame entonces a recordarlo». Tan pronto terminé esa oración, el camión de entregas de esa empresa se detuvo a mi lado en el semáforo. ¿No es Dios asombroso? También tiene un tremendo sentido del humor. Además de hacer enmienda y mandarles el cheque por correo, tuve la oportunidad de darles mi testimonio. No podían creer que yo, después de más de diez años, hubiera decidido hacer algo así.

Sin embargo, la oportunidad más grande que Dios me dio para hacer enmienda y ofrecer perdón fue la restauración completa de mi relación con mis padres. Había estado en recuperación más de doce años y había dado todos los pasos necesarios en cuanto a hacer enmienda y ofrecer perdón, pero seguía faltando algo en la relación con mis padres. Tal vez tenía la expectativa de que el acercamiento se diera de forma automática, pero no había desaparecido una cierta rigidez formal y distante. Fue entonces que Dios intervino y sacudió todas las cosas.

A mi papá le diagnosticaron cáncer terminal y le dieron seis meses de vida. El Señor empezó a obrar en su corazón y el mío. Por primera vez en nuestra relación, hablamos de nuestros sentimientos y conversamos sobre algo que no fuera lo que salía por televisión. Mi papá incluso me dijo que me amaba.

Luego Dios empezó a poner en mi corazón que compartiera mi fe con ellos. En el pasado, cuando les mencionaba alguna experiencia espiritual, mis padres siempre decían: «Nos alegra que te guste tu iglesia, pero nosotros estamos contentos en la nuestra». Fin de la discusión.

Después mi mamá tuvo que ser hospitalizada y cuando fui a verla, el Señor me exhortó a hablarle con amor acerca de Él. Para mí era difícil testificar ante mi familia porque anhelaba mucho que conocieran a Jesús como yo lo conocía. Bueno, esta vez no sentí nada de nervios al hablar de Cristo con mi mamá. Fue fácil porque Él me dio las palabras, y lo más importante, el amor suficiente para llegar a su corazón. Cuando aceptó al Señor, ¡pude ver a mi mamá como mi hermana en Cristo!

Una semana después visité a mis padres de nuevo, y el Señor ya había preparado el corazón de mi papá. Mi mamá le había contado de su decisión y él estaba ansioso por orar y recibir a Cristo también. Alabado sea Dios por su gracia y fidelidad inefables. Dios no solamente trajo reconciliación entre mis padres y yo, me bendijo con el máximo legado al permitirme llevarles a los pies de Cristo.

La realización final vino un mes después cuando el Señor se llevó a mi papá para que estuviera con Él, y puedo decir con toda sinceridad que estoy muy gozoso por ello. Ya anticipo una reunión maravillosa cuando vuelva a ver a mi papá y a mi Padre celestial. ¡Alabado sea Dios!

En cuanto a mis hábitos, hace poco celebré dieciséis años de sobriedad. También estoy agradecido por mis catorce años como célibe. Siento mucha gratitud hacia el Señor por las ocho decisiones sanadoras que proveyeron un marco de referencia esencial en mi recuperación.

El poder de Dios y su amor incondicional me han llevado a querer ser usado por Él para servir a otros, a pesar del temor que he tenido desde la infancia. Esa debilidad le permite a Jesús usarme para reflejar su misericordia y compasión. Yo soy un instrumento en sus manos, ahora que me desempeño como codirector del grupo para hijos adultos con alguna dependencia química. También doy gracias por poder servir como codirector en nuestro grupo para adolescentes con problemas. Este ministerio tiene un lugar especial en mi corazón porque usamos la intervención amorosa y la restauración incorporada en Celebremos la Recuperación para impedir que algunos de esos chicos adquieran adicciones.

Me gustaría dejar a los lectores con el versículo lema de mi vida. Contiene la respuesta de esperanza para todas las personas que como yo luchan con el perfeccionismo. Jesucristo es perfecto, por eso puedo relajarme y dejar que Él sea Dios, no yo.

«Por lo tanto, ya no hay ninguna condenación
para los que están unidos a Cristo Jesús».[24]

LA HISTORIA DE
Bill

Mi nombre es Bill. Soy un creyente en proceso de recuperación del alcoholismo. También soy hijo de un alcohólico. Hubo un tiempo en que pensé que jamás necesitaría admitir algo así. Aunque vengo de una familia de alcohólicos, pensé que yo iba a ser diferente. Mi papá tenía un problema con la bebida, pero yo estaba seguro de ser diferente. Creí ser diferente hasta la noche del viernes, 26 de febrero de 1999, cuando ocurrió una tragedia y mi vida cambió en un instante.

Crecí como un chico cualquiera en una familia de militares. Mis recuerdos más remotos son de sentirme solo. Como mi papá tenía una carrera militar, nos mudábamos todo el tiempo. Durante mis primeros once años vivimos en Illinois, Michigan, Carolina del Norte, Virginia, Wisconsin, Missouri, Hawai y California. Nunca nos quedábamos en un lugar lo suficiente para que yo asistiera a la misma escuela dos años consecutivos. Soy el único hijo varón y tengo seis hermanas. Aunque muchos se imaginarían que fui un consentido, en realidad me sentí casi todo el tiempo como el patito feo. Sentía envidia de mis hermanas porque eran muy apegadas entre sí y me excluían de todo. Yo no tenía con quién compartir mis ideas y sentimientos. Me volví tímido e introvertido. Siempre me ha gustado guardar silencio en presencia de los demás, no importa si los conozco o no. Prefiero escuchar en vez de hablar.

Mi papá era el tipo más recio del mundo. Era un marinero estricto y cumplidor de las reglas. En mi juventud muy rara vez me mostró alguna emoción. Sentí como si me manejara siguiendo las instrucciones de algún manual militar. Era un hombre muy determinado que se había matriculado en los marines aun antes de terminar la secundaria. Su primera misión fue en Corea, donde recibió un disparo en la cabeza durante un combate. Sobrevivió y fue condecorado con un Corazón Púrpura. Supuse que nada podría matarlo. Siempre estuve muy orgulloso de mi papá y lo respeté, aunque nunca me pude sentir cercano a él.

212

Habíamos vivido en Wisconsin como un año mientras papá estaba en Vietnam. Una mañana mientras nos alistábamos para la escuela, timbró el teléfono. Mamá contestó y supimos de inmediato que algo andaba mal. Nos enteramos de que papá había sufrido un ataque al corazón y estaba en muy malas condiciones. Todos lloramos y sentimos que la vida jamás volvería a ser igual.

Mi papá sobrevivió el ataque cardíaco y después de recuperarse en el hospital, la familia se trasladó a su próxima estación en Hawai. Allí observé el gusto de mi padre por el alcohol. Lo acompañaba a su ronda de golf de los sábados y luego íbamos al bar. Me hizo prometer que no se lo contaría a mamá. En otra ocasión, lo encontré por sorpresa frente a la nevera, tomándose una botella entera de vino. Me vio y se puso a insultarme por mirarlo. Su reacción me produjo confusión, no podía entender qué gusto le hallaba a esa botella porque a mí me parecía que solamente causaba problemas entre él y mi mamá.

Cuando se le acabó el servicio en Hawai, nos mudamos a Irvine, California. Después de tratar de ser dueño y administrador de un bar de cervezas, mi papá consiguió un trabajo con el condado. Me volví amigo de Ray, un chico del vecindario. Ray y su familia eran cristianos y asistían regularmente a la iglesia. Yo los acompañaba de vez en cuando y fue una experiencia nueva y diferente para mí. La gracia inmerecida y el perdón gratuito del que hablaban me intrigaba, pero me costaba imaginar a un padre que pudiera perdonar sin condiciones. Mamá y papá practicaban el catolicismo y nosotros habíamos tenido que estudiar el catequismo de la Iglesia Católica, así como ir a misa todas las semanas. Fui bautizado siendo un bebé, recibí mi primera comunión a los seis e hice mi primera confesión a lo ocho. Sabía que Dios existía y que Jesús era mi Salvador, pero no tuve una relación personal con Él hasta que empecé mi recuperación. Como a los quince años, mis padres me dejaron ir a la iglesia como algo opcional, y yo opté por no volver. Seguía orando a Dios casi todos los días, pero ya no quería ir más a la iglesia.

A los dieciocho años empecé a trabajar como asistente en una tienda de licores mientras iba a la universidad. Aunque no había tenido deseo de tomar, el alcohol siempre estaba disponible. Mi primera experiencia con el trago se dio cuando fui con unos compañeros del trabajo a ver la película The Rocky Horror Picture Show. Seleccioné una botella grande de Grand Marnier de la tienda para compartir con los demás. Me habían dicho que tenía sabor a naranja y eso me sonó mejor que tomar ron o vodka. Nos sentamos en el balcón y bebimos directo de la botella. Mi organismo rechazó la bebida y vomité, pero a pesar de haberme indispuesto disfruté mi primera experiencia de embriaguez. Todas mis inhibiciones desaparecieron, me volví más sociable y menos apenado. Salí de mi caparazón. Me volvía más ameno y gregario, sentía que era más aceptado cuando estaba intoxicado. Más bien, engañado.

Terminé la universidad con buenas calificaciones, pasé el examen de contaduría pública en mi primer intento y conseguí un trabajo con una firma nacional muy prestigiosa. Recuerdo que traté de impresionar a algunos de mis colegas en una fiesta de Navidad con mi conocimiento del vino. Fui el centro de atención en la mesa redonda con mantel blanco, enseñando a los presentes cómo catar vinos. Seguramente le di más vueltas de la cuenta a la copa porque el vino salió disparado en todas las direcciones, y no era vino blanco. En 1984 me fui a trabajar para una firma local de contadores públicos y me quedé ahí siete años, subiendo de cargo y avanzando en mi carrera.

Conocí a Diana mientras trabajaba en la oficina de un cliente en Los Ángeles. Era tan hermosa que me costó mucho hablarle la primera vez. Otra contador que vivía conmigo en aquel tiempo, le había puesto el ojo a otra secretaria de la oficina. Ambos decidimos pedirles una cita a las chicas. Diana me dijo que accedió porque su amiga insistió mucho, pero la pasamos bien y después queríamos venros en cualquier oportunidad que tuviéramos. Ella se convirtió en mi esposa en junio de 1989.

Durante este tiempo mis familiares y amigos le hicieron una intervención conjunta a mi papá. Puedo recordar que me sentí como un hipócrita cuando llegó el momento de decirle lo mucho que había afectado a la familia con la bebida. La intervención funcionó por un tiempo. Mi papá entró a un programa y se abstuvo de tomar alcohol. Luego mis padres se jubilaron y tomaron unas vacaciones prolongadas. A veces durante el viaje, papá se tomaba unos traguitos a escondidas. En agosto se enfermó y unas semanas después fue hospitalizado con una afección al hígado.

Durante dos semanas la familia entera acompañó a papá en el hospital. Sabíamos que tal vez no iba a recuperarse, pero no perdimos la esperanza. Papá fue un hombre tan recio que sobrevivió un disparo a la cabeza y un ataque cardíaco, pero no pudo derrotar el alcoholismo. Murió a la edad de cincuenta y cinco años. Toda nuestra familia dependía mucho de él. Yo sigo soñando con él como si todavía estuviera presente. Lo extraño profundamente, pero ni siquiera su muerte fue suficiente para que yo cambiara de rumbo. En mi propio engaño, me justifiqué diciendo que la bebida nunca iba a ser un problema tan grande para mí como lo fue para él. Al fin y al cabo, yo nada más bebía los fines de semana, no todos los días.

Dios estaba tratando de llamarme la atención, pero yo no estaba dispuesto a escuchar. Tuve varios sucesos peligrosos con la bebida. El tema común era que salía casi completamente ileso en cada ocasión. Algunos vehículos sufrieron daños, pero podían ser reparados y así seguía adelante. Mi vida seguía sin un rasguño. ¿Qué problema con la bebida?

Con el paso del tiempo mi esposa pasó de la preocupación al enojo en cuanto a mi rutina de bebida. Estaba lista para dejarme. No tuve otra alternativa que prometerle dejar el trago. Cumplí la promesa durante tres semanas. Cuando fui acusado de ser un alcohólico, le expliqué a Diana: «Yo no soy un alcohólico. Lo que pasa es que no puedo controlarme después de tomar el primer trago».

Mi autoengaño desconocía límites, hasta la noche del 26 de febrero de 1999. Regresaba a casa de un viaje de negocios en Houston. Me había tomado unos tragos en el aeropuerto y en el avión. Al llegar al condado de Orange era más temprano aquella tarde de viernes. Llamé a Diana y acordamos encontrarnos con nuestra hija Kristin para cenar en nuestro restaurante mexicano favorito. Bebimos algunas margaritas en la cena.

Desde que había salido de Houston, había estado bebiendo durante seis horas, había cruzado dos zonas horarias y sin embargo no sentía ninguna dolencia. Terminamos de cenar y nos fuimos a casa.

Diana se fue en otro auto con mi hija, pero antes me preguntó si me sentía bien para manejar. Le di la respuesta rutinaria de «sí, claro» y tomamos rutas distintas. Eran las 8:40 de un viernes en la noche y estaba ansioso de llegar a casa. Me faltaba menos de un kilómetro para llegar cuando tomé una curva demasiado rápido. Un toyota rojo venía en dirección opuesta y lo primero que vi fue que se pasaron a mi carril. No estoy seguro si me vieron o no. Casi no tuve tiempo de reaccionar. Pisé los frenos y empecé a virar para evitarlos. Hubo un choque, se dispararon las bolsas de aire, las llantas rechinaron, escuché gritos y luego, silencio. Me asombré de poder salir de mi auto. No pensé que el otro auto hubiera corrido la misma suerte, pero estaba demasiado aturdido para verificarlo. En cuestión de minutos las sirenas anunciaron la llegada de la policía y los paramédicos. A mí me sacaron de la escena, me sometieron a pruebas y me procesaron. Antes de ser puesto en la cárcel del condado de Orange, el oficial me notificó que en el auto que yo choqué iban dos personas. Una mujer de cincuenta años fue lanzada por el impacto y murió de inmediato. Su esposo fue pronunciado muerto al llegar al hospital.

Sentado en la celda, supe que mi vida jamás sería igual. Toda mi perspectiva cambió en un instante. No tenía dónde esconderme ni a quién echarle la culpa. Sin importar mis buenas intenciones, creí haber cometido una ofensa imperdonable. Ahí mismo tomé la primera decisión sanadora: reconocí que no soy Dios; admití que soy incapaz de controlar mi tendencia a hacer lo malo y que mi vida es ingobernable.

Pagué la fianza a la mañana siguiente y me fui a casa. Mientras luchaba con sentimientos constantes de culpa y remordimiento, mi familia entera se presentó para consolarme. Tras una vida siendo incapaz de expresarles mi amor, pude contar con ellos en la hora más difícil. No podía hallarle sentido a este suceso terrible, pero sabía que no lo iba a resolver en cuestión de unos días. Sabía que Dios sí podía darle algún sentido, que Él tenía el poder para restaurarme, y que lo haría si yo lo dejaba todo en sus manos.

Una semana después del accidente, la familia entera asistió al servicio en Saddleback. Yo había ido un par de veces con Diana y Kristin. El mensaje me hizo llorar. Cantaron «Oh Señor, Santo Señor» y me identifiqué con cada palabra: «Cuando pensé que mi vida se había acabado, tú seguías allí esperándome a mí. Ahora puedo ver que hay cosas buenas que sólo el sufrimiento puede traer».

Después del servicio, una de mis hermanas pasó por las mesas de información y vio a John, un viejo amigo mío. Estaba encargado de la mesa de Celebremos la Recuperación aquella mañana. También hablamos por la tarde y me contó acerca del ministerio Celebremos la Recuperación, y que iba a empezar un grupo de estudio de los pasos el día siguiente. Pude ver que no era ninguna coincidencia. John me recogió y me llevó a aquella reunión del lunes y se quedó conmigo. Poco después, le pedí a John que fuera mi persona de confianza a quien yo pudiera rendirle cuentas de mi vida.

No puedo poner en palabras los sentimientos de culpa y la vergüenza que sentía por el accidente. Al principio el remordimiento fue casi insoportable. No parecía existir consuelo para mí con el recuerdo constante de haber acabado dos vidas y dejado a unos hijos sin padres. A esto tenía que añadir la posibilidad de perder mi trabajo, mi licencia de conducir, ir a la cárcel y perder todas mis pertenencias en un juicio civil. Con la ayuda de mi familia, los líderes de Celebremos la Recuperación, las personas de confianza y decidido a tomar las ocho decisiones sanadoras, aprendí lo que significa aceptar la dificultad como un sendero a la paz. Supe que habría consecuencias por mis acciones, pero traté de no paralizarme por la angustia. El apóstol Pablo nos dice: «No se inquieten por nada; más bien, en toda ocasión, con oración y ruego, presenten sus peticiones a Dios y denle gracias».[25] La gente me preguntaba cómo podía seguir funcionando con el peso de lo que había hecho y todo lo que llevaba sobre los hombros. Lo que hice fue enfocarme en someter mi vida a Dios. Pedí que se hiciera la voluntad de Dios.

Informé a mi empleador sobre el accidente. No me habría asombrado ser despedido. De algún modo Dios hizo que yo conservara el trabajo. El departamento de tránsito vehicular no fue tan comprensivo. Poco después del accidente, mi licencia de conducir fue revocada. Mi trabajo requería muchos viajes y no sabía cómo me las iba a arreglar. Pero Dios sí. Cada vez que necesité estar en alguna parte, Él me proveyó la manera de llegar. Quiero dar las gracias a todos los que me ayudaron a transportarme.

Un mes después del accidente, se fijó la fecha de mi audiencia y fui puesto en arresto domiciliario. Debía estar en mi casa a toda hora excepto para trabajar, ir a la iglesia y asistir a las reuniones de Celebremos la Recuperación. Tuve que llevar puesto un brazalete aparatoso en mi tobillo durante más de trece meses. Fue bastante incómodo, pero no tanto como lo habría sido la celda de una prisión. Sabía que Dios tenía un plan. Él me permitió conservar un trabajo, estar con mi familia y trabajar en las decisiones sanadoras de Celebremos la Recuperación.

Tuve que comparecer ante la corte varias veces durante el año. Cada vez que entraba, sabía que tal vez no iba a poder salir. Mis familiares y amigos siempre estuvieron presentes para animarme y apoyarme. Sabía que había gente orando por mí y lo agradecía mucho. Las noches de reunión en Saddleback fueron mi refugio. Allí no era juzgado, solamente recibía cuidado, interés genuino y amor.

Por fin se dictaminó una sentencia: tres años en prisión federal con crédito por el tiempo que pasé en arresto domiciliario y por mi buena conducta. Me quedaban unos cuantos días para arreglar mis asuntos y preparar a mi familia para mi ausencia. No puedo explicar por qué, pero yo sabía que todo iba a salir de acuerdo a la voluntad de Dios. Él estaba en control. Yo tenía cierta aprensión pero no estaba atemorizado.

Mientras estuve en prisión, varios amigos míos estuvieron al tanto de mi familia: John, CJ y Joe, por nombrar unos cuantos. Nos habíamos conocido un breve tiempo, pero mostraron una gran disposición para ayudar y estar disponibles en nuestra hora de necesidad. Joe especialmente nos prestó mucha ayuda. Él pintó e instaló una nueva puerta principal, movió muebles y ayudó a Diana con el mantenimiento de la casa. Quedaré para siempre agradecido con ellos por su generosidad y abnegación.

El tiempo pasó rápido y pude volver de nuevo al condado de Orange. Dios usó a mi hermana para convencer al estado de seleccionarme entre un gran número de reclusos para un programa de trabajo en cooperativa. Fue una bendición que me asignaran un trabajo incluso antes de llegar a la cooperativa, y otro beneficio fue que allí me tenían permitido ir a las reuniones de la iglesia. Recuerdo el primer viernes que pude volver a Celebremos la Recuperación. Volví a tener aquella sensación maravillosa de estar en un refugio seguro. Nunca he recibido tantos abrazos en toda mi vida. Dios restauró así mi compañerismo fraternal.

Seguía pendiente un juicio civil. Tuve la fortuna de encontrar un abogado que se interesó genuinamente en mi caso, y después de trabajar conmigo varios meses, él mismo admitió ser un alcohólico y hoy día participa activamente en el programa. La Palabra de Dios nos asegura: «Ahora bien, sabemos que Dios dispone todas las cosas para el bien de quienes lo aman, los que han sido llamados de acuerdo con su propósito».[26] Mi abogado fue gentil y persuasivo durante el proceso legal y en el primer día de juicio oficial todas las partes accedieron a un acuerdo.

Pero, ¿cómo iba yo a desagraviar a los dos hijos de la pareja que había matado? ¿Cómo iba a hacer lo que me pedía la sexta decisión sanadora?

DECISIÓN 6

Reparo mis RELACIONES
Evalúo todas mis relaciones. Ofrezco el perdón a quienes me han herido y enmiendo las heridas que les he causado a otros, excepto cuando tal enmienda les provoque dolor a ellos o a otros.

Durante aquel tiempo, mi abogado tuvo la oportunidad de hablar con el hijo mayor del difunto. El hijo le indicó a mi abogado que me dijera que me había perdonado por matar a sus padres. Este hombre, a quien nunca *he tenido el honor de conocer, fue un ejemplo de gracia para mí que siempre atesoraré. De ningún modo lo merezco, pero él de todos modos me perdonó. A veces oímos en la recuperación que no tenemos derechos. La pregunta es, ¿por qué? Ahora sé que no tengo derechos porque he sido perdonado. Esta es la clase de amor que espero defina mi nueva vida. Además, oro para que algún día pueda expresarles en persona a los hijos de esta pareja cuánto lamento haberles causado una pérdida tan dolorosa. La sexta decisión sanadora dice: «Excepto cuando tal enmienda les cause dolor a ellos o a otros». Necesito esperar el momento oportuno que Dios me indique para completar este paso con ellos.*

Unos meses después de estar en libertad, me devolvieron mi licencia de conducir y Dios me proveyó un buen trabajo a menos de cinco kilómetros de mi casa. Ahora tengo una relación más sana con mi esposa y mi hija porque he podido hacer mis enmiendas. Nos amamos mucho y juntos procuramos la voluntad del Señor en nuestras vidas. Como todas nuestras relaciones, nuestro sendero es de progreso, no de perfección. En agosto de 2001 fuimos bautizados juntos, como familia.

Tanto Diana como yo tenemos la gran bendición de ser líderes en el estudio de los pasos en Celebremos la Recuperación. Amo este ministerio y sé que lo necesito más de lo que me necesita a mí. Cada noche de compañerismo fortalece mi fe. También disfruto ser miembro del comité de barbacoa, ya que provengo de un largo y ávido linaje de comelones y me produce mucha satisfacción ver a otros disfrutar una buena comida.

Lo más importante es que sigo buscando que se haga la voluntad de Dios en mi vida. Disfruto vivir sin nada que esconder y nada que probar. Utilizo la «Oración de la Serenidad» como el marco de referencia para cada día. Cada vez que la digo en mi tiempo diario a solas, algún pasaje de las Escrituras hace eco en mi mente. Medito en ese versículo y trato de actuar conforme a él durante el día. Unos días funciona mejor que otros. Sobra decir que mi vida no es perfecta, pero esta promesa de Dios me anima y reconforta:

«Dios empezó el buen trabajo en ustedes,
y estoy seguro de que lo irá perfeccionando
hasta el día en que Jesucristo vuelva».[27]

Dios me ha ayudado a pasar por momentos muy tenebrosos y me ha restaurado. Todo lo que tuve que hacer fue rendirme. Darme por vencido. Estar dispuesto a doblegar mi voluntad. Abandonarme al cuidado de Dios: «Para ti, la mejor ofrenda es la humildad. Tú, mi Dios, no desprecias a quien con sinceridad se humilla y se arrepiente».[28] *Al mirar atrás veo que durante toda mi vida he estado rodeado de fe, esperanza y amor. Hubo épocas en que no lo reconocí o peor todavía, no lo aprecié. Mi familia me ha mostrado su fe a través de nuestra unidad. Nuestra esperanza es que todos encontremos el camino a la paz.*

Dios usó la disposición de Carlos y Bill para ofrecer su perdón y hacer sus enmiendas para restaurar y reparar muchas de sus relaciones rotas. Completar la sexta decisión los hizo todavía más libres de sus heridas pasadas. La vergüenza y los sentimientos de culpa por sus errores anteriores y el daño que habían hecho a otros desaparecieron. Necesitamos ofrecer nuestro perdón y hacer enmienda sin esperar recompensas a cambio, pero como puede verlo fácilmente por los testimonios de Carlos y Bill, las recompensas que recibieron por llevar a cabo esta decisión fueron grandes y muchas.

R
E
C
U
P
E
R
O

Reservo un tiempo diario
a solas con Dios para examinarme, leer la Biblia
y orar, a fin de *conocer* a Dios y su voluntad
para mi vida, así como adquirir el poder
que necesito para hacer su voluntad.

No pierda el
IMPULSO

Decídase a CRECER

Una mujer fue a Nueva York y subió al piso número veintitrés de un edificio de apartamentos. Tocó el timbre y una hermosa joven abrió la puerta. Del apartamento salió la fragancia de incienso y música suave, la joven estaba envuelta en una manta y tenía campanitas en la mano. Le preguntó a la mujer: «¿Vino para ver al gran maestro iluminado, aquel que todo lo sabe, todo lo ve, todo lo muestra, todo lo entiende y tiene todo el control?».

La mujer contestó: «Sí, dígale a Sheldon que aquí está su mamá».

A veces necesitamos que alguien nos recuerde que somos Sheldon. Necesitamos que alguien nos diga: «¿A quién tratas de engañar? Si no eres nada más y nada menos que tú». Dios nos permitirá reincidir una y otra vez hasta que finalmente nos demos cuenta de que no podemos lograrlo por cuenta propia. Él dejará que caigamos una, veinte y cien veces hasta que digamos de todo corazón: «Dios, no puedo hacerlo solo». Él mismo nos lo dice muy claramente: *«No será por la fuerza ni por ningún poder, sino por mi Espíritu, dice el Señor Todopoderoso».*[1]

Dios es el único que tiene el poder para quitar y llevarse lejos todas tus heridas, complejos y malos hábitos. Si tratamos de hacerlo a pura fuerza de voluntad, vamos a recaer.

En los últimos seis capítulos usted ha venido aprendiendo cómo salir de las tinieblas y exponer sus problemas a la luz del amor de Dios. Sea cual sea el nivel al que haya llegado con esto, Dios ha venido sanando las heridas, los complejos y los hábitos que han afectado su vida. Muchos de ustedes ya están experimentando algunos cambios asombrosos.

En este capítulo nos vamos a enfocar en ayudarlo a mantener el impulso. El hecho es que el crecimiento no es un proceso uniforme y suave. El camino a la sanación está a la interperie y tiene piedras. Algunos días usted dará dos pasos adelantes y uno atrás. El simple hecho de que usted esté leyendo este libro y tratando de vivir en la práctica estas decisiones bíblicas no significa que su recorrido esté libre de obstáculos.

Si no mantiene en alto la guardia, recaerá fácilmente en sus patrones lastimeros de derrota. Esto es lo que se conoce como *reincidencia*. El alcohólico vuelve a tomar. El glotón vuelve a subir de peso. El apostador regresa al casino. El adicto al trabajo vuelve a llenar su agenda de compromisos. Todos tendemos a repetir los patrones del pasado. Es fácil abrir viejas heridas, sentir viejos complejos y practicar viejos hábitos.

En este capítulo empezaremos a entender los *patrones* y las *causas* de la reincidencia. Luego aprenderemos cómo prevenirla desde un principio. Veamos primero el patrón predecible de la reincidencia. Cualquiera que sea el asunto, el patrón por lo general es el mismo.

EL PATRÓN PREDECIBLE DE LA REINCIDENCIA

COMPLACENCIA

CONFUSIÓN

CONCESIÓN

CATÁSTROFE

FASE 1: COMPLACENCIA

La reincidencia empieza cuando nos ponemos cómodos. Hemos confesado nuestro problema, hemos empezado a tratarlo y hemos progresado en cierta medida. Luego nos sentimos cómodos y un día dejamos de orar al respecto para luego dejar de prestarle atención. Nuestro dolor ha bajado de nivel, sin eliminarse del todo, y pensamos que podemos vivir con ese nivel reducido de dolor. No hemos lidiado por completo con nuestro problema, pero no nos sentimos tan desesperados como antes. Creemos que ya no necesitamos reunirnos con nuestro grupo de apoyo. No necesitamos trabajar más en las decisiones sanadoras. No necesitamos llamar más a nuestra persona de confianza para rendirle cuentas y sin darnos cuenta nos hemos vuelto complacientes.

FASE 2: CONFUSIÓN

En esta fase empezamos a justificarnos y tener juegos mentales con nosotros mismos. Decimos por ejemplo: «Es posible que mi problema no fuera tan grave como pensaba; tal vez lo puedo manejar yo mismo». Se nos olvida cuán malo solía ser. La realidad se vuelve borrosa y confusa, pensamos que podemos mantener nuestros problemas bajo control.

FASE 3: CONCESIÓN

Al llegar a esta fase volvemos a caer. Nos ponemos otra vez en la misma situación que nos metió en líos en un comienzo, aquel bar que frecuentábamos, el centro comercial donde íbamos, el restaurante con los precios especiales o aquel espacio virtual en la Web. Volvemos a esa posición vulnerable, como el apostador crónico que dice: «Vamos a visitar Las Vegas, nada más para ver los espectáculos». Pero cuando nos colocamos en situaciones riesgosas, tenemos mayor probabilidad de tomar malas decisiones. Puede empezar con asuntos muy pequeños, pero sólo es cuestión de tiempo para que todo se desplome y se pierda el progreso alcanzado hasta el momento. Lo cual nos lleva a la cuarta fase.

FASE 4: CATÁSTROFE

Aquí es donde literalmente cedemos a aquella herida, complejo o hábito del pasado. Regresa el odio, vuelve el resentimiento o recaemos en patrones viejos de conducta. Pero necesitamos entender esto: la catástrofe no es la reincidencia. La reincidencia empezó en la primera fase con la complacencia. La catástrofe es meramente el resultado final, la fase en que se da rienda suelta a la reincidencia.

Entonces, ¿por qué reincidimos? ¿Por qué caemos en el patrón predecible de la reincidencia cuando sabemos qué camino tomar? ¿Qué es lo correcto? ¿Por qué tendemos a ignorar lo que sabemos que es cierto? La reincidencia tiene cuatro causas posibles.

CAUSAS DE LA REINCIDENCIA

1. VOLVEMOS A NUESTRA FUERZA DE VOLUNTAD

La Biblia habla de nuestra tendencia insensata y necia de tratar de salir adelante sin ayuda: «*¿Tan torpes son? Después de haber comenzado con el Espíritu, ¿pretenden ahora perfeccionarse con esfuerzos humanos?*».[2] Tuvimos un buen comienzo:

+ En la primera decisión, admitimos que somos impotentes para cambiar por nuestra cuenta.
+ En la segunda decisión entendimos que Dios es el único que tiene el poder para ayudarnos a cambiar.
+ En la tercera decisión nos comprometimos a someter nuestra vida y voluntad al cuidado y control de Cristo.
+ En la cuarta decisión, nos examinamos con franqueza y confesamos nuestras faltas.

- En la quinta nos sometimos voluntariamente a los cambios que Dios quiere hacer en nuestra vida.
- Luego en el capítulo anterior tomamos la sexta decisión sanadora, reparar nuestras relaciones ofreciendo perdón y haciendo enmienda.

Hemos confiado, nos hemos sometido y comprometido. Le dimos campo a Dios para que hiciera cambios grandes en nuestra vida. Pero ahora, si no somos cuidadosos, es posible que nos pongamos a pensar: «Yo soy el que hizo esto, yo estoy haciendo los cambios con mis propias fuerzas». Revertimos a confiar en nuestra propia fuerza de voluntad, pero el problema es que no funcionó en un principio y no va a funcionar ahora. Tenemos un par de éxitos y de repente nos creemos que todo lo podemos y todo lo sabemos, y que podemos manejar toda nuestra vida sin ayuda de nadie.

2. IGNORAMOS UNA DE LAS DECISIONES

Tal vez nos apresuramos y tratamos de avanzar demasiado rápido con las decisiones. Quizá optemos por saltarnos una que nos resulte difícil, de pronto el paso de hacer enmienda nos parece demasiado difícil y pensamos que podemos prescindir de él. «Tal vez la recuperación y sanación parciales sean suficientes», pensamos. Pero lo cierto es que necesitamos cumplir a cabalidad todas las decisiones o el plan no funciona. Ha sido probado y comprobado una y otra vez.

No existen curas instantáneas. Usted no se metió de la noche a la mañana en el lío en que está, y no va a salirse de él de la noche a la mañana. Necesita trabajar en todas y cada una de las decisiones, y llevar a cabo los pasos lo mejor que pueda y a su propio ritmo. Mantenga el impulso que lleva. Siga la admonición que el apóstol Pablo hizo a otros cristianos que habían vuelto a caer tras el entusiasmo de su compromiso original: *«¡Ustedes iban muy bien! ¿Quién les impidió seguir obedeciendo el verdadero mensaje?»*.[3]

3. TRATAMOS DE RECUPERARNOS SIN APOYO

Desde el primer capítulo hemos aprendido la importancia de tener a alguien con quien compartir y alguien a quien rendirle cuentas, pero algunos de ustedes tal vez sigan pensando: «Yo puedo hacer esto sin ayuda. Nada más Dios y yo. Es todo lo que necesito para mejorarme. Voy a leer el libro y hacer las primeras dos acciones prácticas al final de cada capítulo, y eso va a ser suficiente. No necesito una persona de confianza y mucho menos reunirme con otra gente en grupos pequeños». ¡Se equivoca! Así no es como funciona. Está jugando con fuego y va a recaer.

La Palabra de Dios nos dice por qué es importante tener una persona de confianza a quien rendirle cuentas. Este versículo lo vimos antes, pero necesitamos leerlo nuevamente: «*Más valen dos que uno, porque obtienen más fruto de su esfuerzo. Si caen, el uno levanta al otro. ¡Ay del que cae y no tiene quien lo levante!*».[4] El tercer paso de acción práctica al final de cada capítulo le pone en contacto con alguien que puede ayudarlo cuando usted caiga. No desaproveche este recurso poderoso. Usted no puede superar sus heridas, complejos y malos hábitos sin ayuda. Cuando sea tentado y las cosas vayan por mal camino, ¿a quién va a llamar? Si no tiene a nadie a quien acudir, no lo va a lograr. Dios lo creó como un ser social que necesita relacionarse sanamente con los demás: «*No dejemos de reunirnos, como hacen algunos*».[5]

Si trata de trabajar por su cuenta en estas decisiones, podrá ver algún progreso y crecimiento a corto plazo, pero sin el apoyo de otras personas tarde o temprano va a reincidir. Es como conducir un auto a setenta kilómetros por hora y quitar las manos del volante. Tal vez no se estrelle de inmediato, pero sólo es cuestión de tiempo. Si no cuenta con un equipo de apoyo cuando venga la tentación, ¿quién va a animarlo a hacer lo correcto? Si cae, ¿quién va a estar ahí para ayudarlo a levantar?

4. NOS VOLVEMOS ORGULLOSOS

La cuarta causa de la recaída es nuestro orgullo. Nos volvemos demasiado confiados y empezamos a pensar que hemos vencido por completo la herida, el complejo o el hábito en cuestión. Creemos que ya tenemos en la bolsa eso del perdón y que ya le echamos cerrojo y candado a nuestro pasado. Tenga cuidado. Las Escrituras nos dicen que *«al orgullo le sigue la destrucción».*[6] Necesitamos mantenernos humildes o nuestra caída será humillante. Recuerde siempre la lección de la ballena: «Cuando llegas a la cima y estás henchida, es cuando te lanzan el arpón».

El orgullo siempre nos predispone para la caída. Nos hace ciegos a nuestra propia debilidad y nos impide buscar ayuda. Es un estorbo para hacer enmiendas reales y hacer todo el trabajo necesario para llevar a cabo las decisiones sanadoras.

El problema más grande del orgullo es que nos hace echarles la culpa a los demás por nuestros propios problemas. Nos impide ver la verdad. No deje que su orgullo lo ciegue impidiéndole ver sus propias faltas y responsabilidades. La Biblia nos recuerda: *«Por lo tanto, si alguien piensa que está firme, tenga cuidado de no caer».*[7] Usted ha venido trabajando con empeño en arreglar su vida, pero todavía no la tiene arreglada del todo. El secreto para la recuperación duradera es vivir en humildad: *«Humíllense delante del Señor, y él los exaltará».*[8] La humildad es la mejor protección contra la recaída.

El orgullo nos hace CIEGOS *a nuestra propia debilidad y nos impide buscar ayuda.*

Varios años atrás, antes de que la Unión Soviética se disolviera, un jovencito alemán voló una avioneta privada por el espacio aéreo soviético y aterrizó en la Plaza Roja. Se trataba del espacio aéreo más protegido del mundo y un joven los atravesó sin problema. Este incidente sirve como una parábola de la vida. Su debilidad más grande es muchas veces un punto fuerte descuidado. Tal vez diga: «Ya estoy en control de la situación; no me he tomado un solo trago en un año». Abra los ojos. «Hice enmiendas hace años, mi matrimonio nunca podría fallar». Tenga cuidado. «Jamás me volvería adicto a la comida». Mire que no caiga.

«Si alguien piensa que está firme, tenga cuidado de no caer». Si no se cuida, «la avioneta de la reincidencia» volará sin ser detectada y aterrizará justo en medio del área en la que usted cree estar más fuerte.

CÓMO PREVENIR LA REINCIDENCIA

Las claves para prevenir la reincidencia se encuentran en las palabras de la séptima decisión sanadora:

No pierda el IMPULSO

DECISIÓN 7

Reservo un tiempo diario a solas con Dios para examinarme, leer la Biblia y orar, a fin de conocer a Dios y su voluntad para mi vida, así como adquirir el poder que necesito para hacer su voluntad.

Desarrollar nuevos hábitos no es fácil. Para adquirirlos usted debe tomar decisiones cada día que lo coloquen en una posición donde Dios pueda realizar su obra de transformación en su vida. Alguien ha dicho con mucha razón que el aspecto más difícil de la vida cristiana es que tiene que vivirse a diario. Jesús conocía el peligro de la tentación diaria y sabía cómo combatirlo: *«Vigilen y oren para que no caigan en tentación. El espíritu está dispuesto, pero el cuerpo es débil».*[9]

Recaer es parte de nuestra naturaleza humana. Es humano volver a hacer lo que nos afecta, aunque sepamos que nos afecta. Es humano permitir que problemas pasados vuelvan a visitarnos y dejarnos asediar por heridas, complejos y hábitos de la vieja vida. Es por eso que Jesús nos mandó *«vigilar y orar»*. La séptima decisión consiste en dar prioridad a esos hábitos de «vigilar y orar» a fin de prevenir la reincidencia.

Al final de este capítulo leerá las historias contundentes de Regina y Steve, quienes aprendieron la dura lección de que la reincidencia es una amenaza muy real. Ellos aprendieron que necesitaban el apoyo de personas que pensaran igual que ellos, así como los tres hábitos nuevos que se describen a continuación, a fin de mantener el impulso en su recuperación.

HÁBITO #1: EVALUACIÓN

La Biblia deja en claro que debemos examinarnos y probarnos a nosotros mismos: *«Pónganse a pensar en su manera de vivir, y vean si de verdad siguen confiando en Cristo. Hagan la prueba, y si la pasan, es porque él vive en ustedes».*[10] También debemos seguir esta instrucción: *«Hagamos un examen de conciencia y volvamos al camino del Señor».*[11]

Ya ha tenido algo de práctica en evaluarse en el capítulo 4 cuando elaboró su inventario moral. En este capítulo va a enfocarse en inventarios y evaluaciones continuas para verificar su progreso. Primero veremos qué hay que evaluar, luego el por qué debe evaluarse y por último, el cuándo.

Qué debería evaluar

1. *Aspecto físico:* «¿Qué me está indicando mi cuerpo?». Su cuerpo es un barómetro de lo que sucede en su interior. ¿Tiene tensos los músculos? Está bajo estrés. ¿Tiene un dolor de cabeza o espalda? Su cuerpo es una luz de advertencia, algo debe andar mal. Deténgase a preguntar de forma periódica: «¿Qué me está diciendo mi cuerpo? ¿Tengo hambre? ¿Tengo cansancio? ¿Estoy fatigado? ¿Estoy estresado?».

2. *Aspecto emocional:* «¿Qué estoy sintiendo ahora mismo?». ¿Está permitiendo que sus verdaderos sentimientos salgan a la superficie o los está reprimiendo? Reprimir sus sentimientos es como sacudir una lata de gaseosa sin destaparla, tarde o temprano va a estallar. Saque tiempo para

hacerse un chequeo del corazón contestando estas preguntas: ¿Siento algún dolor? ¿Estoy exhausto? ¿Siento algún enojo? ¿Tengo resentimiento contra alguien? ¿Estoy tenso?

Haga este chequeo con frecuencia y responda a sus necesidades emocionales.

3. *Aspecto social:* «¿Estoy en paz con todas las personas?». De no ser así, el conflicto interno va a ser un estorbo en su camino a la sanación. Usted sabe cuando tiene un conflicto con alguien. De usted depende resolver su parte en el conflicto cuanto antes. Si usted deja el conflicto sin resolver, también da cabida a recuerdos dolorosos y las personas asociadas con esos recuerdos vivirán en su mente sin pagar arriendo. Puede ser que la tía Berta le hizo daño hace quince años y vive a mil quinientos kilómetros de distancia, pero si usted se despierta todos los días pensando en ella, tiene ocupada su mente sin pagar alquiler, desviando su atención y energía. Esta preocupación constante va a dar lugar a un resentimiento de mayores proporciones.

> *Celebre cualquier* VICTORIA *sin importar cuán pequeña sea, y hágalo todos los días.*

¿Hay alguien que tenga ocupada su mente «sin pagar la renta»? ¿Acaso se está aferrando a una herida nueva? ¿Ha herido a alguien recientemente sin hacer enmienda? Si contesta que sí a cualquiera de estas preguntas, otorgue perdón o haga enmiendas cuanto antes.

4. *Aspecto espiritual:* «¿Me apoyo en Dios?». ¿Se está apoyando en Dios cada día, momento a momento? Muchos de nosotros no dedicamos tiempo a estar solos y callados en la presencia del Señor. Nos hemos desconectado de nuestro salvavidas más importante. Lo que nos mantiene a flote es ese tiempo frecuente y constante que pasamos con nuestro Padre celestial. ¿Cómo le está yendo en su relación con Dios? ¿Está pasando

tiempo a solas con su Padre? ¿Está dependiendo de Él día tras día y momento a momento?

Por qué debe evaluarse

Cuando usted hace un inventario en el trabajo debe tener todo en cuenta. Aunque es vital ser honrado en cuanto a sus fallas, otra razón importante para evaluarse a sí mismo es celebrar los cambios positivos en su vida. «Hoy dije la verdad por lo menos una vez»; «Sí, me enojé tres veces, pero guardé la calma dos»; «Por lo menos no quise ser egoísta en esa situación». Fíjese honestamente en dónde está, pero acuérdese siempre de ver lo bueno en su vida. Dé gracias por lo que ha podido hacer bien.

La Biblia nos dice que hay algo de lo que sí podemos estar orgullosos: «*Cada cual examine su propia conducta; y si tiene algo de qué presumir, que no se compare con nadie*».[12] Usted con toda honradez puede sentirse orgulloso de lo que Dios está haciendo en su vida, agradecido por lo que Dios está logrando a través de usted y del progreso que observa. Celebre cualquier victoria sin importar cuán pequeña sea, y hágalo todos los días.

Cuándo debería evaluarse

Su evaluación o su inventario se asemejan a la limpieza de su casa. Existen tres tipos de limpieza doméstica: minuciosa, al final del día y por temporadas.

La limpieza minuciosa consiste en limpiar regueros tan pronto suceden. Es necesaria con niños porque toca ir detrás de ellos arreglando el desorden que dejan a su paso, o como aquellos meseros en ciertos restaurantes que se llevan su plato antes que usted termine su comida.

La limpieza al final del día consiste en hacer una revisión general de la casa, pasar la escoba una vez al día y mantener las cosas en orden con cierta regularidad.

La limpieza por temporadas consiste en limpiar la casa unas cuantas veces al año, sin importar que se necesite o no.

Esos mismos estilos de limpieza pueden ayudarlo a determinar cuándo hacer su evaluación personal.

1. *Evaluación minuciosa*: Se puede realizar en cualquier momento del día. Si siente que la presión aumenta, pregúntese: «¿Qué me está diciendo mi cuerpo? ¿Qué me indican mis emociones? ¿Tengo algún conflicto con alguien? ¿Estoy sintonizado ahora mismo con Dios?». Trate el asunto de inmediato, cuanto más lo posponga peor se pondrá.

Las evaluaciones minuciosas lo ayudan a llevar cuentas claras con Dios. Si se mantiene al día en el manejo de su «caja menor», nunca más tendrá que hacer otro inventario moral porque tratará los problemas tan pronto surjan. Es como sacar la basura todos los días. Es posible que le toque sacar la basura más de una vez al día porque tiene un proyecto grande o hay algo que realmente hiede. Si deja que los problemas se acumulen, su vida va a apestar. A veces usted necesita lidiar con su basura momento a momento.

2. *Revisión diaria*: Esta es la limpieza que se hace al final del día. Cuando vaya cesando el ritmo del día, encuentre un lugar tranquilo y revíselo, confesando sus faltas y celebrando sus victorias. Abra su diario y haga una lista con tres aspectos:

+ Cosas que hice bien hoy
+ Cosas que dañé hoy
+ Cómo reaccioné

He descubierto que escribir en mi diario al final del día es la clave de mi «plan para prevención de la reincidencia». Gracias a Dios no he ingerido alcohol en más de dieciocho años, pero no puedo depender de victorias pasadas. Eso es justamente lo que el enemigo quiere que haga. Después de todos estos años, sigo escribiendo mi inventario diario. Así puedo ver las áreas en que me he quedado corto o he errado el blanco. Puedo ver las victorias diarias que Dios me da. Cuando peco (no «si peco»), lo pongo por escrito y me esfuerzo en corregir mi pecado. Con el paso del tiempo puedo ver el desarrollo de patrones malsanos, y con el apoyo de Dios y mi persona de confianza, puedo armar un plan de acción para reanudar la buena marcha.

3. *Chequeo anual:* Este inventario es como la limpieza que se hace al comienzo de la primavera. Hay que sacar un día, irse a alguna parte y hacer un chequeo anual. Evalúe todos los aspectos de su vida, vea qué está y no está en orden. Haga una limpieza profunda. Estos son algunos de los aspectos que debe revisar:

+ Sus relaciones
+ Sus prioridades
+ Su actitud
+ Su integridad
+ Su mente
+ Su cuerpo
+ Su familia
+ Su iglesia

HÁBITO #2: MEDITACIÓN

La meditación quizá sea un concepto novedoso para usted, pero no es nada del otro mundo. A continuación, dos claves sencillas para que empiece a hacerlo:

Cómo meditar

1. *Invierta la preocupación.* Si sabe cómo preocuparse, ya sabe cómo meditar. La preocupación no es más que la meditación negativa. Cuando usted se preocupa, toma un pensamiento negativo y se pone a analizarlo una y otra vez. Cuando medita, toma un pensamiento positivo (casi siempre un versículo de la Biblia) y piensa en su contenido una y otra vez.

2. *Escuche*. La meditación es una forma de prestar oído a Dios para escuchar sus respuestas e instrucciones. Es un tiempo para bajar la velocidad y escuchar a Dios. El ajetreo de nuestra vida asfixia nuestra recuperación y crecimiento. Escuchar de forma meditativa es el secreto del vigor espiritual.

3. *Memorice*. Tener la Palabra de Dios en su corazón es un impedimento poderoso al pecado. «*En mi corazón atesoro tus dichos para no pecar contra ti*».[13] ¿Cómo atesorar los dichos de Dios en su corazón? Memorizándolos. Meditar la Palabra de Dios y memorizar pasajes claves le librará de pecar y prevendrá una recaída. ¿Quiere evitar la tentación? Piense en la Palabra de Dios. Es el manual del propietario para la vida. Su vida se volverá mucho más fácil cuando usted siga las instrucciones del fabricante.

Beneficios de la meditación

La clave del crecimiento es tener raíces profundas en la Palabra de Dios, y esas raíces crecen cuando uno medita la Palabra. Así es como llegará a ser «*como el árbol plantado a la orilla de un río*» porque «*en la ley del Señor se deleita, y día y noche medita en ella… cuando llega su tiempo, da fruto y sus hojas jamás se marchitan. ¡Todo cuanto hace prospera!*».[14] Este pasaje describe tres beneficios de la meditación:

1. *Cuando llega su tiempo, da fruto*: Aquellos que meditan la Palabra de Dios tienen garantizado ser fructíferos. Esta es una promesa muy osada. Si guardamos la Palabra de Dios en nuestros corazones y la meditamos, podemos estar seguros de que nuestros esfuerzos redundarán en sanidad y crecimiento continuos. Podremos contar con el poder transformador de Dios en nuestra vida.

2. *Salud*: También leemos que «*sus hojas jamás se marchitan*». Si usted medita con regularidad la Palabra de Dios, no va a marchitarse al calor de la prueba ni va a ser llevado por el viento en los tiempos de sequía. Permanecerá fuerte y saludable. No reincidirá.

3. *Prosperidad*: Por último, «*¡todo cuanto hace prospera!*». Conocer la

Palabra de Dios y meditarla conduce al éxito y la abundancia. No se refiere necesariamente a prosperidad económica sino a una vida próspera. Meditar la Palabra de Dios lo ayudará a saber qué debe hacer, y así usted tendrá éxito en cumplir el propósito de Dios para su vida.

HÁBITO #3: ORACIÓN

La oración es como usted se conecta al poder de Dios. Orar es decir: «Dios, no puedo hacerlo, pero tú sí puedes».

¡Ore por cualquier cosa!

La mayoría de la gente no entiende que uno puede orar por cualquier necesidad que tenga en su vida. Usted puede orar por una necesidad económica, una necesidad física, una necesidad que tenga con respecto a otra persona, una necesidad espiritual o una necesidad emocional. Sin lugar a dudas, usted puede orar en cuanto a las luchas que experimenta. Jesús nos dijo: *«Vigilen y oren para que no caigan en tentación»*.[15] Usted puede acudir a Dios con respecto a cualquier necesidad y cualquier lucha personal.

Cómo orar

Jesús nos dice cómo debemos orar en la oración que nos enseñó: *«Ustedes deben orar así: "Padre nuestro que estás en el cielo, santificado sea tu nombre, venga tu reino, hágase tu voluntad en la tierra como en el cielo. Danos hoy nuestro pan cotidiano. Perdónanos nuestras deudas, como también nosotros hemos perdonado a nuestros deudores. Y no nos dejes caer en tentación, sino líbranos del maligno"»*.[16]

Note que Jesús nos dice que *así* es como debemos orar, no que debamos repetir esa oración específica como un rezo mecánico sino que la usemos como un modelo.

Cuando usted decide poner estos tres hábitos en práctica (evaluación, meditación y oración), está decidiéndose por la vida, la salud y la recuperación total.

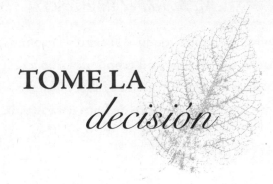

TOME LA *decisión*

ACCIÓN 1: *Ore por el asunto*

Orar con las Escrituras puede ser otra experiencia nueva para usted, pero es un método que trae frutos asombrosos. En este paso práctico vamos a repasar el Padrenuestro. Verá cómo las ocho decisiones respaldan esta gran oración modelo. Aunque no ha llegado todavía al capítulo 8, también podrá incluir esa decisión en su oración. Al orar vamos a enfocarnos en evitar los peligros de recaer.

> **Escritura:** «*Padre nuestro que estás en el cielo, santificado sea tu nombre...*»
> **Decisión #1:** Reconozco que no soy Dios...
> **Decisión #2:** Entiendo que Dios existe...
> **Oración:** *Padre celestial, tu nombre es maravilloso y santo. Reconozco que tú tienes todo el poder, que tú eres Dios y que solo no puedo hacer nada. Sin ti, definitivamente voy a recaer en mis heridas, complejos y hábitos del pasado.*

> **Escritura:** «*Venga tu reino...*»
> **Decisión # 8:** Ofrezco mi vida para que sea usada...
> **Oración:** *Pido que tu reino venga a mi vida, que yo me rinda para ser usado por ti, que tú puedas usarme para alcanzar a otros con la buena nueva de tu reino y tu sanación. Ayúdame a encontrar maneras de servirte a ti y a mis semejantes.*

Escritura: «*Hágase tu voluntad en la tierra como en el cielo…*»

Decisión # 5: Pago el precio del cambio que Dios quiere hacer en mí…

Oración: *Oh Señor, te ruego que hagas tu voluntad en mi vida. Lucho muchas veces contra ella, pero en lo profundo de mi corazón he decidido someterme a ti. Ayúdame a ser firme en esta decisión. Elijo mi voluntad por encima de mi fuerza de voluntad. Ayúdame a no reincidir en mi vieja manera de vivir.*

Escritura: «*Danos hoy nuestro pan cotidiano…*»

Decisión # 3: Comprometo mi vida al cuidado de Cristo…

Oración: *Dame lo que necesito para hoy. Ayúdame a emprender mi recuperación un día a la vez, sin adelantarme demasiado sino encomendando toda mi vida y voluntad al cuidado y control de Cristo, un día a la vez.*

Escritura: «*Perdónanos nuestras deudas…*»

Decisión # 4: Ultimo sin rodeos mi pecado tras examinarme y confesar mis faltas…

Oración: *Perdóname Señor. He examinado mi vida y mi corazón, y lo que he visto no es alentador. Tú ya lo sabías, y te doy gracias por amarme de cualquier forma y perdonarme con tanta generosidad. Gracias por el apoyo y el amor de otras personas que has puesto en mi camino hacia la sanación.*

Escritura: «*Como también nosotros hemos perdonado a nuestros deudores…*»

Decisión # 6: Evalúo mis relaciones…

Oración: *Ablanda mi corazón hacia los que me han herido. Enséñame por tu poder a perdonar así como tú me has perdonado. Y dame el valor, la convicción y la prudencia para hacer enmienda a quienes haya hecho daño. Ayúdame a no recaer en patrones viejos de resentimiento y amargura.*

Escritura: «*Y no nos dejes caer en tentación, sino líbranos del maligno…*»

Decisión # 7: Reservo un tiempo diario a solas con Dios…

Oración: *Ayúdame a pasar tiempo diariamente contigo. Sé que estar contigo es mi mejor defensa contra la recaída y mi mejor defensa con miras al crecimiento. Que mi tiempo contigo cree un cerco de protección a mi alrededor. Amén.*

ACCIÓN 2: *Póngalo por escrito*

Uno de los hábitos mencionados en la sección de cómo prevenir la recaída es el hábito de evaluarnos. Dedique un tiempo a escribir acerca de los cuatro aspectos allí discutidos (físico, emocional, social y espiritual). Utilice las siguientes preguntas para guiarse:

1. *Físico:* ¿Qué le indica su cuerpo? Recuerde, su cuerpo funciona como una luz de advertencia que lo alerta sobre las cosas que no andan bien.

2. *Emocional:* ¿Qué está sintiendo? Sea honrado al escribir, no reprima ni se trague sus sentimientos. Hágale un chequeo general a su corazón para identificar lo que sucede en su interior. Conteste cada una de estas preguntas: ¿Siento algún dolor? ¿Estoy exhausto? ¿Siento algún enojo? ¿Tengo resentimiento contra alguien? ¿Estoy tenso?

3. *Social:* ¿Estoy en paz con todos? ¿Necesito hacer enmiendas con alguien? ¿Necesito perdonar a alguien? Escriba con toda franqueza acerca de cualquier conflicto que tenga y cuál es su responsabilidad en el conflicto para que no reincida en sus viejos hábitos.

4. *Espiritual:* ¿Estoy confiando en Dios? Describa cómo está su relación con Dios y qué puede hacer para mejorarlo.

ACCIÓN 3: *Compártalo con alguien*

Comparta lo que escribió en la sección «Póngalo por escrito» con su persona de confianza. Puede hablar todos los días con esa persona si está pasando por un tiempo difícil. La persona a quien usted rinde cuentas puede ayudarlo a implementar un plan eficaz para resolver cada problema con prontitud. Si se portó mal y le debe disculpas o enmiendas a alguien, comparta eso también con su persona de confianza. Esta persona puede ayudarlo a reconocer su papel en el asunto y orar con usted para saber cómo enmendarlo.

Cuando comparta su evaluación y su diario con la persona de confianza, pídale que le ayude a ver cualquier patrón insalubre que se esté desarrollando, así como cualquier herida, complejo o hábito del pasado que esté resurgiendo.

Revise las fases predecibles de la reincidencia con su persona de confianza: *Complacencia, confusión, concesión y catástrofe*. Pídale que lo ayude a examinar sinceramente su vida para ver si existe algún patrón de reincidencia. Escuche con mente abierta y conversen sobre las maneras en que puede rectificarse la situación y prevenir una recaída en el futuro.

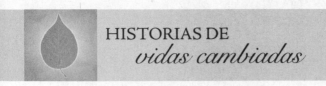
LA HISTORIA DE
Regina

Hola, me llamo Regina y soy hija de un pastor evangélico. También soy
una creyente que lucha con la adicción a las drogas y el alcohol. Nací en lo
que la mayoría de la gente consideraría un hogar perfecto. Soy la hija de
un pastor y un ama de casa. Tuve un hermano mayor a quien admirar y
una hermana menor a quien cuidar. Al examinar mi vida, entiendo que la
perfección en que nací cambió el primero de junio de 1988. Ese fue el día
que mi mamá se sometió a cirugía por cáncer de seno.

Recuerdo dos cosas, primero el día que ella volvió a casa del hospital.
Mi papá la ayudó a subir las escaleras, entrar en su cuarto y acostarse
en su cama. Me quedé en el umbral mirándola fijamente sin atreverme a
acercarme ni tocarla. Segundo, recuerdo cuando mi padre nos sentó a mi
hermano, mi hermanita y yo y nos dijo lo enferma que mamá estaba en
realidad. Creo que fue en esa conversación que yo empecé a cambiar. A
la temprana edad de ocho años, sentí que ahora tendría que cuidar de mí
misma. Mi madre, que siempre había estado ahí para cuidarme, ahora no
podía hacerlo.

Durante segundo y tercero de primaria, estuve muy enferma. Recuerdo
estar sentada en la enfermería esperando que mi mamá viniera a recogerme.
Alcancé a oír una conversación entre las secretarias acerca de mí. Hablaban
de la cantidad de veces que había estado enferma y que todo se debía a que
yo era psicosomática. Creían que solamente quería irme a la casa para estar
pendiente de mi mamá.

Mi familia se mudó en varias ocasiones. La segunda fue cuando yo
cumplí nueve años y tuve que cambiar de escuela y hacer nuevas amistades.
En esa época tuve una profesora que me maltrató verbalmente. Fue un

tiempo muy difícil para mí y no puedo recordar muchos detalles, pero cuando pienso en esa profesora todavía me pongo tensa. Yo permití que sus acciones me afectaran durante muchos años. Cada vez que veía mujeres de cabello rojo y largo como el de ella, mi corazón se aceleraba y me ponía muy nerviosa, aunque las viera en televisión.

Volvimos a mudarnos al poco tiempo y tuve que cambiar otra vez de escuela. Esta vez me tocó quedarme a estudiar en casa. No me gustó tener la escuela en casa. De hecho, me puse furiosa porque mi hermano sí se quedó en la escuela pública. Sin embargo, mi educación en casa se interrumpió cuando mi mamá tuvo una convulsión como resultado de sus medicamentos para el cáncer.

Jamás olvidaré aquella noche. Yo estaba acostada y mi papá salió corriendo al pasillo para cerrar la puerta de mi cuarto. Me enderecé en mi cama sabiendo que algo andaba mal y empecé a llorar. Me acerqué a la ventana y vi la ambulancia y los bomberos que estacionaron junto a mi casa y se llevaron a mi mamá. Nunca hablamos de lo sucedido aquella noche. Después de eso, mi hermana y yo fuimos a la escuela pública y tuvimos que adaptarnos a un nuevo grupo de amistades.

Tengo muy pocos recuerdos buenos de la infancia. Algunos son de nuestros viajes en el verano para visitar la granja de mi abuelo en Kansas. Me encantaba pescar, correr, hacer caminatas y ver los animales desde el comedor. Sin embargo, mi papá solamente fue una vez con la familia porque siempre estaba trabajando.

Cada año me emocionaba ir al campamento de la iglesia, pero durante mi último campamento mi vida cambió para siempre. Fue el comienzo de mi largo descenso en picada. Acabábamos de mudarnos otra vez y yo iba a entrar a noveno grado, pero como faltaban jóvenes de mi edad en la iglesia, decidieron ponerme con los chicos de secundaria y nombrarme consejera. Nuevamente tuve que establecer contacto con personas nuevas y empezar nuevas amistades, algo que me resultaba muy incómodo. La noche anterior a la llegada del resto de los jóvenes, los consejeros tuvieron una noche libre sin hora límite para irse a dormir. Podíamos quedarnos despiertos tan tarde como quisiéramos. Los chicos nuevos decidieron salir a caminar y yo los acompañé. En el recorrido, un muchacho sacó una bolsa de marihuana y una pipa. Recuerdo que me la pasaron y fumé sin siquiera pensarlo, aunque nunca había fumado en mi vida. Les pregunté después si lo íbamos a hacer de nuevo y me enojé al final porque la persona que había traído la marihuana vivía lejos y no iba a verlo más.

Aquel septiembre empecé el noveno grado. Me identificaba y me sentía atraída hacia otros jóvenes que habían fumado marihuana. Ellos se convirtieron en mis amigos, y por primera vez en mi vida me resultó fácil entablar amistades. En la escuela empecé a fumar cada vez más, primero una vez al mes, luego dos, después una vez a la semana, tres veces a la semana o más.

Al terminar el décimo grado volvimos a mudarnos. Mis abuelos vinieron a vivir con nosotros. Fue una bendición y también un gran problema. Por un lado me mantuvo bajo control. Yo no quería causarle ninguna aflicción a mi abuelo porque tenía problemas de corazón y me daba miedo provocarle un ataque cardíaco si me descubría. No quería ser responsable de su muerte.

Cuando empecé la secundaria, conocí más personas que usaban otras drogas. Nunca pensaba en si iba a usar drogas nuevas o no, simplemente lo hacía. Mi secreto seguía oculto y muy pocas personas sabían que consumía drogas. Pensé que tenía todo bajo control y estaba viviendo una doble vida. Era la chica buena en la iglesia, la hija del pastor que se sentaba en primera fila cada domingo por la mañana. Todavía tenía muchos amigos en la iglesia, pero tenía otro grupo de amigos que usaban y traficaban drogas.

El cambio en mis hábitos de consumo vino cuando conocí a Jon, un traficante de marihuana que parecía tenerlo todo: popularidad, dinero y todas las drogas que quisiera. Los policías y los encargados de la seguridad en mi escuela le seguían los pasos, y para eso estaba yo como la buena hijita del pastor de quien nadie sospecharía. Así fue como entré a formar parte del equipo de traficantes. Jon tenía los contactos y yo tenía la inocencia. No lo hacía por dinero sino por sentirme importante, tener amigos y marihuana gratuita. Ahora tenía cualquier droga a mi disposición y no tenía que pagarla. Al verme más envuelta en ese estilo de vida, empecé a dejar el otro. Les di la espalda a mis amigos de la iglesia con quienes había compartido durante ocho años. Descubrí que era más fácil mantenerme despierta en clase si estaba drogada, así que antes de la escuela, en los descansos y al final consumía algo. No obstante, tuve miedo de ser descubierta y mi tráfico de drogas con Jon duró menos de un año.

Después que dejé de traficar droga, asistí a mi grupo de jóvenes de la iglesia y el pastor citó este versículo: «No se amolden al mundo actual, sino sean transformados mediante la renovación de su mente. Así podrán comprobar cuál es la voluntad de Dios, buena, agradable y perfecta».[17] Me di cuenta que había pecado al instante, que estaba yendo en contra de todo lo que me habían enseñado y que mi vida era lo opuesto a esa verdad bíblica. Al llegar a este punto decidí acudir a mis líderes espirituales en el grupo de jóvenes para decirles que había usado drogas y quería dejar el vicio. Me dijeron que dejara de ver a mis amigos drogadictos y volviera a compartir con mis amigos cristianos. Así lo hice, pero el deseo de drogarme empezó a carcomerme por dentro, y al no saber cómo librarme de él, recaí al poco tiempo. Fue durante el año siguiente que acudí a muchas personas para preguntarles qué necesitaba hacer para dejar de usar drogas. Todos tenían la misma respuesta: «Ora más fuerte y lee más la Biblia». No supieron cómo ayudarme ni me mostraron cómo depender del poder de Dios.

Pasaron dos años antes de que yo me diera cuenta de por qué acudía a esas personas. Estaba buscando las palabras mágicas que hicieran desaparecer mi problema. Quería encontrar la solución definitiva pero yéndome por algún atajo. Finalmente entendí que dejar el vicio requeriría esfuerzo personal y no estaba segura de poder hacerlo. Mientras buscaba la respuesta a mi problema, seguí luchando con mi doble vida. Leía la Biblia y oraba para dejar el vicio. Dejaba de consumir por un rato y al poco tiempo recaía de nuevo. Sin embargo, me convencí por un tiempo de que era la mejor manera de vivir pues tenía las dos cosas que más quería en la vida: drogas y una relación con Dios. El colmo de la locura.

Lo extraño del caso es que mientras crecía mi amor a las drogas, lo mismo le sucedía a mi amor a Dios. Hasta me desempeñaba como líder entre los jóvenes de mi iglesia. Sin embargo, cuanto más profundizaba en mi relación con Jesús, más incómoda me sentía con mi uso de drogas. Empecé a llenarme de sentimientos de culpa y vergüenza.

Un domingo de 1999 estaba sentada en la iglesia y el pastor universitario mencionó un viaje misionero a Rumania. Estaba segura de que Dios me llamaba a ir. No me imaginé que la decisión de obedecer el llamado de Dios para mi vida sería el comienzo del final de mi drogadicción. Unas cuantas semanas después caí en cuenta de que no podría usar drogas y ser misionera al mismo tiempo. Les conté a mis pastores mi situación, les entregué todas mis drogas y demás accesorios del vicio, y les pedí que dispusieran de todo como mejor les pareciera. Pasé los días siguientes en una de sus casas para desintoxicarme. Una vez más, me dijeron que «orara más fuerte y leyera más la Biblia». El lunes siguiente volví al trabajo.

Trabajé en un consultorio veterinario. Desde nuestra infancia en la granja del abuelo, me habían gustado mucho los animales, en especial los perros. Ese día trajeron una perra vieja llamado Gracia Admirable, y tuvimos que hacerle la eutanasia porque tenía cáncer. Mientras estábamos con sus dueños en el cuarto de examen, les pregunté por qué le habían puesto ese nombre. Ellos le preguntaron al doctor si se acordaba de lo que les había dicho diez años atrás cuando la llevaron por primera vez, y él contestó: «Lo mismo que les he estado diciendo una y otra vez todos estos años, que era una chanda, que mejor la devolvieran y que el precio que costaba no valía la pena». Entonces los dueños de Gracia Admirable me miraron y dijeron: «¿Te imaginas a Dios diciendo eso de nosotros? Él murió por nosotros porque pudo ver más allá del precio y darse cuenta de que sí valemos la pena. Por eso le pusimos Gracia Admirable, porque le mostramos la misma gracia que Dios tuvo con nosotros al morir en la cruz por nuestros pecados». Salí de ese cuarto con lágrimas en los ojos, sabiendo que necesitaba entregarle a Dios el control de mi vida. Una semilla más fue plantada en mi corazón.

Después de ese día me mantuve libre de drogas varios meses. Fui a Rumania y Hungría, ¡me encantó! Quedé con ganas de ver el resto del mundo. Unos meses después me encontraba en una reunión de universitarios en un centro de retiros para cristianos. Me pidieron que diera mi testimonio frente a mil quinientos estudiantes y jóvenes. Esa también fue una experiencia que jamás olvidaré. Una persona tras otra se acercó a mí diciendo que podían identificarse con mi historia y mi lucha con las drogas. Aquel fin de semana Dios me mostró cómo iba a usarme.

Menos de un mes después, recaí de nuevo en mi drogadicción y de hecho fue mi peor reincidencia en el uso de metanfetaminas. ¿Por qué volví a drogarme si Dios intervino? Me hice esa pregunta muchas veces. Descubrí que mientras procuraba alcanzar metas con Dios tales como el viaje misionero, era capaz de dejar el vicio. Pero cuando volvía a la vida normal, no sabía cómo manejarlo sin la influencia de narcóticos. No tenía las herramientas. Todo el mundo seguía diciéndome: «Lee más tu Biblia y ora más y más». ¡Me parecía obvio que no era suficiente!

Mi vida ha estado llena de esos momentos. Reuniones semanales de oración seguidas por uso de drogas. Servía en el equipo de liderazgo de mi iglesia, continuaba mis estudios bíblicos y volvía a usar drogas. En mi trabajo en el consultorio veterinario me ascendieron a técnico ortopédico en cirugía. Ganaba buen dinero y al final del día me iba a casa a drogarme y quedar embotada.

De repente empecé a darme cuenta de la realidad: era incapaz de vivir sin las drogas. Semanas antes de mi próximo viaje misionero a Israel, saqué a escondidas del hospital veterinario una botella de ketamina que es una droga de inducción anestésica. La usé dos o tres veces esa semana y un jueves por la tarde fui a un fin de semana de oración y meditación con el grupo universitario de mi iglesia. El viernes, tras cinco horas de silencio, nuestro grupo se congregó para orar. Mientras estuve ahí sentada con los ojos cerrados, tuve lo que apenas puedo explicar como una visión. Me vi a mí misma sola y luego vi que la mano de Dios se extendía hacia mí. Cada vez que se acercaba, yo daba un paso atrás. Con cada paso que

Dios daba hacia mí, yo daba un paso atrás y esto siguió hasta que terminé huyendo de Dios mientras Él trataba de alcanzarme. ¡Eso me asustó mucho! Principalmente porque no supe qué significaba. En retrospectiva, sé que debí haberlo tomado mucho más en serio.

Cuando volví al trabajo el martes, entré al cuarto de tratamientos y saqué una jeringa. Al llegar a casa esa noche, recaí nuevamente. Puedo recordar los primeros segundos de sentirme en las nubes y después de eso nada. No sé cuánto tiempo pasó, pero al rato me di cuenta que algo andaba mal. Supe que algo me había sucedido. Estaba tendida en la oscuridad y apenas veía una luz intensa sobre mi cabeza. Había gente alrededor, estaban haciéndome alguna especie de tratamiento y hablando entre sí. No podía verlos ni oírlos pero sabía que estaban ahí. Perdí y recuperé el conocimiento varias veces. Cuando la ambulancia llegó al cuarto de emergencias empecé a recuperar el conocimiento y pude hablar. Los médicos procedieron a contarme lo ocurrido. Mi mamá tuvo que usar un martillo para abrir la puerta del baño, donde me encontró inconsciente y a duras penas respirando. Estuve varias horas en el cuarto de emergencias. Unos veinticinco familiares y amigos vinieron a verme allí, lo cual casi me dio más duro que la sobredosis misma. No quería que nadie me viera en ese estado, especialmente mi hermana menor. Todavía recuerdo la forma en que me miró desde el otro lado de la cama. Se quedó ahí mirándome nada más, con el temor en sus ojos aunque sabía que yo iba a estar bien. Le dije cuánto lamentaba que hubiera tenido que verme así. No recuerdo si me contestó, pero su mirada de profunda desilusión me dejó una impresión para el resto de mi vida. Otra persona que me viene a la memoria es la enfermera. Ella nunca me miró con desilusión, solamente se acercó a mi oído y me dijo que la sala de espera estaba llena de gente que me amaba, y eso era mucho más de lo que podían decir la mayoría de los drogadictos.

Como resultado de aquella noche, perdí mi trabajo en el hospital veterinario. También tuve que enfrentar cargos por posesión de drogas. Finalmente había tocado fondo. Fue una decisión entre la vida y la muerte. Perdí el trabajo que creí tener asegurado y no tenía la más mínima idea de qué hacer después. No quería hacer nada si no podía trabajar con perros. Sabía que necesitaba ayuda pero no sabía dónde conseguirla. Bueno, iba a orar más fuerte y leer más la Biblia. Esas cosas me ayudaron, ¡pero tenía que haber más! Traté con toda mi fuerza de voluntad, pero no podía romper el ciclo de recaída por mi cuenta.

Unos días después de mi sobredosis, un amigo de la familia me contó acerca de Celebremos la Recuperación. No tenía la menor idea de cómo vivir mi vida. Entré al grupo de mujeres con dependencia química de Celebremos la Recuperación aquel viernes por la noche. Desde entonces, Celebremos la Recuperación y la Iglesia Saddleback han sido mi segundo hogar.

Unas semanas después de la sobredosis, fui al viaje misionero en Israel. Sentía pánico porque no sabía si podría permanecer sobria en otro país por un par de semanas. No obstante, tomé una de las decisiones más importantes de mi vida mientras estuve allá. Me encontraba en Ein Gedi, un oasis en el desierto israelí. Todo lo que podía ver eran dos montañas cubiertas de plantas muertas y roedores. Me costó creer que había un oasis entre las montañas, pero me dijeron que si seguía escalando, lo encontraría. Tenían razón, y fue lo más asombroso que han visto mis ojos: diferentes tonalidades de verdes, venados, y cascada tras cascada que parecían fluir de la nada. Pasé la noche en un campamento beduino y en la mañana partí con el sol. Escalé la montaña que estaba frente a mi tienda y me puse a reflexionar en la caminata que hice en Ein Gedi. No vi ninguna señal de vida durante el ascenso por esas montañas, pero emprendí la marcha de todas maneras porque era lo que la gente me había indicado, que siguiera caminando sin parar. En ese instante pensé en mi recuperación. Elegí aquel momento para creer lo que la gente decía acerca de la recuperación, que si yo tan solo empezaba el recorrido y daba los pasos, vería el milagro al final del camino.

Cuando volví a casa desde Israel, el Señor me proveyó un trabajo y un grupo de apoyo. Volví a asistir a Celebremos la Recuperación los viernes en la noche, compré las guías del participante del programa, empecé un estudio de los pasos los martes y me apunté en un equipo de rendición de cuentas. Hice lo mejor de mi parte para seguir los consejos de los participantes antiguos, sabiendo que ellos habían estado donde yo estaba y lo habían logrado sin beber ni drogarse.

Al poco tiempo tuve que comparecer ante la corte por los cargos de posesión. Mientras esperaba mi turno, escuché a las personas que se presentaron ante la jueza. La mayoría estaban ahí por conducir intoxicados. La jueza fue implacable. La escuché decir a uno tras otro que no iban a salirse con la suya. A unos los iba a meter a la cárcel, a otros los pondría en libertad condicional y hacerles la vida imposible. Sobra decir que tan pronto oí mi nombre, quedé petrificada. Parada delante de ella, todo quedó en silencio, y tal fue el silencio que me hizo doler los oídos. Ella miró primero mis papeles y luego me miró a los ojos.

«Sobredosis de droga. Eso debió asustarla mucho» dijo, y yo le dije que así era. Cuando siguió hablando me pregunté si se trataba de la misma jueza que había oído sentenciar toda la mañana. «Estoy impresionada, Regina. No solamente quiere que yo la absuelva. Ha demostrado mucha responsabilidad. Veo su compromiso de asistencia a las reuniones de recuperación, que ha establecido un grupo de apoyo y que se puede mantener con su nuevo trabajo. No sé cuál fue su mayor error, pero el castigo mínimo que puedo darle es un programa de alejamiento de las drogas y libertad condicional por un año». La jueza también me remitió otros cargos que había en mi contra. Me siento muy afortunada porque según he oído el castigo debió ser mucho peor que eso. No sé por qué la jueza me miró y vio algo diferente en mí que en los demás, pero doy gracias al Señor por haber estado conmigo en el juzgado aquella mañana.

Pasé los meses siguientes en el programa de alejamiento de las drogas, sometiéndome a pruebas de sustancias y rindiendo cuentas a la jueza. Seguí asistiendo a Celebremos la Recuperación dos veces a la semana y realicé todo el trabajo correspondiente a las ocho decisiones sanadoras. Fue durante este tiempo que empecé a buscar más a Dios y pedir su dirección para mi vida. Desde entonces he tenido la oportunidad de dar mi testimonio a un grupo de jóvenes estudiantes. He descubierto que tengo la vocación de hablar a los jóvenes de todas las edades y he seguido haciendo eso cada vez que se presenta la oportunidad.

Mis pastores del grupo de jóvenes tenían razón al decirme que leyera más la Biblia. Simplemente no entendían que la recuperación incluía más que eso. Tuve que tomar las primeras seis decisiones y completarlas lo mejor que pude. Fue necesario que tomara la séptima decisión para poder mantener el impulso de decidirme diariamente a evitar la recaída.

DECISIÓN 7

No pierdo el IMPULSO

Reserve un tiempo diario a solas con Dios para examinarme, leer la Biblia y orar, a fin de conocer a Dios y su voluntad para mi vida, así como adquirir el poder que necesito para hacer su voluntad.

En febrero de 2006, al cumplir cinco años de no drogarme, le pedí disculpas a mi mamá, a quien se las debía hacía mucho tiempo. Le pedí perdón por mi forma de ser y los males que le había hecho todos esos años de drogadicta. Luego le entregué mi insignia por los cinco años de sobriedad, y por primera vez le di las gracias por salvar mi vida. Con lágrimas en su rostro, mi mamá me miró a los ojos y me dijo que yo era su héroe.

Durante estos últimos años en Celebremos la Recuperación, he entregado boletines en la puerta los viernes en la noche, he codirigido un estudio de pasos, facilitado la inducción de los visitantes nuevos al grupo del viernes y dirigido varias veces nuestro grupo de mujeres con adicciones químicas. Compartir mi historia de recuperación y libertad por medio de Cristo me ha llevado por todo el sur de California y a varios estados. En el verano de 2004 viajé por Malasia y Singapur hablando a iglesias y pastores sobre Celebremos la Recuperación. En marzo de 2006 me trasladé a San Salvador en El Salvador, donde pasé seis meses enseñando los principios de Celebremos la Recuperación en un centro de rehabilitación para drogadictos y pandilleros.

Después de pasar años siendo incapaz de mantenerme sobria más que un par de meses, en febrero de 2007 celebré seis años de no consumir drogas ni alcohol, una hazaña que únicamente pudo hacerse realidad siguiendo la voluntad del Señor. He cambiado de trabajo, he tenido a mis padres enfermos, he llorado la muerte de amigos y he tenido nuevas aventuras en la vida, y en todo ello he aprendido que…

«Todo lo puedo en Cristo que me fortalece».[18]

Ya no tengo que vivir esclava de las sustancias químicas, los sentimientos negativos o las palabras de los demás. Puedo despertar cada mañana, encomendar mi día al Señor y obtener de Él la fortaleza que necesito para ese día. Si trabajo continuamente en la séptima decisión sanadora, Dios me llevará donde Él quiere que yo vaya.

LA HISTORIA DE
Steve

Hola, me llamo Steve y soy un creyente que lucha con alcoholismo y drogadicción. Crecí en Huntington Beach, California, junto a mi madre, padrastro y hermano. Como familia disfrutamos las cosas básicas de la vida. Siempre tuvimos comida en la mesa, ropa buena y un techo sobre nuestras cabezas, mi mamá y yo fuimos muy cercanos y yo siempre podía depender de ella. Por otro lado, mi padrastro era chapado a la antigua y mandaba con mano de hierro. Esperaba que todo se hiciera tan pronto él lo ordenara o tendríamos que vérnoslas con él. La obediencia total era algo que se esperaba de mi hermano y de mí. Desde un principio aprendí a comportarme con mucha prudencia y a buscar aceptación participando en los deportes de la secundaria.

Cuando cumplí quince años descubrí que mi padrastro y mi madre se iban a divorciar. Me sentí libre de su control, pero a partir de entonces me volví muy rebelde. Conseguí un trabajo veraniego en la tienda de licores del barrio. Mis deberes incluían surtir la tienda y limpiar el refrigerador de las cervezas. Al poco tiempo encontré la manera de robarme doce paquetes de cerveza sin que nadie se diera cuenta. Bebía casi a diario y desde aquel verano cualquier actividad que realizaba giraba en torno a las drogas y el alcohol.

Empecé a tener malas compañías y lo único que deseaba era parrandear. Lenta pero inevitablemente, la escuela y los deportes fueron dejando de ser una prioridad. Al llegar al décimo grado estaba fumando marihuana y tomando cerveza todos los días. A medida que mi adicción avanzó, empecé a meterme en líos con la ley. A los dieciocho años ya había sido arrestado cuatro veces, dos en México por borrachera y pleitos, dos en Huntington Beach por conducir intoxicado y por asalto personal. Aquel mismo año tuve una aventura con una mujer casada que ocasionó un divorcio. Me salí de la secundaria sin graduarme para empezar mi carrera en la construcción.

Trabajé en la construcción y allí descubrí que consumir drogas y alcohol era aceptable como estilo de vida. Fue entonces que empecé a usar metanfetamina. Descubrí que con esta droga podía trabajar más horas y divertirme más. Eso me funcionó un par de años. Me las arreglé para mantener el empleo y no ir a parar a la cárcel. Solía pasar varios días sin dormir.

Me obsesioné con el sexo y la pornografía a tal punto que consumían mi mente y mi cuerpo. Debí haber sido arrestado por la severidad de mi conducta. Fui extremamente abusivo en mi relación con una novia que también era adicta al speed. Como resultado de mi estilo de vida pecaminoso, fui responsable de tres abortos.

Con el avance de mi adicción, empecé a perder los trabajos que había sido capaz de mantener antes. Mi vida estaba fuera de control. El vacío que sentía no podía llenarse con ninguna cantidad de drogas o alcohol. Para saciar mi adicción recurrí al hurto y la manipulación. Me convertí en un ladrón mentiroso. Mi madre adquirió una valiosa colección de estampillas que mi abuelo había coleccionado toda su vida. Empecé a robármela poco a poco. Caí tan bajo que me robé los anillos de diamante de mi mamá y los empeñé. Hice esto mientras vivía en su casa, y cuando mamá se dio cuenta que le estaba robando, aunque le dolió, se vio forzada a echarme de la casa porque me había perdido la confianza.

Quedé entonces sin hogar, sin trabajo y viviendo en la calle. Pero todavía no había tocado fondo. Durante los dos años siguientes fui arrestado dos veces por posesión de crystal meth y por estar bajo la influencia de sustancias. Terminé recibiendo una sentencia en 1992 y pasé cuarenta y cinco días en la cárcel del condado. Al salir, mi mamá me dejó volver a su casa.

Fue durante este tiempo que mi madre empezó a asistir a la Iglesia Saddleback. Una vez decidió llenar una tarjeta de visitante con mi nombre e indicó que yo quería conocer a Cristo. Lo hizo sin decírmelo.

Poco después de su «acto de amor» recibí una llamada de Rob, quien trabajaba en el ministerio de creyentes nuevos. Él pensó que estaba respondiendo a una tarjeta de visitantes que yo había escrito y no supe qué decirle, así que le seguí la cuerda. Casi al final de nuestra charla me preguntó si estaría dispuesto a hacer la oración para recibir a Cristo. Le dije que no estaba listo y que luchaba con las drogas y el alcohol. Sentí que había sido un hipócrita. Dios es el único que pudo haberme dado tal sensatez.

No obstante, él me contó acerca de Celebremos la Recuperación. El viernes siguiente recorrí por primera vez aquella colina empinada. Aquella noche conocí gente muy interesante como mi querido amigo Bob. Acepté al Señor y la semilla fue plantada en mi corazón. Luego acepté un trabajo que me ofrecieron manejando un camión y como resultado de alejarme de la iglesia y de mis personas de confianza, recaí. Estuve otra vez en la misma situación durante nueve meses y fue el período más miserable y solitario de mi vida. Terminó cuando fui arrestado por última vez y sentenciado a seis meses en la cárcel del condado. Durante mi condena tuve que asistir a una clase obligatoria sobre el SIDA y me administraron un examen de sangre. El instructor nos dijo que únicamente informaría a los reclusos con resultados positivos. Es decir, ninguna noticia era buena noticia.

Dos meses después del examen los guardias me llamaron. Me entregaron un certificado médico que decía en letra rojas «examen de sangre». Sabía lo que significaba, que había contraído el VIH. Me sentí aterrado y más solo que nunca. Mientras estaba sentado en el despacho médico, las lágrimas corrieron por mis mejillas y me puse a reflexionar sobre toda mi vida. Recordé el dolor que les había causado a todos, incluido yo, por las malas decisiones que había tomado. Cuando pensé que iba a morir de SIDA fue cuando finalmente toqué fondo. Allí di el primer paso para someter mi vida completamente a Dios. Admití que no tenía ningún poder sobre mis adicciones y conductas compulsivas y que mi vida se había vuelto ingobernable.

Después de pasar una hora esperando en el despacho médico, me llamaron y me informaron que se había cometido un error de computadora y que yo no tenía VIH positivo. ¡Alabado sea Dios! Sentí un gran alivio pero no me olvidé de haber tocado fondo. Me di cuenta que fácilmente habría podido ser cierto y supe que tenía que cambiarlo todo en mi vida.

Lo primero que hice al salir de la cárcel fue volver a *Celebremos la Recuperación*. Conseguí un patrocinador, una Biblia, las guías del participante en el programa y volví a tomar el rumbo correcto. Mi primera noche de vuelta en *Celebremos la Recuperación* fui recibido por Big Al con uno de sus abrazos de oso. El amor incondicional que sentí esa noche me dio las fuerzas para seguir viniendo. Recibí ánimo de mi patrocinador, seguí el estudio de pasos los martes por la noche y sentí el compañerismo incomparable.

Durante año y medio me mantuve sobrio y varios hombres me pidieron que yo fuera su patrocinador. Los viernes en la noche era común que varios se acercaran a mí para felicitarme, y aunque eso no tenía nada de malo, sí sirvió para alimentar mis defectos de carácter como el orgullo y la vanidad. Empecé a tomar crédito por mi sobriedad. Creí que ya tenía todas las respuestas. Por causa de mi orgullo y arrogancia, dejé de darle prioridad al tiempo que pasaba con Dios. Volví a caer en el autoengaño y me dije a mí mismo que no era un alcohólico. Me convencí de que solamente era un drogadicto y decidí que para mí no era un problema entrar a un bar. Esa noche reincidí. Por la gracia de Dios me detuve después de la primera cerveza, pero fue un golpe mortal para mi ego. Ahora tenía que contarles a mis personas de confianza lo que había hecho. Rendir cuentas de eso fue la experiencia más humillante de mi sobriedad. Había trabajado a fondo en las primeras seis decisiones sanadoras, pero fallé con la séptima y la octava.

El 31 de octubre de 1996 renové mi compromiso y encomendé mi voluntad y mi programa al Señor. Empecé a escudriñar las Escrituras para descubrir quién es Dios en realidad y cuál es su voluntad para mi vida. Logré entender dos cosas, primero que no había confiado realmente en Dios para ser restaurado, y segundo que Dios es el Padre más amoroso y compasivo que yo jamás me podría imaginar. Él nunca me decepciona y siempre me ama con un amor incondicional. He descubierto en los evangelios que Cristo recorrió este sendero antes que yo. En el libro de Hebreos, capítulo cuatro (versículo 15), dice: «Porque no tenemos un sumo sacerdote incapaz de compadecerse de nuestras debilidades, sino uno que ha sido tentado en todo de la misma manera que nosotros, aunque sin pecado». *Él conoce mi dolor y sabe dónde he estado, la lucha en que me encuentro hoy y la esperanza de mi derrotero.*

Hoy mismo, doy los pasos específicos para librarme de recaer. Lo primero que hago cada día es tomar la séptima decisión sanadora:

DECISIÓN 7

No pierdo el **IMPULSO**
Reservo un tiempo diario a solas con Dios para examinarme, leer la Biblia y orar, a fin de conocer a Dios y su voluntad para mi vida, así como adquirir el poder que necesito para hacer su voluntad.

En segundo lugar, asisto a mis reuniones semanales; tercero, rindo cuentas de mi vida a otros; y cuarto, estoy comprometido a pasar tiempo a solas con Dios todos los días. Es un tiempo en el que me examino, leo la Palabra de Dios y oro. Sé que la tentación es muy real. Hoy día soy conciente de mis debilidades y defectos de carácter. Presto atención a las palabras de Cristo cuando dijo a sus discípulos: «Vigilen y oren para que no caigan en tentación. El espíritu está dispuesto, pero el cuerpo es débil».[19]

Ahora doy crédito a quienes lo merecen. Alabo a Dios por mi sobriedad. El 31 de octubre pasado celebré cinco años de sobriedad. Dios ha cambiado mi desesperación en esperanza y mi temor en gozo. Vivo la vida un día a la vez, confiado en que Dios me restaurará si yo me someto a su voluntad. Vivo ahora con una actitud de gratitud. Estoy muy agradecido por todas las experiencias y victorias que he tenido con el Señor. Él me ha bendecido con los mejores amigos del mundo. Estos hombres han sido una parte fundamental de mi recuperación. Dios nos enseña en Proverbios 27:17 que «el hierro se afila con el hierro, y el hombre en el trato con el hombre».

Dios ha restaurado mi relación con mi madre. Ahora somos muy buenos amigos y aprecio el tiempo que pasamos juntos. Dios también me ha dado una bella mujer, mi esposa Gina, quien también tiene un compromiso firme con el Señor Jesucristo. Alabo a Dios por nuestra amistad y nuestro matrimonio.

Dios no me ha bendecido solamente en mis relaciones, también me ha dado un propósito para vivir. Hoy tengo un mensaje de esperanza para todo el que esté dispuesto a escuchar. En Marcos 16:15 Jesús les dice a sus discípulos: «Vayan por todo el mundo y anuncien las buenas nuevas a toda criatura». Dios me está permitiendo servir a otros hombres en Celebremos la Recuperación. He tenido el privilegio de dirigir el estudio de los pasos en varios grupos y me han dado la responsabilidad de pastorear un estudio bíblico en mi casa.

Para concluir, estoy agradecido con Dios por haber tomado a este pecador deshecho que fue un adicto a las drogas y el alcohol durante doce años, y restaurarme totalmente para hacer de mi vida una contribución edificante para su reino y su gloria.

Regina y Steve tuvieron infancias muy diferentes. Al crecer, cada uno aprendió que el simple hecho de orar y leer la Biblia no podría ayudarles a recuperarse de sus heridas, complejos y malos hábitos. Solamente cuando aplicaron todas las acciones prácticas correspondientes a las decisiones uno a siete, que incluyen el autoexamen, el estudio bíblico y la oración, ellos pudieron seguir la voluntad de Dios para sus vidas y prevenir la reincidencia en los vicios.

R
E
C
U
P
E
R

«*Dichosos los perseguidos por causa de la justicia*».[1]

Ofrezco mi vida a Dios
para *llevar* esta buena nueva a otros,
a través de mi ejemplo y mis palabras.

Recicle el DOLOR

Decídase a COMPARTIR

Su mayor contribución a este mundo y su ministerio más grande no tendrá que ver con sus puntos fuertes sino con su mayor debilidad. Aquello de lo que usted menos quiere hablar, aquella cosa que quiere esconder en el armario, es precisamente lo que Dios quiere que usted saque a la luz. Uno de los prodigios de Dios es que Él nunca desperdicia un dolor y usted no es la excepción.

En este último capítulo veremos la decisión sanadora que corresponde a la última letra en el acróstico R-E-C-U-P-E-R-O. La idea es que usted ofrezca su vida a Dios y le permita reciclar el dolor que ha sufrido en su vida para beneficio de otras personas.

La mayoría de nosotros tenemos la noción errada de que Dios usa únicamente a gente talentosa, superdotada y extraordinaria. Eso no es cierto. Dios usa gente común y corriente. De hecho, hace su mejor trabajo con personas débiles: «[Dios] me dijo: "Te basta con mi gracia, pues mi poder se perfecciona en la debilidad". Por lo tanto, gustosamente haré más bien alarde de mis debilidades, para que permanezca sobre mí el poder de Cristo».[2]

A la gente no les son tan útiles sus puntos fuertes, usted los ayuda más cuando se sincera sobre sus debilidades. Cuando uno comparte sus fortalezas la gente dice: «Y a mí qué, nunca voy a tener lo que él tiene» o «Mi fe no es tan fuerte como la suya». En cambio, cuando les hablamos de nuestros puntos débiles ellos dicen: «Puedo identificarme con eso».

Tengo el honor de dar mi testimonio varias veces al año y cada vez que lo hago la gente dice: «Gracias por compartir sus luchas y debilidades conmigo. Me emociona ver las cosas que Dios ha hecho en su recuperación». Ninguno de ellos me da gracias por mis puntos fuertes. Me agradecen el ser honrado y sincero acerca de mis debilidades. Dios recibe la gloria y ellos ven que si Dios puede restaurar a un pecador como yo, puede y está dispuesto a liberarlos de sus heridas, complejos y malos hábitos.

Cuando usted entienda cómo Dios usa sus debilidades y su dolor, la vida adquirirá un nuevo significado y experimentará una recuperación genuina. La prueba de que usted se está recuperando de verdad es que empieza a enfocarse en los demás y deja de ser absorbido por sus propias necesidades, dolores y problemas. La recuperación se hace evidente cuando usted empieza a decir: «¿Cómo puedo ayudar a otras personas?».

En este capítulo final daremos respuesta a dos preguntas importantes: ¿Por qué Dios permite nuestro dolor? Y, ¿cómo podemos usar nuestro dolor para ayudar a otros?

¿POR QUÉ PERMITE DIOS EL DOLOR?

Esta es una pregunta universal. ¿Por qué un Dios bueno permite el dolor y el sufrimiento? Existen varias razones, pero hablemos de las cuatro principales.

1. DIOS NOS HA DADO LIBRE ALBEDRÍO

Dios nos creó con el derecho a escoger. En Génesis, el libro de los comienzos, leemos: *«Y Dios creó al ser humano a su imagen»*.[3] Una de las evidencias de la imagen de Dios en usted es su libertad para escoger. Una simple consideración del universo creado nos permite concluir que Dios tomó millones de elecciones concretas. Usted también tiene derecho a elegir. Puede elegir entre el bien y el mal, la verdad y la mentira, la vida y la muerte. Dios nos dice: «Pueden rechazarme o aceptarme. Es su decisión».

Dios pudo haberlo creado sin libre albedrío para que siempre hiciera lo bueno y nunca lo malo, pero Dios no quería un montón de títeres. Él quiere que usted y yo lo amemos de manera voluntaria. Uno no puede amar de verdad a alguien si no tiene la opción de no amarle. No se puede elegir el bien si uno no tiene libertad para elegir el mal.

Nuestro libre albedrío no es una bendición solamente, también es una carga. Como ha leído en las historias de varias personas valientes en este libro, las malas decisiones tienen consecuencias dolorosas. Hacemos elecciones que nos traen dolor y afectan a otros. Si optamos por experimentar con drogas y volvernos adictos, es nuestra propia culpa. Si optamos por ser promiscuos y adquirimos una enfermedad transmitida sexualmente, acarreamos las consecuencias de nuestro propio descarrío. ¿Puede ver el dilema? Dios no supedita su voluntad. Dios no manda a nadie al infierno. Nosotros somos los que elegimos ir allá rechazando su voluntad para nosotros. Dios lo ama y quiere que usted sea parte de su familia, pero si usted se mofa de Dios y le da la espalda, no puede echarle la culpa a nadie más que usted. Ese es el libre albedrío.

> *La* PRUEBA *de que usted se está recuperando de verdad es que empieza a enfocarse en los demás, no en sí mismo.*

Hay un punto más que debemos considerar acerca del libre albedrío que Dios nos ha dado. Dios no da libre albedrío a usted solamente, sino también a todas las demás personas. Esto significa que a veces son otros los que optan por hacer el mal y usted puede resultar herido convirtiéndose en una víctima inocente. Muchos de ustedes han sido heridos profundamente por un padre, un cónyuge, un maestro, un amigo, un pariente o algún desconocido. Dios pudo haber prevenido esa herida quitándole el libre albedrío a esa persona, pero si hubiera hecho eso, para ser justo, también habría tenido que quitarle a usted su libre albedrío.

El dolor acompaña de forma intrínseca al libre albedrío.

2. DIOS USA EL DOLOR PARA LLAMARNOS LA ATENCIÓN

El dolor no es su problema. Ni siquiera su depresión, su ansiedad y su temor son sus problemas. Simplemente son luces de advertencia que le indican que algo está mal y requiere atención inmediata. Dios usa el dolor para llamarnos la atención: *«Con golpes y con azotes se corrigen los malos pensamientos»*.[4]

A veces el dolor es severo, como una quemadura en nuestra piel o la punzada de un ataque cardíaco. Sin estas sensaciones dolorosas, podríamos seguir como si nada, ignorando por completo los peligros que amenazan nuestra vida. Pero la «bendición» del dolor es que capta nuestra atención y nos hace saber que algo anda muy mal. Pablo dijo esto acerca del beneficio del dolor: *«Ahora me alegro, no porque se hayan entristecido sino porque su tristeza los llevó al arrepentimiento»*.[5]

Tal vez su problema sea baja autoestima, pérdida, abandono o abuso. Su dolor le indica que estos asuntos requieren urgentemente su atención. A nadie le gusta el dolor, pero Dios lo utiliza para que usted preste atención.

¿Recuerda la historia de Jonás cuando fue tragado por un gran pez? Jonás se fue por un lado y Dios dijo: «Quiero que vayas por el otro lado». En el fondo del océano, Jonás dijo finalmente: *«Al sentir que se me iba la vida, me acordé del Señor»*.[6] ¿No le parece un versículo estupendo? Dios usa el dolor para captar nuestra atención.

3. DIOS USA EL DOLOR PARA ENSEÑARNOS A DEPENDER DE ÉL

El apóstol Pablo estaba bien familiarizado con el dolor y por eso nos dice: «*Estábamos tan agobiados bajo tanta presión, que hasta perdimos la esperanza de salir con vida: nos sentíamos como sentenciados a muerte. Pero eso sucedió para que no confiáramos en nosotros mismos sino en Dios, que resucita a los muertos*».[7] Usted nunca sabrá que Dios es todo lo que necesita hasta que Dios sea lo único que le quede. Cuando su castillo se desmorona y usted lo pierde todo, es cuando puede ver claramente al único que permanece a su lado. Sin problemas, usted nunca aprendería que Dios es el único que realmente resuelve los problemas. Dios permite el dolor para enseñarle a depender de Él. «*Estuvo bien que me hicieras sufrir porque así entendí tus enseñanzas*».[8]

Lo cierto es que hay algunas cosas que aprendemos únicamente por medio del dolor. Ya lo ha visto demostrado una y otra vez en las historias de hombres y mujeres valientes que aparecen al final de cada capítulo, y ha visto cómo cada uno de ellos aprendió a depender de Dios por medio del dolor, uno de los grandes maestros de la vida.

4. DIOS PERMITE EL DOLOR PARA QUE AYUDEMOS A OTROS

En realidad el dolor lo hace humilde, compasivo y sensible a las necesidades de otros. El dolor lo prepara para servir. Cuando acudimos a Dios para ser sanados de la raíz de nuestro dolor, Él nos consuela y nos da la ayuda que necesitamos. «*Cuando tenemos dificultades, o cuando sufrimos, Dios nos ayuda para que podamos ayudar a los que sufren o tienen problemas*».[9] Ser usados por Dios para beneficio de los demás es de lo que se trata la octava decisión sanadora:

Reciclo mi DOLOR
Ofrezco mi vida a Dios
para llevar esta buena nueva a otros,
a través de mi ejemplo y mis palabras.

Todos necesitamos recuperación de algún tipo, bien sea mental, física, espiritual, social o en nuestras relaciones personales. Todos tenemos heridas, complejos y malos hábitos. Nadie es perfecto. Además, cuando estamos dolidos, necesitamos a alguien que entienda, alguien que haya pasado por lo que nosotros estamos pasando, y no una persona que tenga su vida en perfecto orden.

¿Quién mejor para ayudar a un alcohólico que una persona que haya luchado con el alcoholismo? ¿Quién mejor para ayudar a una víctima de abuso que una persona que también haya sufrido maltratos? ¿Quién puede brindarle la mejor ayuda a la persona que perdió el trabajo y quedó en la bancarrota, que alguien que haya experimentado lo mismo? ¿Quién puede ayudar mejor a un adolescente triste y desorientado que una pareja que tuvo un hijo que pasó por lo mismo?

> *Cuando* CUENTA *a otros su historia, no solamente les da esperanza a ellos, también recibe sanación en su vida.*

Dios quiere usar y reciclar el dolor que hay en su vida para ayudar a otros, pero usted tiene que estar dispuesto y ser completamente sincero. Si quiere quedarse solito con su herida, la está desperdiciando. Dios quiere reciclar sus dolores, sus complejos y sus malos hábitos para ayudar a otros.

Hay una bella historia en el libro de Génesis acerca de José. Sus familiares y otros le hicieron cosas terribles, ¡y eso que era el tipo bueno!

José no merecía el dolor que experimentó en su vida. Un día sus hermanos decidieron juntarse contra él y lo vendieron como esclavo. Cuando volvieron a la casa engañaron a su padre diciendo que José había sido despedazado por un león. Trate de encontrar una familia más disfuncional.

José fue vendido como esclavo y llevado de Israel a Egipto. Él realizó fielmente sus labores de esclavo, enfocado en sus propios asuntos, cuando de repente la esposa de su amo trató de seducirlo. José rehusó sus avances y ella gritó: «¡Me están violando!». Por supuesto, el esposo se puso de parte de ella y José fue echado en la prisión. La vida entera del pobre varón iba rodando cuesta abajo, a toda velocidad. Tocó fondo. Pero Dios tenía un plan y un propósito para José.

A través de una serie de eventos espectaculares, José fue ascendido a segundo al mando en Egipto. Dios usó a José para salvar no sólo a Egipto, sino también a otras naciones de la destrucción y el hambre. Más adelante, durante la época de hambre, sus hermanos acudieron a él para conseguir comida, y jamás se les ocurrió que estaban ante el mismísimo hermano que habían traicionado. Cuando José se reveló a sus hermanos, lo mínimo que esperaron fue que rodaran sus cabezas, pero José los tomó por sorpresa: *«Es verdad que ustedes pensaron hacerme mal, pero Dios transformó ese mal en bien».*[10]

Dios es más grande que cualquier persona que le haga daño. Sin importar cómo le hayan lastimado los demás, Dios puede reciclar ese dolor y usarlo para bien. Dios nunca desperdicia una herida. Pero usted sí puede desperdiciarla, si no aprende de ella y la comparte. Muchos otros podrán ser ayudados y animados si usted comparte los problemas y las luchas que ha enfrentado. Dios puede y quiere usar su dolor para ayudar a otros, si usted se lo permite.

¿CÓMO PODEMOS USAR NUESTRO DOLOR PARA AYUDAR A OTROS?

La respuesta sencilla es: contando su historia. Así de simple. Es así de fácil y así de difícil. Comparta sus experiencias, su recorrido, sus debilidades y cómo Dios lo ha llevado al punto en que se encuentra hoy. Cuando comparta, descubrirá que Dios le tiene reservada una bendición además de la que usted transmite a los demás. Cuando cuenta a otros su historia, no solamente les da esperanza a ellos, también recibe sanación en su vida. Cada vez que comparte su historia, se fortalece un poco más y experimenta otra dimensión en su proceso de sanación.

Al final de este capítulo leerá los últimos testimonios personales del libro, las historias de Tina y Bob, quienes han permitido que Dios recicle su dolor y lo use para beneficio de otros. Dios también quiere reciclar su dolor para poder usarlo y ayudar a otros. La siguiente exhortación bíblica le invita a compartir su historia y hasta le instruye cómo hacerlo: *«Estén siempre preparados para responder a todo el que les pida razón de la esperanza que hay en ustedes. Pero háganlo con gentileza y respeto».*[11] Usted necesita estar preparado para responder estas preguntas: ¿Cómo lo logró? ¿Qué hizo para no reincidir? ¿Cómo se recuperó?

ACEPTE SU MISIÓN

Dios tiene una misión para usted. Se llama «La gran comisión» y se encuentra en la Biblia: *«Vayan y hagan discípulos de todas las naciones, bautizándolos en el nombre del Padre y del Hijo y del Espíritu Santo».*[12] En el momento en que usted cruza la línea y se convierte en creyente, también se convierte en misionero. Entra a formar parte del gran plan de Dios para alcanzar a la gente herida y perdida.

¿Sabe que en el cielo hay únicamente dos actividades que no se pueden hacer? Una es pecar; la otra es compartir las buenas nuevas del evangelio con personas que nunca las han oído. De esas dos, ¿cuál cree que sea la razón por la que Dios lo ha dejado en la tierra? Es obvio, ¿no le parece?

A veces en su misión de contar la historia, Dios quiere que usted tome la iniciativa. Esto se denomina intervención. «*Hermanos, si alguien es sorprendido en pecado, ustedes que son espirituales deben restaurarlo con una actitud humilde. Pero cuídese cada uno, porque también puede ser tentado. Ayúdense unos a otros a llevar sus cargas, y así cumplirán la ley de Cristo*».[13] Si usted es un creyente, tiene la responsabilidad de interesarse y ayudar a los demás en sus problemas y tribulaciones.

Aquí entra en acción la bienaventuranza de este capítulo: «*Dichosos los perseguidos por causa de la justicia*».[14] Alcanzar a otros con la buena nueva de cómo Dios ha cambiado nuestra vida no siempre es fácil ni bien recibido. Pero eso sí, somos dichosos cuando cumplimos la misión que Dios nos ha encomendado.

«*No me preocupa si tengo que morir. Lo que sí quiero es tener la satisfacción de haber anunciado la buena noticia del amor de Dios, como me lo ordenó el Señor Jesús*».[15] La tarea que Dios nos asignó es anunciar a otros la buena noticia del amor y la bondad de Dios. No existe mayor logro en la vida que anunciar a alguien la promesa de la vida eterna.

El mundo tiene muchísimas más personas que están listas para recibir la buena nueva que los que están dispuestos y preparados para compartirla. Hay personas que necesitan oír su historia. Usted no tiene que ser un genio bíblico. Simplemente cuente lo que le sucedió. Ese es el mensaje más poderoso que usted puede transmitir. Puede decir: «No sé dónde están todos los versículos, pero esto fue lo que me ocurrió a mí». Nadie puede refutar eso, ¡es su experiencia personal!

Dios quiere usarlo. Comparta su historia.

CUENTE SU HISTORIA

En la acción práctica «Póngalo por escrito», usted consignará su historia en papel. Considere las siguientes pautas para prepararse:

1. *Sea humilde.* Todos estamos en el mismo bote, todos somos hermanos y hermanas en la lucha de vivir. Compartir su historia o dar su testimonio es básicamente ser un mendigo que le dice a otro mendigo dónde está el pan. La idea no es decir «miren cómo tengo mi vida bajo control», porque no es así. Usted la está sometiendo al control de Cristo. Está en el camino hacia la sanación pero aún lo sigue recorriendo. Es un viaje de toda la vida.

2. *Sea real.* Sincérese en cuanto a sus heridas y faltas. Los hombres y las mujeres que han contado sus historias en este libro han sido un ejemplo vivo de esto. Ellos abrieron su vida y fueron transparentes, vulnerables y reales. ¿Puede imaginarse el valor del que tuvieron que armarse ellos para ver sus luchas personales impresas en tinta, para que el mundo entero las viera? Inspírese en su coraje para abrir su corazón de igual modo. Usted también puede ayudar a otras personas sincerándose en cuanto a su dolor. Cuando se sincera en cuanto a su dolor, la sinceridad se esparce y de esa manera ayuda a quienes oyen su historia a sincerarse también.

3. *No sermonee.* No trate de argumentar ni meter gente al cielo a la fuerza. Simplemente cuente su historia. Dios quiere que usted sea un testigo, no un abogado litigante. Tal vez usted sea la única Biblia que algunas personas tendrán la oportunidad de leer. Hay muchos que jamás pondrán un pie en una iglesia y seguramente no están dispuestos a oír un sermón. Pero usted tiene una historia que puede llegarles al corazón, una historia con la que pueden identificarse. Usted puede llegar a gente a la que un pastor jamás podría llegar. Tan solo comparta con sencillez lo que Dios ha hecho en su vida, ¡ellos van a querer lo que usted tiene!

CONSIDERE A SUS BENEFICIARIOS

¿Quién recibirá mayor beneficio de oír su historia? Las personas que experimentan actualmente aquello por lo que usted ya ha pasado. Son personas que necesitan conocer a Cristo y la libertad que Él puede brindar. Necesitan conocer las ocho decisiones sanadoras que contiene este libro. Podría tratarse de sus amigos, sus vecinos o sus familiares. Dígale a Dios que está disponible y prepárese para ser usado. Si está listo para compartir las buenas nuevas de cómo Dios ha obrado en su vida, Dios lo va a usar mucho.

¿Puede imaginarse llegar al cielo y que alguien le diga «estoy aquí por usted, quiero darle las gracias»? ¿Cree que contar su historia habrá valido la pena? Es algo que perdurará mucho más que cualquier logro en su carrera o cualquier satisfacción que obtenga de su pasatiempo favorito. Estamos hablando de consecuencias eternas, de pasar gente de las tinieblas a la luz, del infierno al cielo, de una eternidad sin Dios a una eternidad con Dios. La gente se lo agradecerá toda una eternidad. No existe nada más significativo en la vida.

TOME LA *decisión*

ACCIÓN 1: *Ore por el asunto*

Pídale a Dios que le conduzca a alguien con quién compartir su historia, la buena nueva de cómo Dios cambió su vida radicalmente y cómo puede cambiar la de ellos.

Puede empezar cada día con una oración similar a esta:

Amado Dios, ayúdame a estar preparado para compartir hoy con alguien las victorias que me has dado. Ayúdame a encontrar las palabras precisas y el momento oportuno para abrirle mi corazón a alguien que sufre y no sabe a quién acudir ni cómo calmar el dolor. Te pido que pueda contarle sobre la manera en que me has liberado de mis heridas, complejos y malos hábitos. Ayúdame a hacerlo con gentileza y respeto. Gracias por permitirme servirte hoy de este modo. Amén.

ACCIÓN 2: *Póngalo por escrito*

Si hizo la oración del primer paso práctico, necesita prepararse por adelantado para contar su historia. ¿Cómo se prepara para compartir su historia? Revise las tres pautas presentadas bajo el subtítulo «Cuente su historia». Las siguientes sugerencias lo ayudarán a empezar:

+ Elabore una breve lista de todas las experiencias tanto positivas como negativas que han ejercido influencia en su vida. Distinga las que usted causó y las que otros causaron. Revisar su inventario moral lo ayudará a recordar estas experiencias.

+ Ponga por escrito lo que aprendió de cada experiencia.
+ Describa cómo le ayudó Dios a salir adelante en los tiempos difíciles.
+ Haga una lista de las personas que necesitan oír su historia.
+ Saque papel y lápiz y escriba su historia.

¿Por qué es tan importante consignar por escrito su historia? Recuerde que los pensamientos se desenredan cuando pasan de los labios al papel. Escríbala.

ACCIÓN 3: *Compártalo con alguien*

Después que haya escrito su historia, que es su testimonio, entregue el papel a su persona de confianza. Él o ella podrán ayudarlo leyendo su historia en voz alta y haciendo sugerencias. Su persona de confianza ha estado con usted desde el inicio en su viaje hacia la sanación y lo conoce tanto a usted como su historia. Esta persona puede ayudarlo a revisar su historia para cerciorarse de que no haya omitido sucesos importantes que podrían ser edificantes para los demás. La persona a quien usted rinde cuentas también puede ayudarlo a relatar su historia de una manera humilde y real, sin sermonear a la gente.

LA HISTORIA DE
Tina

Me llamo Tina. Soy una creyente que lucha con la adicción sexual. Admitir mi adicción al sexo es la declaración más difícil que he tenido que hacer, pero para mí es la más importante. Mi batalla con la adicción sexual casi destruyó mi vida, hasta que Dios intervino y me transformó para que siguiera sus propósitos.

Nací en una familia italiana católica. Tengo dos hermanas y un hermano gemelo. Mis padres hicieron sacrificios para darnos todo lo que necesitábamos, nos dieron un hogar estupendo y fueron muy generosos en las ocasiones especiales y los cumpleaños. Sin embargo, eramos una familia caótica donde nos amábamos y nos odiábamos al mismo tiempo. El método de comunicación durante un conflicto era gritar, insultar y golpear puertas. Nunca hubo una resolución a ningún conflicto, ni perdón. La cocina era el campo de batalla de mis padres a la hora de comer. Cuando peleaban por la situación económica yo me sentía como una carga. Cuando peleaban por la crianza de los hijos, me sentía como una basura. Cuando peleaban por su vida sexual, me sentía sucia. Al observar sus ataques verbales el uno contra el otro, mis hermanos y yo también aprendimos a pelear de la misma manera.

Mi relación con mi madre fue especial cuando yo era pequeña. Me llamaba con frecuencia su «bolita de carne». Sin embargo, al acercarme a la adolescencia, algo cambió en nuestra relación. Teníamos altercados constantes. Yo me sentía menospreciada cuando realizaba labores domésticas y criticada mi manera de vestir y peinarme. Me sentía traicionada, engañada e indignada.

Idolatraba a mi hermana mayor. Ella era tan linda y desenvuelta. No obstante, ella también recurría al maltrato verbal y solía atacarme cuando yo me divertía o salía con mis amigos. Sus palabras me afectaban de modo diferente a las de mi madre, me cortaban como un cuchillo por dentro. Sentía un dolor profundo pues creía cada cosa que me decía. Me miraba en el espejo y repetía una y otra vez: «Soy fea, soy fea y nunca voy a ser buena en nada».

Mi padre fue un hombre bueno y cariñoso. Yo acudía a él para recibir el amor que tanto anhelaba. Me dejaba acurrucarme en su regazo y me abrazaba, pero no era un hombre paciente. Cuando me ayudaba con las tareas o a enfrentar nuevos retos, con frecuencia me decía que era tonta.

Una tarde, después de tener un altercado con mi mamá, me fui al garaje para estar sola y mientras estuve allí encontré una caja llena de revistas pornográficas. Mi obsesión visual fue instantánea y regresaba a verlas cada vez que podía, hasta que un día desaparecieron. Para sentir otra vez lo mismo, me puse a buscar libros ilícitos, y el que más me intrigó contenía entrevistas con mujeres que hablaban de su sexualidad, incluyendo experiencias bisexuales. Esto me encaminó por un sendero tenebroso y un mundo de fantasías mentales donde escapaba de mi realidad.

La primera vez que ingerí alcohol fue en mi fiesta de graduación del octavo grado. Quedé embotada y pensé que eso mismo les sucedía a todos los que tomaban. Cuando entré a la secundaria era muy tímida pero sobresalí en las competencias de danza. Mi desempeño académico sí era una pesadilla. No podía concentrarme. Mi mente estaba consumida con pensamientos sexuales que incluían a mis profesores y compañeros de clase. Aparte de la danza, mi única satisfacción eran las fiestas estudiantiles. Cuando llegaba tarde a la casa mi mamá se quedaba esperándome, y al entrar me lanzaba al piso y me llamaba mujer de mala vida. Tenía mucha rabia por dentro pero no decía nada y me tragaba las lágrimas. Mi padre estaba dispuesto a comunicarse conmigo, pero mi corazón estaba muy endurecido. En mi rebelión, opté por perder mi virginidad a los catorce. Por lo que había aprendido hasta el momento, me pareció que no valía la pena esperar hasta el matrimonio.

Seguí siendo activa sexualmente con mis «novios oficiales». Tuve un novio de otra raza y mantuve la relación en secreto durante dos años. A los diecisiete quedé embarazada y aborté mi bebé. Mis padres nunca lo supieron. Todas estas fueron decisiones que tomé haciendo uso de mi libre albedrío.

Una tarde mi padre entró a un cuarto donde estaba mi madre y temblándole la voz le dijo que le había salido sangre al orinar. Pasó treinta días de intenso dolor y los doctores decidieron hacerle cirugía para remover unos cálculos renales. Durante la intervención quirúrgica los doctores encontraron cáncer en el riñón. Durante los seis meses siguientes observé el deterioro de mi papá y durante su enfermedad oí que nos llamaba adolorido pero yo no acudía. Me sentía abrumada por la idea de perderlo y optaba por encerrarme en mi cuarto y subir la música para no oír su voz.

Dos meses después mi familia y yo vimos morir a mi padre en el hospital. Yo le administré morfina líquida durante catorce horas para calmarle el dolor antes de morir. Traté de compensar por todas las veces que no cuidé de él en su lecho de enfermo. Estaba muy confundida y no sabía qué sentir. Vi a mi hermana menor agachada en la esquina del cuarto y llorando, pero no fui a consolarla. Me sentía paralizada emocionalmente.

Una semana después fui a un bar y tomé algunos tragos de tequila y cerveza. Se sentía tan bien estar entumecida. Recuerdo que me decía a mí misma: «Voy a estar bien, con tal de estar bien ida». Me volví un alma perdida y un peligro para mí misma. Mi vida giraba en torno a bares, hombres y embriaguez total. Mis relaciones estables siempre se rompían debido a mi infidelidad constante con los hombres que más se interesaban en mí. No podía comprometerme con nadie.

Mi dipsomanía se tornó más agresiva y los desfallecimientos más frecuentes. Una noche camino a casa, un alguacil del condado de Orange me detuvo y me arrestó por manejar borracha. Cuatro meses después me volvió a pasar. Estaba tan engañada que empecé a usar cocaína. Esto se convirtió en mi patrón de vida durante los cinco años siguientes.

En un esfuerzo por cambiar tomé un trabajo corporativo y cambié mi vestimenta y mi peinado. Sin embargo, el nuevo ambiente venía cargado de mayores tentaciones y en los dos años siguientes me involucré en relaciones ilícitas con hombres que conocía: compañeros de trabajo casados, el novio de otra mujer, el esposo de una amiga. Era descarada. Mi compañera de cuarto me preguntó cómo lo lograba y yo le dije sin pensarlo: «Nada más los mantengo separados». Si me hubiera preguntado por qué lo hacía le habría dicho: «No tengo la menor idea».

Fue entonces cuando me di cuenta que necesitaba un salvador, pero no era Jesús. Ni siquiera sabía quién era Jesús. Mi mesías sería el hombre con quien me iba a casar. La primera noche que conocí a mi futuro esposo, me convencí de que él me salvaría de mí misma. No era un adicto y yo quería cambiar como fuera, ¡pero no sabía cómo! Al poco tiempo quedé embarazada. Pensé que no podría justificar otro aborto y decidí que quería casarme. Nos comprometimos y tras diez años de alcoholismo y drogadicción dejé de consumir para no afectar al bebé. Fui atormentada por un dolor inexplicable, la desesperanza se apoderó de mí y la tristeza por la muerte de mi papá, a la par con una vergüenza enorme, fue más de lo que pude soportar. Tres meses después me sometí a un aborto. Inmediatamente después del procedimiento me embriagué y dije a todos, incluido mi prometido, que había tenido un aborto espontáneo. Enterré esta mentira en lo más profundo de mi ser. Mi prometido, ajeno a la verdad, todavía quiso casarse conmigo.

Luego empecé a tener pesadillas acerca de mi papá. Lo veía regresar de entre los muertos, pero todavía en su lecho de enfermo, para que yo pudiera cuidarlo. En mi sueño creía que esta vez no se iba a morir, pero al final de cada sueño mi papá moría. Fue entonces que decidí hablar con un consejero y mi alcoholismo se hizo evidente desde la primera sesión. No le hablé acerca de mi conducta sexual inapropiada. Unas semanas después me interné en un centro de rehabilitación. Por primera vez en mi vida sentí que podía identificarme con otras personas y establecer conexiones personales. Sin embargo, le hice jurar a mi prometido que no se lo contaría a nadie. Yo quería mantener abierta la puerta a la bebida. Todos nos aconsejaron que esperáramos un año para casarnos, pero no hicimos caso. Mi grupo secular de recuperación se convirtió en mi poder superior. Al cabo de dos meses reincidí. Dejé el programa y volví a beber.

Nos casamos, nos mudamos a otro condado y compramos una casa nueva. Mis circunstancias cambiaron, pero no yo. Juntos ganábamos buen dinero para comprarnos muchas cosas bonitas, pero al tercer año de matrimonio me sentía completamente vacía. Ninguna de mis posesiones me satisfacía. Tenía miedo de tener hijos porque sabía que algo andaba muy mal conmigo. Fue así como mi esposo y yo nos convertimos en solteros casados.

Empecé a salir con amigas a beber. Con frecuencia llamaba a mi esposo para que me recogiera pues no podía manejar en mi estado de embriaguez. Con el aumento de nuestros conflictos en el hogar, cada vez lo veía menos y comencé a pensar en otros hombres. Pensé que no se convertiría en un problema si no salía de mi mente y no hacía nada al respecto, pero un día crucé la línea con un compañero de trabajo. Lo justifiqué y lo racionalicé, pero este acto reanudó mi vieja conducta que esta vez fue peor que nunca. Como resultado de vivir una doble vida, ya no podía distinguir entre el bien y el mal. Después de cada aventura, me juraba a mí misma que jamás lo volvería a hacer. Perdí la concentración en el trabajo y finalmente me despidieron.

Luego me involucré con un hombre que afirmaba ser cristiano. Esto me confundió, pero yo le seguí la cuerda. Una noche me invitó a una cruzada. El pastor habló sobre Jesús y la mujer junto al pozo que tenía muchos hombres en su vida: «Es cierto que has tenido cinco, y el que ahora tienes no es tu esposo. En esto has dicho la verdad».[16]

Eso captó mi atención de inmediato. Empecé a sollozar cuando el pastor nos invitó a aceptar a Cristo como Señor y Salvador. El Espíritu Santo empezó a obrar en mi corazón y yo me resistí. Para mí era imposible que Cristo me amara o me quisiera como era, una adúltera desvergonzada. En lugar de acercarme al podio, salí corriendo del estadio. Pero algo cambió dentro de mí.

Semanas más tarde fui sola a la Iglesia Saddleback. No recuerdo mucho del servicio. Estaba impasible, pero el Espíritu de Dios me movió a llenar una tarjeta de visitantes e indicar que deseaba un compromiso con Cristo. Un anciano de la iglesia me llamó a la casa y tras una conversación breve, oré y le pedí a Jesús que entrara en mi vida. Aquel hombre me dijo que mi nombre ahora estaba escrito en el libro de la vida.

Lo primero que hice fue arrodillarme y rogarle a ese Dios que aún no conocía que me quitara la obsesión con el alcohol. Estaba convencida de que esta era la razón del descarrío sexual en mi vida. A partir de ese momento, no volví a tomar bebidas alcohólicas.

El poder de Dios empezó a obrar en mi vida, poco a poco. Mi esposo y yo empezamos a consultar a una consejera cristiana. Una vez acudí sola a la consejera y le conté mis secretos y mi aventura del momento. Me dijo que era una adicta al sexo y quiso enviarme a un grupo secular para adictos sexuales. Le dije con impavidez que no era alcohólica y no necesitaba ir a Alcohólicos Anónimos. Salí furiosa y nunca volví a verla. Decidí estudiar la Biblia por mi cuenta, asistir a los cultos de la iglesia y participar en estudios bíblicos. Al cabo de unos días el Señor me reveló la verdad acerca de mi propia vida y el ciclo pecaminoso en que estaba atrapada. Le conté a mi esposo la verdad sobre el aborto de nuestro bebé y le conté acerca de todas las aventuras, incluida la que tuve con nuestro vecino quien era su mejor amigo. Él me dijo que había sospechado de mí todo el tiempo pero nunca quiso enfrentar la verdad. Cuando se fue de la casa yo quedé paralizada. Sabía que iba a perderlo todo: mi esposo, mi casa, mi carro, mi dinero y mis muebles. Me había quedado sin trabajo y sin amigos.

Estaba completamente devastada. Tenía un deseo inmenso de beber, pero la Palabra del Señor le habló a mi conciencia con estas palabras: «Yo soy la vid verdadera, y mi Padre es el labrador. Toda rama que en mí no da fruto, la corta; pero toda rama que da fruto la poda para que dé más fruto todavía».[17]

Con el paso del tiempo, mi matrimonio terminó. Me volví muy activa en Saddleback, pero seguía ocultando mi adulterio. No podía entender

*por qué tenía el hábito de arriesgar todo lo que tenía si de verdad amaba
al Señor. Pero es que yo seguía actuando conforme a mi libre albedrío.
Por fin me di cuenta que al igual que en todas mis relaciones pasadas,
había tratado de mantener separados los secretos que tenía en mi vida.
En esta oportunidad estaba tratando de ocultarle mis secretos al Creador
del universo. Un año después volví a arrodillarme, y esta vez me rendí
totalmente. Empecé a depender de Dios para todo. El siguiente viernes por
la noche, acudí sola a mi primera reunión de Celebremos la Recuperación.*

*Por primera vez en mi vida oí las palabras: «Admito que soy
impotente». El pastor John enseñaba sobre la primera decisión sanadora:
«Reconozco que no soy Dios. Admito que soy impotente para controlar mi
tendencia de hacer lo malo y que mi vida es ingobernable». Jesús dijo: «Y
conocerán la verdad, y la verdad los hará libres».[18] Empecé a compartir
mis secretos con una persona de confianza, Lori, una mujer de gran
integridad y carácter firme. En cuestión de semanas de asistir a Celebremos
la Recuperación, dejé de actuar conforme a mis fantasías sexuales. Mi
sistema de apoyo quedó bien cimentado y una nueva amiga, Brenda, sabia
más allá de sus años, me tomó de la mano para hacer el inventario de las
áreas más tenebrosas y vergonzosas de mi pasado. Mi amiga especial, Karrie,
se convirtió en mi ejemplo a seguir como la clase de esposa que yo quería ser.*

*A medida que continué trabajando en las decisiones bíblicas de este
programa, empecé a sentirme íntegra de nuevo. Pero me quedé inmóvil
cuando llegué a la sexta decisión: «Evaluar todas mis relaciones. Ofrezco el
perdón a quienes me han herido y enmiendo las heridas que he causado a
otros, excepto cuando tal enmienda les cause dolor a ellos o a otros». ¿Cómo
iba a trabajar en esta decisión? No podía hacer enmienda directa a los
hombres en mi pasado ni a sus esposas o novias. No podía hacer enmiendas
con mi padre difunto. El Señor le habló a mi espíritu y dijo: «Cambia
Tina, cambia». Tal como Jesús lo dijo a la mujer sorprendida en adulterio:
«Ahora vete, y no vuelvas a pecar».[19] Su poder me hizo libre.*

*He experimentado una recuperación significativa aceptando el perdón
de Dios y perdonando a otros. La misericordia y la gracia de Dios me han*

liberado de mi aislamiento y me han traído un gozo inmenso. Ya no creo las mentiras que oí acerca de mí y he optado por perdonar.

Hacer enmienda y ofrecer perdón me ha reconciliado con mi querida madre, a quien he logrado entender. Mi relación con mis hermanos ha sido restaurada, y hoy día tengo amigos varones, lo cual considero un regalo especial. Me siento conectada en amor fraternal a mis amigos Bob, Jay, Rick, Greg, y todos aquellos con quienes sirvo hombro a hombro en el ministerio de Celebremos la Recuperación. Estas son recompensas que jamás esperé recibir cuando me comprometí a vivir las decisiones sanadoras de Dios.

Me he mantenido sobria desde 1994 y pura desde 1996. ¡A Dios sea la gloria! Ya no tengo que esconderme detrás de mis adicciones para justificar mi conducta. Fueron malas decisiones que tomé por mi propia voluntad. También reconozco mis adicciones como pecado. «En ese tiempo también todos nosotros vivíamos como ellos, impulsados por nuestros deseos pecaminosos, siguiendo nuestra propia voluntad y nuestros propósitos».[20]

He llegado a entender que la adicción sexual femenina no es algo nuevo pero se presta a confusión. Yo no estaba buscando amor, le estaba rehuyendo al amor por temor al compromiso y la intimidad verdadera. He aprendido que nunca fue cuestión de sexo como tal, sino de desquitarme por heridas del pasado, tratar de superar mi complejo de inferioridad, expresar mi ira y mi odio hacia mí misma, así como la necesidad de estar en control. He aprendido que mi valor como persona se deriva de mi identidad en Cristo.

Tengo acceso al poder de Dios todos los días y he tomado una decisión espiritual de vivir en sobriedad total. Le he dado al Señor acceso a mi mente por el poder de la oración. He memorizado la armadura de Dios para el cristiano.[21] Sé cuáles son mis carnadas y las tentaciones que sirven de combustible para mis adicciones: lujuria, orgullo, celos y venganza. Necesito alimentar mi espíritu y mortificar la carne a diario para sostenerme firme en los momentos de tentación.

Me encanta la octava decisión sanadora:

Reciclo el DOLOR

Ofrezco mi vida a Dios

para llevar esta buena nueva a otros,
a través de mi ejemplo y mis palabras.

Me gusta mucho dar de lo que he recibido. Me encanta ver cómo Dios puede usar todos mis errores, todas mis miserias, y reciclarlos para ayudar a otros. Dios me ha dado la visión de ayudar a mujeres que luchan con la adicción sexual. Con apoyo del pastor John, fui pionera del primer grupo de mujeres con adicción sexual de Celebremos la Recuperación. Nunca tuve un lugar a dónde ir antes, pero ahora tengo una familia muy extensa.

Sé que no es fácil asistir a una reunión de recuperación donde se trata el tema de la adicción sexual femenina. Hubo varias semanas en las que estaba yo sola, y no me podía imaginar que entre 15.000 personas yo fuera la única que sufría de ese problema. Quise darme por vencida porque nadie estaba asistiendo a mi grupo. Lentamente, Dios trajo una mujer tras otra, y ahora paso los viernes por la tarde con las mujeres más valientes en proceso de recuperación. Juntas estamos aprendiendo y aceptando el plan de Dios para la sexualidad.

Tuve que depender completamente de la voluntad de Dios antes que Él pudiera usar mi vida. Dios me ha llamado y usa mi vida para sus propósitos. Como parte del equipo ministerial de Celebremos la Recuperación, he dirigido estudios de los pasos y me han solicitado ser la persona de confianza de muchas mujeres valientes. Dios me utiliza para compartir mi historia con otras mujeres cristianas que luchan con alguna herida, complejo o hábito. Tras varios años de trabajo voluntario, ahora tengo el privilegio de trabajar a tiempo completo para Celebremos la Recuperación.

No comparto esto para jactarme porque sin Cristo no soy nada.

Lo hago para inspirar a otros. Tenemos un Dios poderoso que quiere transformar nuestras vidas por completo, y es que «Ningún ojo ha visto, ningún oído ha escuchado, ninguna mente humana ha concebido lo que Dios ha preparado para quienes lo aman».[22]

El aspecto más asombroso de mi vida hoy es que Dios me ha dado una nueva oportunidad en un nuevo matrimonio. En noviembre de 1997 me casé con Kenny. Por primera vez en mi vida no huyo del amor sino que me enfrento a mi mayor temor, la intimidad verdadera. En ciertas ocasiones me siento completamente inadecuada como esposa, ya que estoy luchando para cambiar mi sistema de creencias. Kenny ha sido un ejemplo de compromiso profundo conmigo y por encima de todo, con Cristo. Anhelo experimentar todo lo que Dios dispuso para el matrimonio, incluyendo la esperanza y el deseo de ser madre algún día.

En Celebremos la Recuperación no encontré solamente un refugio para los débiles y quebrantados, sino también un lugar lleno de vidas cambiadas, porque

«Con respecto a la vida que antes llevaban,
se les enseñó que debían quitarse el ropaje de la vieja naturaleza,
la cual está corrompida por los deseos engañosos;
ser renovados en la actitud de su mente;
y ponerse el ropaje de la nueva naturaleza,
creada a imagen de Dios,
en verdadera justicia y santidad».[23]

LA HISTORIA DE
Bob

Me llamo Bob y soy un creyente en proceso de recuperación de mi adicción a las drogas y el alcohol. Gracias a mi Señor y Salvador, Jesucristo, me he recuperado de un estado mental y físico que parecía ser un caso perdido. Quisiera compartir cómo Dios ha guiado mi vida y me ha dirigido en maneras que nunca antes soñé.

Crecí en el condado de Orange en California. Crecí en un hogar con amor, aunque mi padre y yo no compartimos muchas emociones o afecto. Mi mamá y yo teníamos más en común. Hice todo lo que hacen los chicos al crecer, en la escuela primaria saqué buenas calificaciones y participé mucho en los deportes. Jugué balompié casi doce años, y todo el tiempo las cosas parecieron ir por buen camino hasta que entré a la secundaria. Empecé a experimentar con drogas y alcohol. Me gustó mucho el efecto que tuvieron en mí y además pensé que era muy popular. Todos mis amigos lo hacían. Me gustó tanto el efecto de las drogas que empecé a consumir con regularidad. Desde la primera vez que probé drogas y alcohol, algo resonó dentro de mí y me sentí a gusto, en casa. Por esta razón me puse a probar drogas más fuertes y a ingerir más alcohol. Traté de controlar mi consumo para sólo sentir una sensación agradable, pero lo cierto es que la adicción me controlaba a mí. Las drogas y el alcohol se convirtieron en mi solución al problema de mi baja autoestima. Yo no me veía como una persona creada a imagen de Dios, con valor y propósito intrínsecos.

Con el avance de mi adicción y el mal uso de mi libre albedrío, me desboqué por un sendero de autodestrucción. Vivía en un estado de confusión constante por el rumbo que había tomado mi abuso de sustancias químicas. Cuando mis padres descubrieron mi problema no se imaginaron cuán grave era. Terminé internado en un centro de reposo durante más de seis meses, y allí hice y dije todo lo necesario para tranquilizar a mis padres y quitármelos de encima. A pesar de numerosos tratamientos y muchos programas de rehabilitación a los que accedí únicamente para satisfacer a mi familia, seguí en una negación total de mi adicción. Durante un período en que fui sometido a pruebas, descubrí ciertas drogas que no podían ser detectadas. No estaba dispuesto a dejar que nada me impidiera el consumo. En el último centro de tratamiento le dijeron a mi mamá: «Si él no está dispuesto a recibir ayuda, no pierda más tiempo ni dinero». Ella me miró y preguntó: «¿Estás dispuesto?». Yo dije «no». Lo que estaba diciendo en realidad es que las drogas y el alcohol eran más importantes para mí que ella, mi familia o yo mismo. Eran como un tornado que arrasaba con las vidas de todos mis allegados.

A duras penas me gradué de la secundaria para complacer a mi mamá. De no haber sido por ella, jamás me habría graduado. Al poco tiempo me fui a vivir por mi cuenta para poder enviciarme más libremente y esconderlo de mi familia, o al menos eso pensé. Durante los tres años siguientes me puse a vender drogas por dos motivos: primero, pagaba mi adicción y segundo, me daba un falso sentido de utilidad. Pensaba que era el amigo de todos.

Mi adicción me afectó a tal punto que perdí la vivienda y tuve que volver a la casa de mis padres, con la condición de admitir mi adicción y rehabilitarme. Pensé que podía dejar el vicio a fuerza de voluntad. Sobra decir que fallé miserablemente y mi vida nunca cambió. Para ese tiempo había usado crystal meth casi tres años seguidos. Perdí más de veinte kilos y me ponía pantalones anchos para esconder mi complexión raquítica. Pensé que los tenía a todos engañados, pero el único engañado era yo.

Como vivía en casa, mis padres se dieron cuenta de que era una amenaza para su seguridad y la de otras personas en el negocio familiar. Mi familia se puso firme y me hicieron una intervención. Escribieron una carta para decir cuánto me amaban y se interesaban por mí, pero ya no podían seguir viéndome destruir mi vida. Dijeron que si no conseguía ayuda tendría que irme de la casa y salir del negocio. Mi mundo entero se derrumbó y el temor de quedarme sin nada me dio la motivación para buscar ayuda. Por primera vez le presté toda mi atención a mi dolor y esto me llevó a mi primera reunión de Alcohólicos Anónimos. Después de asistir por un tiempo empecé a entender cuán impotente era ante mi adicción. Admitir mi impotencia apenas fue la primera parte de la primera decisión sanadora. También debía admitir que mi vida se había vuelto ingobernable. Eso significaba que mi método ya no servía, y entendí finalmente que nunca había funcionado.

En esas reuniones conocí a un cristiano que me llevó a Celebremos la Recuperación. Desde la primera reunión supe que estaba en mi nuevo hogar. Desde entonces he seguido asistiendo todos los viernes por la noche. Este ministerio me ayudó a entender que asistir a reuniones no bastaba. Mi recuperación dependía de una relación personal con el único poder superior verdadero, Jesucristo. Fue entonces que le pedí ser mi Señor y Salvador así como el director de mi vida. Llegué a creer plenamente que a pesar de ser impotente, el poder de Cristo era más que suficiente para mí. Estos fueron los primeros pasos que di en mi camino hacia la recuperación, pero quedaba mucho trabajo por hacer.

Aunque Dios había eliminado mi autoengaño, me obligó a emprender acciones para enmendar la destrucción de mi pasado. Él me ayudó a hacerlo a medida que trabajé en el resto de las decisiones sanadoras. Mi primer inventario moral completo y valiente, que realicé poco después de ponerme sobrio, resultó ser incompleto y cobarde. Cuando el pastor John dio la enseñanza sobre la primera decisión en enero de 1995, decidí conseguir las guías para el participante y trabajar nuevamente en todas las decisiones, incluyendo un nuevo inventario moral. Realmente no quería repasar esta decisión en particular, pero sabía que lo necesitaba para progresar en mi recuperación. Me puse en contacto con mi persona de confianza y fijamos una fecha para empezar la limpieza rigurosa de mi vida. Sin rendir cuentas, sabía que iba a aprovechar cualquier oportunidad para evadir el inventario. Esta vez quería ser minucioso, así que le pedí a Dios que escudriñara mi corazón y me diera fuerzas para ser valiente y cabal. Para hacer mi inventario moral tendría que lidiar con mis hábitos destructivos, el dolor y el daño que les había causado a mi familia y otras personas, y los defectos en mi carácter que me inclinaron a tomar tan malas decisiones. Tuve que orar mucho porque fue bastante doloroso. Por primera vez me enfrenté a todo el daño y el dolor que le había causado a mi familia. Vi mi egoísmo y mi egocentrismo, y cuán deshonesto y desconsiderado había sido.

Después de terminar mi cuarta decisión, no sentí más que fuera necesario evadir los escombros de mi pasado. Con el fortalecimiento de Dios pude enfrentar la vida en sus propios términos, y cada asunto que iba surgiendo lo enfrentaba durante mis evaluaciones diarias, conforme a la séptima decisión sanadora. La Biblia dice: «Si confesamos nuestros pecados, Dios, que es fiel y justo, nos los perdonará y nos limpiará de toda maldad».[24] A medida que continué trabajando en las decisiones, tuve que acudir a mi familia y buscar su perdón por el daño que había causado. Ya no podía decir que lo sentía y nada más. La confianza había desaparecido por completo y mi rectificación debía ir acompañada de acciones concretas. Me disculpé por haber sido la persona que fui y esperé que ellos pudieran ver cómo mi vida estaba cambiando de verdad. Les pedí que me perdonaran. Aquel día se empezó a restaurar la confianza.

Cuando llegué a la octava decisión, Dios me dio un deseo sincero de servirle ayudando a otros que luchan con heridas, complejos o malos hábitos.

Reciclo el DOLOR

DECISIÓN 8

Ofrezco mi vida a Dios
para llevar esta buena nueva a otros,
a través de mi ejemplo y mis palabras.

Dios comenzó a guiarme para que mi vida fuera útil para otros, convirtiéndome en persona de confianza y líder de grupo. Ahora mi vida presta un servicio valioso a quienes sufren por dependencia de sustancias químicas. Tengo asiento de primera fila para ver cómo el poder de Dios cambia las vidas de quienes me rodean.

Dios no fue fiel en mi recuperación solamente, también me ha bendecido con las relaciones maravillosas que ha traído a mi vida. Mi esposa Karrie y yo fuimos casados por el pastor John en abril de 1996, y verdaderamente puedo decir que la amo y la aprecio cada día más. El Señor también me ha rodeado de muchos hombres cristianos, más de los que podría nombrar, los cuales me animan y apoyan continuamente.

Mi mamá, que nunca se dio por vencida conmigo y oró fielmente más de diez años, se fue a estar con Jesús en 1997 tras batallar contra el cáncer. Mi mamá siempre me apoyó en cada paso que di para mantenerme sobrio, y Dios me dio la oportunidad de apoyarla durante sus últimos días, hasta el momento en que la vi exhalar su último aliento en la tierra y partir a su hogar con Jesús. Si no hubiera estado sobrio, jamás habría estado disponible para mi mamá y mi familia.

Una de mis alegrías más grandes es trabajar en la parte de «llevar esta buena nueva a otros» de la octava decisión. Ha sido algo muy especial con mi familia, ya que Dios me ha usado para guiar a otros familiares míos a conocer a Jesucristo como su Salvador. Mi hermana, quien observó lo ocurrido en mi vida, empezó a asistir a la Iglesia Saddleback y entregó su vida a Cristo. Ahora es una líder activa en Celebremos la Recuperación.

Como si esto no fuera suficiente, Dios me armó de valor para hablarle a mi papá de Jesús. El pastor Rick diseñó una tarjeta que describe cómo establecer una relación con Cristo. Con esta tarjeta, tuve el privilegio de dirigir a mi papá en una oración para aceptar a Jesucristo en su vida. Un año después se reunió con mi mamá en el cielo. ¡Alabado sea Dios! «Ahora bien, sabemos que Dios dispone todas las cosas para el bien de quienes lo aman, los que han sido llamados de acuerdo con su propósito».[25]

Mi vida ha sido transformada en formas que jamás soñé. Dios le ha dado significado y propósito a mi vida. Él recicló los aspectos más absurdos de mi existencia y los usó para darle mayor significado a mi vida. Dios no ha restaurado solamente mi corazón, alma y cuerpo, sino también mi mente. Me ayudó a pasar de ser un bachiller mediocre a ser aceptado en una universidad, donde me preparé para el ministerio de tiempo completo. En cuanto a la baja autoestima, desapareció cuando fui enrolado en el servicio de un Dios amoroso que nunca me dejará ni me abandonará. Hoy sirvo como el pastor encargado del ministerio de recuperación en una iglesia grande en Las Vegas. Ahora los viernes por la noche me siento en primera fila para ver el poder de Dios cambiando las vidas de quienes me rodean.

Dios ha hecho muchísimo más de lo que yo pudiera imaginar o pedir. Me ha dado algo que jamás pensé tener, el regalo de la sobriedad. El 22 de abril de 1994 celebré mi primer día de sobriedad continua. Durante los años que han transcurrido desde entonces, he pasado por mucho:

He visto hacer una nueva vida, cuando estuve presente para el nacimiento de mi hijo.

He visto la muerte, en las noches en que mi mamá y mi papá partieron para estar con el Señor.

He enfrentado el dolor de mi pasado.

He recibido esperanza para el futuro.

He superado el temor de vivir sobrio.

He tenido éxitos y fracasos.

He aprendido a perdonar, y sé lo que se siente ser perdonado.

Por encima de todo, he aprendido a amar y ser amado.

Estoy convencido, tal como lo estuvo el apóstol Pablo,

> «que ni la muerte ni la vida,
> ni los ángeles ni los demonios,
> ni lo presente ni lo por venir,
> ni los poderes, ni lo alto ni lo profundo,
> ni cosa alguna en toda la creación,
> podrá apartarnos del amor que Dios nos ha manifestado
> en Cristo Jesús nuestro Señor».[26]

Las historias de Tina y Bob son ejemplos verdaderos de lo que implica la octava decisión sanadora: reciclar nuestro dolor. Cada vez que ellos comparten lo que Dios ha hecho en sus vidas, ayudan a otros. Cada vez que cuentan lo que Dios ha hecho en sus vidas, reciben sanación adicional para sus propias heridas, complejos y malos hábitos. Lo mismo puede ser cierto en su caso. Prepárese para compartir con otros lo que Dios ha hecho en su vida tras haber completado las ocho decisiones sanadoras.

Pensamientos FINALES

Al concluir nuestro recorrido por las ocho decisiones, quiero felicitarlo por haber emprendido este viaje de sanación conmigo. Si completó cada decisión lo mejor que pudo, ya ha empezado a experimentar sanación y ver algunos cambios asombrosos en su vida. Y este es apenas el comienzo de lo que Dios tiene planeado para usted.

Quisiera compartir una oración más con usted. Se llama la Oración de la Serenidad:

> *Dios, concédeme la serenidad*
> *para aceptar las cosas que no puedo cambiar,*
> *el valor para cambiar las cosas que puedo cambiar*
> *y la sabiduría para conocer la diferencia;*
>
> *Viviendo un día a la vez,*
> *disfrutando un momento a la vez;*
> *aceptando las adversidades como un camino hacia la paz;*
> *viviendo, como lo hizo Jesús,*
> *en este mundo pecador tal y como es,*
> *y no como me gustaría que fuera;*
> *confiando que Tú harás que todas las cosas estén bien*

si yo me someto a Tu voluntad;
de modo que pueda ser razonablemente feliz en esta vida
y supremamente feliz Contigo en la siguiente. Amén.
—REINHOLD NIEBUHR

En esta oración le pedimos a Dios ser razonablemente felices en esta vida. Esa es la meta que hemos mantenido a lo largo de estas ocho decisiones, una vida razonable y saludable en la realidad de nuestro mundo actual. Ya no buscamos ni esperamos la perfección en nosotros ni en los demás. Como resultado de haber tomado las ocho decisiones sanadoras, pido en mis oraciones que su definición de felicidad haya cambiado. Espero que haya descubierto que la felicidad verdadera es tener una relación personal con Jesucristo. La felicidad consiste en vivir libres de heridas, complejos y malos hábitos. La felicidad es tener relaciones honestas y transparentes con los demás.

La mayor tragedia sería que usted haga todo el recorrido por este libro, lea estas grandes verdades y aprecie la esperanza que dan, sin emprender acción. ¿Ya dio el paso y cruzó la línea? ¿Le ha entregado su vida a Cristo? Si no lo ha hecho, hágalo hoy mismo. Puede volver atrás y releer el capítulo 3, eso lo ayudará a hacer su compromiso definitivo.

La simple lectura de este libro no es suficiente para recuperarse. Se necesita compromiso y es indispensable la ayuda de otras personas. Comprométase con una iglesia donde reciba apoyo. Si no cuenta ya con una familia espiritual, encuentre una que tenga el programa Celebremos la Recuperación. Ese es un indicativo confiable de que es una iglesia sana, segura y que se interesa en la gente. (Vaya a www.celebraterecovery.com para encontrar una iglesia y un programa cerca de usted.) Allí podrá continuar su viaje de recuperación y encontrará personas que lo amen y apoyen. Si ya es miembro de una iglesia, asista a su programa de Celebremos la Recuperación. Si aún no lo tienen, saque una cita con su pastor, muéstrele este libro y participe en la inauguración del programa. Usted ha experimentado de primera mano los cambios que Dios ha hecho en su vida. Ahora Dios quiere usarlo para cambiar la vida de otras personas. ¡La decisión es suya!

Para mayor información acerca de Celebremos la Recuperación, visite celebraterecovery.com y conducidosconproposito.com

INTRODUCCIÓN:

Encuentre la LIBERTAD de sus heridas, complejos y malos hábitos

1. Romanos 3:23
2. Isaías 57:18–19
3. Mateo 5, porciones de los versículos 3–10
4. Mateo 5:3
5. Mateo 5:4
6. Mateo 5:5
7. Mateo 5:6
8. Mateo 5:7
9. Mateo 5:8
10. Mateo 5:9
11. Mateo 5:10

DECISIÓN 1:

Reconozca su NECESIDAD — Decídase por la REALIDAD

1. Mateo 5:3
2. Proverbios 14:12 RVR1960
3. Romanos 7:15–17 RVR1960
4. Lea Génesis 3
5. Mateo 5:3
6. Génesis 3:10 RVR1960
7. Romanos 7:21, 23 BLS
8. Salmo 32:3 BLS
9. Salmo 32:4–5
10. Proverbios 28:13
11. 2 Corintios 12:9*b* RVR1960

12. Mateo 5:3

13. Santiago 4:6

14. Salmo 70:1 BLS

15. Eclesiastés 4:9–10, 12

16. 2 Corintios 1:3–4 BLS

DECISIÓN 2:

Busque AYUDA — Decídase por la ESPERANZA

1. Mateo 5:4

2. Mateo 5:4

3. Isaías 61:3 RVR1960

4. C. S. Lewis, *El problema del dolor* (Nueva York: MacMillan, 1944; Madrid: Rialp, 1994).

5. Hebreos 11:6

6. Romanos 1:20

7. Salmo 31:7

8. Mateo 6:8

9. Salmo 34:18

10. Salmo 56:8 RVR1960

11. Job 13:27

12. Salmo 69:5

13. Salmo 103:13–14

14. Jeremías 31:3

15. Romanos 5:8

16. Juan 15:13

17. Efesios 1:19–20

18. Lucas 18:27

19. 2 Timoteo 1:7

20. Filipenses 2:13

21. Isaías 43:2

22. Isaías 43:2

23. Proverbios 27:17

24. Romanos 8:38–39
25. 2 Corintios 5:15 BLS

DECISIÓN 3:

Renuncie al CONTROL — Decídase por el COMPROMISO

1. Mateo 5:5
2. Mateo 11:28–30
3. Proverbios 18:12 BLS
4. Proverbios 10:8
5. Salmo 40:12 RVR1960
6. Isaías 44:22
7. Marcos 5:6, 15
8. Marcos 8:36–37
9. Mateo 17:20
10. Efesios 1:13
11. Filipenses 1:6
12. Hechos 16:31 RVR1960
13. 2 Timoteo 3:16
14. Salmo 40:8
15. Filipenses 4:13
16. Apocalipsis 3:20
17. 1 Corintios 15:2–4
18. Romanos 3:22
19. Marcos 1:16–18; Romanos 12:2
20. Romanos 10:9
21. Mateo 11:28–30 BLS
22. 2 Corintios 5:17 BLS
23. Mateo 11:28–30
24. 2 Corintios 5:17 RVR1960
25. Romanos 10:9
26. Salmo 30:11
27. Romanos 8:15–16

DECISIÓN 4:

Limpie su VIDA — Decídase por el ORDEN

1. Mateo 5:8
2. Salmo 32:1–2
3. Salmo 139:23–24
4. Proverbios 20:27 BLS
5. 1 Juan 1:8
6. 1 Juan 1:9
7. Isaías 1:18
8. Santiago 5:16
9. Santiago 5:16 (paráfrasis)
10. Santiago 5:16
11. Juan 8:12
12. Romanos 3:23–24
13. Hebreos 4:16
14. Romanos 3:24 BLS
15. Romanos 8:1
16. Lamentaciones 3:40
17. Isaías 1:18
18. Gálatas 3:3
19. 1 Pedro 5:10

DECISIÓN 5:

Inicie el CAMBIO — Decídase por la TRANSFORMACIÓN

1. Mateo 5:6
2. Romanos 12:1–2
3. Juan 8:44
4. Juan 8:32
5. Romanos 12:2
6. Proverbios 17:24
7. Mateo 6:11
8. Mateo 6:34

9. Jeremías 13:23
10. Filipenses 4:13
11. Filipenses 4:8 BLS
12. Marcos 14:38 BLS
13. Gálatas 5:16
14. 1 Corintios 15:33
15. Eclesiastés 4:9–10, 12
16. Filipenses 1:6
17. Proverbios 27:17
18. Salmos 46:10
19. Marcos 8:34–37 BLS
20. Mateo 19:26

DECISIÓN 6:

Repare sus RELACIONES — Decídase por la RESTAURACIÓN

1. Mateo 5:7
2. Mateo 5:9
3. Mateo 5:7, 9
4. Colosenses 3:13
5. Efesios 4:31–32
6. Job 5:2
7. Job 18:4
8. Job 21:23, 25
9. Mateo 5:7
10. Mateo 5:9
11. Marcos 11:25
12. Mateo 6:12
13. Mateo 18:21–22
14. Romanos 14:10–12
15. Colosenses 3:15
16. Mateo 5:23–24
17. Hebreos 12:15

18. Romanos 12:18
19. Lucas 6:31
20. Eclesiastés 8:6
21. Proverbios 12:18 BLS
22. Job 11:13, 15–16
23. Hebreos 10:24
24. Romanos 8:1
25. Filipenses 4:6
26. Romanos 8:28
27. Filipenses 1:6 BLS
28. Salmo 51:17 BLS

DECISIÓN 7:
No pierda el IMPULSO — Decídase a CRECER

1. Zacarías 4:6
2. Gálatas 3:3
3. Gálatas 5:7 BLS
4. Eclesiastés 4:9–10
5. Hebreos 10:25 BLS
6. Proverbios 16:18
7. 1 Corintios 10:12
8. Santiago 4:10
9. Marcos 14:38
10. 2 Corintios 13:5 BLS
11. Lamentaciones 3:40
12. Gálatas 6:4
13. Salmo 119:11
14. Salmo 1:2-3
15. Marcos 14:38
16. Mateo 6:9–13
17. Romanos 12:2

18. Filipenses 4:13
19. Marcos 14:38

DECISIÓN 8:

Recicle el DOLOR — Decídase a COMPARTIR

1. Mateo 5:10
2. 2 Corintios 12:9
3. Génesis 1:27
4. Proverbios 20:30 BLS
5. 2 Corintios 7:9
6. Jonás 2:7
7. 2 Corintios 1:8-9
8. Salmo 119:71 BLS
9. 2 Corintios 1:4 BLS
10. Génesis 50:20
11. 1 Pedro 3:15
12. Mateo 28:19
13. Gálatas 6:1-2
14. Mateo 5:10
15. Hechos 20:24 BLS
16. Juan 4:18
17. Juan 15:1-2
18. Juan 8:32
19. Juan 8:11
20. Efesios 2:3
21. Lea Efesios 6:10-18
22. 1 Corintios 2:9
23. Efesios 4:22-24
24. 1 Juan 1:9
25. Romanos 8:28
26. Romanos 8:38-39

También disponible, por John Baker

Foreword by Rick Warren
Author of #1 New York Times Bestseller The Purpose Driven Life

LIFE'S HEALING CHOICES

FREEDOM FROM YOUR HURTS, HANG-UPS, and HABITS

JOHN BAKER

También disponible, por John Baker

 HOWARD BOOKS
A DIVISION OF SIMON & SCHUSTER

También disponible, por John Baker

SMALL GROUP STUDY

LIFE'S HEALING CHOICES

FREEDOM FROM YOUR HURTS, HANG-UPS, *and* HABITS

JOHN BAKER

También disponible, por John Baker

Foreword by Rick Warren
Author of #1 *New York Times* Bestseller *The Purpose Driven Life*

INCLUDES ENHANCED CD

Audiolibro

LIFE'S HEALING CHOICES

FREEDOM FROM YOUR HURTS, HANG-UPS, *and* HABITS

JOHN BAKER

Read by the author

HOWARD BOOKS
A DIVISION OF SIMON & SCHUSTER

También disponible, por el Dr. Henry Cloud

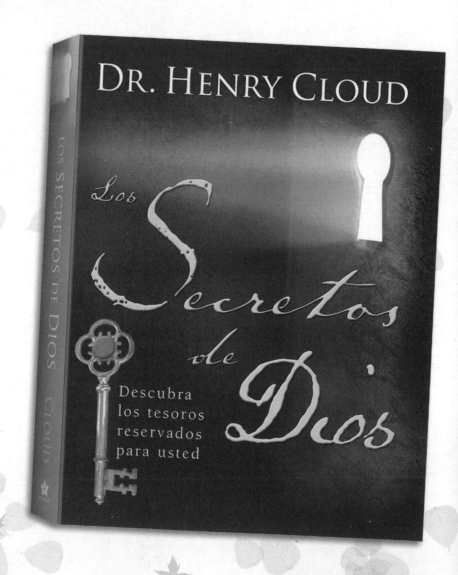